中国近代实业家丛书

丛书主编 ◎ 罗一民

民生航运

卢作孚

朱培鸽 ◎ 著

江苏人民出版社

图书在版编目（CIP）数据

民生航运：卢作孚 / 朱培鸽著. -- 南京 : 江苏人民出版社，2022.3

（中国近代实业家丛书）

ISBN 978-7-214-26637-8

Ⅰ. ①民… Ⅱ. ①朱… Ⅲ. ①卢作孚（1893—1952）—传记 Ⅳ. ①K825.38

中国版本图书馆 CIP 数据核字（2021）第 213650 号

书　　名	民生航运：卢作孚
著　　者	朱培鸽
责任编辑	王翔宇
责任校对	鲁从阳
装帧设计	周　晨
责任监制	王　娟
出版发行	江苏人民出版社
地　　址	南京市湖南路 1 号 A 楼，邮编：210009
照　　排	江苏凤凰制版有限公司
印　　刷	南京新洲印刷有限公司
开　　本	880 毫米×1230 毫米　1/32
印　　张	7.75　插页 5
字　　数	195 千字
版　　次	2022 年 3 月第 1 版
印　　次	2022 年 3 月第 1 次印刷
标准书号	ISBN 978-7-214-26637-8
定　　价	49.00 元

（江苏人民出版社图书凡印装错误可向承印厂调换）

序

江苏凤凰出版传媒集团推出“中国近代实业家丛书”，着重介绍张謇、张之洞、卢作孚、范旭东等人，这是拓展中国近代实业家和中国近代史研究的好事。我衷心希望这套丛书能引起多方面的关注，产生多方面的影响。

向称康乾盛世的大清帝国，到了嘉道年间，实际上已经是落日余晖，回光返照。嘉道年间，从表面上看，基本上还是政局稳定，四海安澜。但害人的鸦片不断进入中国，引起朝野震荡。国人对于鸦片的认识，也是纷纭鼓噪，莫衷一是。许乃济主张实事求是，加以区分，予以引导，即所谓驰禁；邓廷桢等起初赞同此说，但黄爵滋等语调高亢，特别激昂，林则徐等旗帜鲜明，要求除恶务尽，非严禁何以立国？于是乎，禁烟成为当时中央政府的重大抉择。林则徐以湖广总督身份被急调入京，接受咨询，最终被委以重任，以钦差大臣之命南下岭海，这就有了后来的虎门销烟，更有了此后的鸦片战争，也成为中国近代史的开端。天安门广场的人民英雄纪念碑上的第一幅浮雕，就是反映这一重大历史事件的。

以鸦片战争这样的事件开启了近代中国的历史闸门。而当时对鸦片的认识，却相当肤浅，林则徐回答道光皇帝说，是在一种药物里掺杂了乌鸦的肉，故称之为鸦片。由此引发的两次鸦片战争，以及后来的中法战争、甲午中日战争、庚子年八国联军入

侵，真真切切使偌大的中国深陷风雨飘摇之中，且不说此后九一八事变之后日本等对中国的悍然蹂躏公然践踏，长达十四年。熟读中国近代史的人，大都对太平天国运动、戊戌变法、义和团运动、辛亥革命等特别关注，也对晚清以来的中国究竟该走向何方见仁见智各有解读。面对这样的深陷危机的古老帝国，到底路在何方？怎样才能摆脱几乎要亡国灭种的严峻态势？许多人提出了不少富有建设性的意见、方案，也进行了很多有意义的积极探索。习近平总书记曾说，清代洋务派代表人物之一张之洞，是有改革观念的一个人。清代末年，社会矛盾积重难返，大局变革势在必行，各种观点沸沸扬扬，各种人物粉墨登场，各种议论莫衷一是。张之洞感叹道："旧者因噎而食废，新者歧多而羊亡；旧者不知通，新者不知本。不知通则无应敌制变之术，不知本则有非薄名教之心。"说的就是因把握不好守成和变革的分寸形成共识之难。

我们发现，自鸦片战争以来，一方面是危机日益加深，局势步步糜烂，另一方面，却又有不少人在积极努力，顺应时代潮流，感知世界大势，敏感于地理大发现的今非昔比，洞察到工业革命所带来的地覆天翻，体察到当时中国传统文化已经无力回应西洋文明的磅礴进取之势。他们孜孜以求，或自强求新，或倡扬中体西用，力求拯救这个国家，振兴这个民族。在这样的群体中，有军政人物，有知识分子，有旧式官僚，有民间人士，有商界达人，八仙过海，各显神通。而其中有一批这样的人，尤显突出，他们既可称之为官僚，也可称之为新式知识分子，但又活跃在商界，创办或者推动创办实业，他们有着多重身份但因为在实业上的艰苦实践筚路蓝缕，而成为名之为"实业家"的特定人群。如张之洞，如张謇，如盛宣怀，如卢作孚，如范旭东，如无锡荣家兄弟，等等，薪火相继，生生不息，为这古老帝国创业兴企注入新鲜活力。

机缘巧合，我在江海门户的南通工作有年，对状元实业家张謇逐步有了较多的了解。经过深入细读有关文献，置身濠河两岸多年体察，听不少人研究谈论张謇的种种开拓，日益觉得张南通其人的不简单了不起，深感他的所作所为在当今的现实意义与不朽价值。他在那样的时代，从旧的科举制度的春风得意中毅然转身，登高望远，俯瞰天下，拥有世界眼光，又有切实可行的实业实践，且对改造社会、治理国家有着独到的真知灼见宏伟蓝图，对这样的一代杰出人物，实在是很难随意用贴标签式的简单化来一言以蔽之。通过深入了解张謇，你会发现，晚清以来，张謇、张之洞等对重整河山、民族复兴，并不是简简单单的纸上谈兵大言炎炎，而是务真求实地大展宏图。张謇办纱厂，兴教育，张之洞对他也多有支持。张之洞本属言官清流，但他出京外放到地方工作主政一方之后，切实感受到启发民智的迫在眉睫，切实感受到编练新军的刻不容缓，更切实感受到兴办实业对于振兴国家的至关重要。他从两广总督（一度兼署两江总督）任上到了湖北，就任湖广总督，扎下身子，兢兢业业，抓芦汉铁路建设，抓汉阳铁厂、兵工厂，抓湖北纱厂，耗尽心血，开辟新局。范旭东、卢作孚等或耕耘于化工领域，或尽心于交通运输事业，也都是挺立潮头，为国兴业，诸多事迹，令人感怀。

就张謇、张之洞、范旭东、卢作孚等人，坊间已有不少文本流传。但历史人物常说常新，把这些看似并不搭界的人物置放在一起，是因为新中国的开国领袖曾从近代轻工业、重工业、化工业、交通业的角度，对他们给予了高度肯定与深切缅怀。前事不忘，后事之师。习近平总书记说，评价一个制度、一种力量是进步还是反动，重要的一点是看它对待历史、文化的态度。根据这样的精神，起意编辑推出这样的一套实业家丛书，希望能够引起

读者的注意，激发读者关注实业和近代历史、文化的兴趣，是所愿也。

是为序。

罗一民

2021.10.1

目　录

一、临危受命之1938

卢作孚从飞机俯望大地，山河破碎，满目疮痍，公路上扛着行李的难民扶老携幼，艰难西行，偶见构筑工事的部队……他为自己的国家和人民忧心忡忡，忘记了疲惫。

卢作孚于武汉沦陷前夕飞往宜昌。宜昌位于湖北省西部，地处江汉平原，上接巴蜀，下引荆襄，扼守着长江三峡著名的西陵峡的峡口，为长江航线的一个重要转运港，自古以来就被称为川鄂咽喉。国民政府确定重庆为陪都后，四川通道就成了中国抗战的命脉。当时，进入四川没有公路更没有铁路，入川惟有长江，而长江在这里被三峡卡住了脖子，1500吨以上的轮船不能逆江而上，所有人员和物资都必须在宜昌换船中转。小城宜昌被源源转运而来的难民和物资撑得爆满，场面空前混乱。

1938年10月25日，武汉沦陷。

武汉沦陷后，日军沿江继续西犯。宜昌亦成危城。各地撤退来的人员和难民拥塞这里，等待撤到四川去，放眼望去遍街是人，遍地行李。因担心敌机空袭和敌军进攻而人心惶惶，人人都在争先恐后抢购船票以期早一分钟离开。这里仿佛变成了一个大仓库，沿江数里全部堆满了各种亟待入川的物资。前有川江天险，后有敌军推进，所有的人员、物资必须赶在前头迅速运走，然而滩多流急船只又小，运输能力被限制，无法及时撤运人员和物资，各单位人员又竞相争抢船只，宜昌变得混乱不堪。民生公司宜昌分公司从大门起直到每一个办公室，都挤满了前来办理交

涉的人，其中不乏军政要人，所有办理运输的职员都忙于同各方交涉，无暇办理运输。管理航运的部门责骂轮船公司，争运器材的人员互相责骂。不久之后长江上游的枯水期即将到来，眼前的运输却因争吵而陷于停顿。抢运形势十分严峻！川江上下战云密布，小城宜昌一夕数惊。

万分危殆之时，卢作孚来了。卢作孚，中国 20 世纪杰出的爱国实业家。时人张群有过一个著名的评价，说他是“一个没有受过学校教育的学者，一个没有个人享受要求的现代实业家，一个没有钱的大亨”。重庆档案馆中，保存着他在 1944 年为自己撰写的履历：

> 卢作孚，四川省合川县人，现年 51 岁，曾任四川省建设厅长，交通部次长，全国粮食管理局局长，大明纺织公司董事长，四川机械公司董事长。现任天府煤矿公司董事长，恒顺机器厂董事长，民生实业公司总经理。

10 月 23 日，卢作孚到达宜昌的当天，亲临混乱的长江岸边，以疏散运输总负责人的身份，面对情绪激动的人群扬声承诺：“请回去，所有的人都明天见！”众人半信半疑地散去。卢作孚来到江边码头实地察看物资堆放情况，又登上轮船把舱位和轮机情况一一了解清楚。形势比他想象的更严峻，撤下来的人员和难民有 3 万多，堆起来的器材有 9 万多吨。这些器材是整个中国民族工业的精华，是国家仅存的一点元气。可以说全中国的兵工工业、航空工业、重工业、轻工业的生命，完全交付这里了。卢作孚深知这些器材的意义，此刻，他心里比所有人都焦急。

长江的枯水期很快就要到了，中水位也只有 40 天了，40 天后，较大的轮船将不能航行，历尽艰难运到此处的重型器材则无力转运。这就是说，所有的人员和物资都必须在 40 天之内运走，而这么大的运输量，以当时民生公司的运力来计算，要运上整整一年。此时此刻，还有几十万军队和装备整装待发，亟须通过长江航线运至前线增援。国之安危，系于一发，民之安危，刻不容缓。

1938 年 2 月，卢作孚在《要解决当前的问题》一文中写道：“‘不失败的民族，是不甘心失败的民族，是拼命的民族。’民生公司的朋友要这样的报效国家，这样的自负。”卢作孚心中有一团火，他也希望自己是一团火，为民族燃烧，为报效国家拼命，他是自负的，自负得掏心掏肺。他以自己的经验和勇气，决定了接下来要做的事。

这是一个不眠之夜。

从江边察看情况回来的卢作孚召集轮船公司负责人、各船驾驶人员和宜昌港的技术人员，在民生公司宜昌分公司召开紧急会议。商讨撤运办法的紧急会议开了整整一个通宵，以 40 天为依据，确定哪些船可以参加运输，各条船每天可以运出多少人员和物资，计算 40 天的运输量，对船只航行时间和物资装卸方法做出周密安排，制订出在 40 天内抢运完毕的详细方案。

1938 年 10 月 24 日清晨，卢作孚将通宵做出的紧急运输方案，向各机构代表进行部署。大多数人都想象不出，在 40 天中怎么能够将所有的货物运走，但他们相信卢作孚，相信卢作孚的话：“我们将团结一心共赴国难，我们丝毫也用不着恐惧和紧张。40 天之内，我们必须完成宜昌撤退，我们也一定能完成宜昌撤退。”

卢作孚宣布，有把握在 40 天内将拥塞在宜昌的人和货物基本运完，同时他要求各交运单位，分别列出最重要及次要的物资器材数字，以便分先后次序运输，并说明清单列出以后，何单位物资先运何单位物资后运，什么轮船运输什么单位的器材，什么时候装载出发等，具体的运输安排由他本人负责，各单位无须催问，违者推迟装运。各单位领到分配吨位后，自行按照轻重缓急

分类编组，整理装箱，再不争先恐后要求提前运输。卢作孚考虑问题极为周到，他提醒各交运单位万一因战事关系，不能按40天的计划完成抢运任务，哪些东西属于该抛弃的都要做好思想准备。还有，凡是运出去的机器设备，必须注意配套，以免运到后方缺这少那，成为无用之物。

卢作孚运用民生公司于1936年长江枯水期创造的“三段式”运输经验，做出了40天全部撤退的计划。三峡地势险峻易守难攻，日军很难攻入，人员物资只须撤离宜昌，进入三峡则可保安全。从宜昌到重庆上水要走4天，下水要走2天，一船物资来回至少需要6天时间，惟有开辟短途航线提高运输效率。他将整个运输划为三段航行：即宜昌至三斗坪为第一段；三斗坪至万县为第二段；万县至重庆为第三段。大部分船只先运货物至三斗坪，甚至运入三峡就卸货返回；再由别的船运至万县或直运重庆；而重要物资和大型货物则由宜昌直接运往重庆，并在重庆满载出川抗日的士兵顺江而下。这一计划得到了各方面的拥护，在严峻的形势下，人们盼望着奇迹的发生，秩序迅速代替了混乱。卢作孚在他的文章中写得清楚：“任何事业，事业中任何部分之事务，乃至任何个人之工作，均须有计划，然后有效率，无计划即勿行动。管理问题全在安排秩序。组织系安排人的秩序；预算系安排钱的秩序；计划系安排事的秩序。”毫无疑问，他是一个善于“安排秩序”的高手，更是善于运用数学思维解决现实问题的人。

一夜之间，数百盏煤气照明灯照得两岸江边一片通明，各轮船配上电报机，各码头配上装卸设备，军人、公务员、职员工人们都在清点货物包扎器材。不到24小时，第一艘满载人员和物资的轮船开出了宜昌。一天之后，组织起来的24艘轮船（民生公司22艘，另2艘是挂法国旗的中国船）便开始不停地往返于宜昌与川江各港站之间，白天航行，夜间装卸，突击抢运拥塞在宜昌的大量公私客货。由于川江航道的特点，只能白天航行，为了争取时间，改为夜间装卸，凡是次日运走的物资，当天晚上就先装好在驳船上。傍晚，当轮船驶返宜昌时，轮船待装、驳船集载、港机起吊的各项准备工作均已就绪。入夜，轮、驳、岸各处灯光辉映江水，交相照射，装卸号子声、起重机开动声、拖轮汽笛声远近呼应，交织在一起，响彻峡谷。

1938 年底，民生公司宜昌分公司的二楼，收发报机一天 24 小时不间断地收发电报，所有电文卢作孚都逐一审阅、批示。他承担了整个战时疏散运输最重要的职责，各运输环节的详细情形都了如指掌。在宜昌大撤退期间，卢作孚除了策划好、安排好抢运任务外，还经常深夜到宜昌的各个码头检查装载工作，了解每一小时有多少吨物资正在被运走和哪一些船装运它。遇到困难就地解决，装卸工人、船员们看到卢作孚不辞辛苦，深夜到江上关心他们的工作，深受感动，干劲倍增。

宜昌至重庆航线途经十多个县，险滩多达数百处，整个航程 600 多公里，24 艘轮船不停地往返于宜昌与重庆各港口之间。武汉沦陷后，日军西行的速度减缓，但敌机却不间断地在川江航线和长江沿岸重要的城市、港口实施轰炸，给正在进行的宜昌大撤退带来了巨大威胁。卢作孚估计到三段航运的第一段，即宜昌至三斗坪段，距离虽然较短但最容易受到敌机的轰炸，所以中途设多个转运站。为抢装物资，在川江各港口增设码头，添置起重设备，增调趸船，临时增加雇工 3000 多人，征用民间木船 2000 多艘（后来实际参加抢运的木船有 1200 艘），以运载轻型物资，民生公司的船只承担大部分物资和人员的运输。

宜昌大撤退期间，卢作孚和民生公司承受着巨大的压力，民生公司的轮船不时被炸毁，每天都有员工献出生命，但他始终顽强地支撑着这场事关国家命运的大撤退。“宜昌这一段撤退工作，不但是民生公司的一段最艰巨的工作，也是整个抗战运输当中的一段最艰巨的工作”，几年后，卢作孚忆起宜昌的这段经历，连

用两个“最艰巨”。为迅速疏运滞留宜昌的旅客，民生公司制订了《非常时期客运救济办法》，要求旅客按到宜的登记先后依次购票上船，要求各轮“加速、倍量地疏散”，并决定降低票价，乘客实行座票。昔日睡 1 人的铺位，今日须坐 5 人，在中途停泊地预先雇木船，备客住宿，以加快旅客入川的速度。

据不完全统计，抗战初期，民生公司经由宜昌抢运入川的机关、团体、学校、工厂、医院等单位的旅客共约 64000 人。其中，抢运入川的学校有大厦大学、复旦大学、中央大学、金陵大学、武汉大学、山东大学及航空机械学校、中央陆军学校、国立戏剧学校等数十所。为了优先抢运伤兵，民生公司调派“民生”“民康”“民俗”“民贵”“民风”“民元”等轮，在一段时间集中抢运。轮船的舱底装兵工器材，舱面装运伤兵，伤兵船票按半价结算，伤兵眷属按六折结算，仅 1938 年运送入川的伤兵人数即达 1 万多人。

1938 年到 1939 年，民生公司先后集中运送了大批难民、难童到重庆、万县等地。为了救护战区儿童中华慈幼协会、世界红十字会、战时儿童保育会等先后组织的难童撤退入川，民生公司轮船免费将他们送到川江沿线各地儿童保育院。卢作孚深知这些孩子对中国未来意味着什么，他决定让这些孩子尽早撤退，第一批 500 名难童 1938 年 5 月送到后方。还有“保卫中国同盟”收留的几百名战争孤儿，他亲自将这些孩子送上离开宜昌的轮船，孩子们扒在栏杆上放声高歌，他们向卢作孚摇手告别的情景，使在场的人无不为之动容。

1938 年 10 月初，“民生”轮船长周海清的妻子领丈夫薪水时，发现比平时多很多，职员们解释说，这是“三薪”。卢作孚规定凡是跑最危险的宜昌至三斗坪段的员工，工资为平常的三倍，三斗坪至万县工资为平常的两倍，而卢作孚从创办民生公司起，他的薪水仅为 30 元，即使抗战中也不例外。这样一项需要付出极大精力的工作，或许在他人眼里是繁重的苦差，但卢作孚却把它看成是自己挽救国家的神圣责任。每天深夜，他都要亲自到沿江码头去检查装货的情况，目睹自己精心计划的庞大工程是怎样变成惊人的现实，当时的情景，卢作孚后来有过生动的描写：

> 每晨，宜昌总得开出五只、六只、七只轮船，下午总得有几只轮船回来。当轮船要抵达码头的时候，舱口盖子早已揭开，舱门早已拉开，起重机的长臂早已举起，两岸的器材早已装在驳船上，两岸照耀着下货的灯光，船上照耀着装货的灯光，彻夜明在江上。岸上，每数人或数十人一队抬着沉重的机器，不断地歌唱，拖头往来的汽笛不断地鸣叫，轮船上起重机牙齿不断地呼号，汇成了一支极其悲壮的交响曲，显示了中国人动员起来反抗敌人的力量。

40天，在卢作孚的不眠中一天天过去。经过航运界及社会各界的共同奋斗，拥塞在宜昌的三四万人早已运完，堆积如山的器材运走了三分之二。此时此刻的卢作孚在想什么呢？他认为自己创造了一个奇迹吗？但是这终是一次民族灾难性的大撤退！或许，卢作孚此时还惦记着三斗坪的那部分物资，那里只是个暂时的安身之地，得赶紧运走。也许，他想到在抢运中牺牲的民生职工应该怎样抚恤慰问。“绝境生智勇，国破出忠臣”，垒垒高山，滚滚大江，国破家亡，卢作孚以他的大诚、大智、大勇，临危受命，力挽狂澜，最终如愿以偿。宜昌大撤退40天中，民生公司损失轮船16艘，61人受伤致残，116名民生公司的员工壮烈牺牲，一个个舍命救国的中国人义无反顾承担起他们那一代人的使命。

1938年12月，江水低落。抗战运输中最紧张的一幕——“宜昌大撤退”落下了帷幕，卢作孚在离开宜昌的前夜，独自一

人在码头巡视了很久。堆积如山的器材全部运走，人员也被撤退一空，喧闹的城市突然完全安静了下来，宜昌大撤退奇迹般地胜利结束了。

第二次世界大战期间，1940 年 5 月底，英、法 40 万大军被德军压缩在敦刻尔克狭小的海滩上。英国动员各类船只 850 多艘，在德军空军狂轰滥炸中经过 9 个昼夜苦战，奇迹般地把军队抢运回了英国，这次撤退被称为战争史上最伟大的撤退，即著名的“敦刻尔克大撤退”。“敦刻尔克大撤退”是依靠一个国家的力量，由当时的英国首相丘吉尔亲自部署，退休海军上将贝特兰·雷姆直接指挥的一次军事行动。就前期准备而言，中国的宜昌大撤退则显得时间仓促和力量单薄，著名记者徐盈说：“中国的宜昌大撤退的紧张程度与英国在敦刻尔克的撤退没什么两样，或者我们比他们还要艰苦些。因为，无论从人员的组织素质还是设备条件，中国都要差得多。而中国的指挥者也不是什么军事将领，而是一位从来没有从事过战争的实业家。”

一代人有一代人的使命，卢作孚是勇于承担时代赋予的责任和使命的人。他率领民生公司在上有敌机轰炸、后有敌军迫近、长江即将进入枯水期等重重困境中突围，出色地完成了宜昌大撤退任务，挽救了当时整个中国的民族工业，拯救了数十万难民的生命，同时将数万川军送往前线参战，为民族抗战做出了卓越贡献。之所以把卢作孚的这段往事放在开篇，是因为，这是他奋斗的一生中最为悲壮的一段！

1925 年，卢作孚在四川合川创建了民生实业股份有限公司，有人说这是竞争领域中一个微贱的开端。他知经营，善管理，往绝处求生存，民生公司从一艘仅有 70 余吨载重量的小客轮起家，航行于重庆至合川之间，短短十年发展，便成了长江航运的主力。“服务社会，便利人群，开发产业，富强国家”，这是卢作孚在民生公司创立会上为之确定的宗旨。1910 年，卢作孚加入同盟会，不满 18 岁的少年，立志将自己的血肉之躯付于多难之邦，将自己的生命和千疮百孔的祖国捆为一体，认定自己一生的目标是富强国家。“我们的责任绝不是救亡，而是将一个国家经营到像一个国家，像一个现代的国家”，他终其一生，虽未如愿，但已尽力。

抗战爆发时，有人说：“国家的对外战争开始了，民生公司的生命就完结了。”卢作孚则说：“国家的对外战争开始了，民生公司的任务也就开始了！”他电告全体职工：“国家的对外抗战开始了，民生公司应当首先动员起来参加战争。”民生公司的每一人都懂得，有些东西比金钱更重要，甚至比生命更重要，因为民生公司船舱和职工宿舍的床单上印着“作息均有人群至乐，梦寐毋忘国家大难”。在他的指挥下，民生公司全体员工毫不犹豫投入到紧张艰险的抗战运输中，特别是在宜昌大撤退的运输当中，卢作孚尽其所能率领民生公司一起共赴国难。

1930 年，卢作孚考察华东、东北、华北时，就敏锐地觉察到日本帝国主义对中国的觊觎，对其无所不在的处心积虑有所隐忧。时局发展果然在他预料之中，卢作孚考察回川的次年九一八事变爆发，日本驻我国东北地区的关东军突袭沈阳，以武力侵占东北，成为日本帝国主义企图以武力征服中国的开端。6 年后，震惊中外的七七事变爆发，穷凶极恶的日本帝国主义挑起全面侵华战争。中华民族危急存亡之秋，卢作孚放弃盼望已久的出国考察，投身抗战。

1937 年 8 月，日军登陆上海向闸北守军发起猛攻，张治中率部奋起抵抗，这就是惨烈的八一三淞沪战役。八一三事变后强敌压境，“……然水上防御工事之建筑，并非一蹴可就，临时应变，不得不征用船只，沉入港口，及布置水雷，以为阻塞工具”，为阻止敌人舰船溯江而入，经军事当局研究，选定地势险要、航道狭窄的江阴港口，凿沉大量船只封锁长江航道，构筑长江第一道

防御工程。

这一时期的上海无法通航。卢作孚频繁往返于重庆、南京、上海及苏州、无锡、常州之间。8 月中旬，作为抗战大本营政略部副部长的卢作孚，携民生公司张澍霖、刘航琛赴上海，面见国民政府负责上海厂矿内迁的林继镛，商谈解决有意内迁的 500 多家工厂的内迁设厂问题。经各方不懈努力，在炮火之中摸索出一条撤离通道，用内河驳船将器材由上海经苏州河运到苏州，再由招商局派船拖至镇江，在镇江由招商局、民生、三北等轮船公司装船运往汉口。当月月底，国民政府为提高运输效率，在南京成立长江航运联合办事处，负责一切军运、民运事务，凡公用物品、抗战部队、军需物品、兵工厂器材、难民行李等，均由“联运办”承运。从此民生公司便集中了长江中下游全部船只，与招商局、三北公司配合，抢运从上海、苏州、无锡、常州一带撤往后方的人员物资。

招商局是清末创建的首家官督商办企业，同时也是中国民族工商业的先驱。它的创办人是李鸿章，鉴于清末对外战争失利，航权丧失，不论沿海或内河航权都被外轮势力掌握，国内小船根本无法与之竞争，为了避免运输命脉为外人垄断，李鸿章上奏慈禧太后，创议招商成立轮船公司，因此取名“招商局”。1873 年年初，李鸿章主持，官督商办的轮船招商局在上海成立，1924 年改为股份公司，1930 年国民党政府将其收归国营。三北公司全称“三北轮埠公司”，1914 年由虞洽卿创设于上海，是一家私营轮船航运企业。

事实上的撤退 1937 年 7 月已经开始。卢作孚亲自安排民生公司的船只，将中国科学社理化研究所从上海撤出，将研究所所有器材、设备、人员撤运至北碚安顿，两个月后恢复研究工作。复旦大学师生和教研设备一起，1938 年 2 月迁至北碚复课。这是国家层面的战争总动员，无数军民工业设备、器材与军政文教人员不绝如缕，络绎于途，炮火和鲜血交织成一曲民族的悲歌在滚滚长江上昼夜不歇。

1937 年 9 月，刘湘率领川军出川抗日。民生公司全力以赴抢运集中在川东的四个师、两个旅，分别由重庆和万县乘轮出川，奔赴抗日前线，这批部队到下游参加了南京保卫战。11 月 12 日淞沪战局恶化，国军撤出，上海失守，这次会战历时三个月，是中国抗日战争史上首次空前壮烈的大会战。当时，嚣张的日本军部认为三个月内就能灭亡全中国，没有想到中国军队以劣势装备和血肉之躯在上海阻挡其三个月之久。这炮火连天的三个月，消耗敌方有生力量的同时，更鼓舞了全国军民的抗日热情，也为上海一带的物资及人员撤退赢得了宝贵时间。

上海失守后，京沪之间展开激战，日军分路西进，逼近南京。是时，南京的机关单位也开始大批西迁武汉与重庆。此时起，民生公司开始集中船只担负起首都的抢运任务。12 月 2 日，江阴要塞被日军从陆路迂回攻陷，但仍横锁中流不可逾越，敌人经过七昼夜才挖成仅供一船通过的航道，西进敌舰行动滞缓。江阴失守前，我方又突击布置了南京下游的乌龙山封锁线，全部工程 10 日内完成，此时南京已近乎不守。

国民政府撤离南京西迁武汉，民生公司集中长江中下游全部船只，从南京接运政府机关人员以及各学校师生。为帮中央大学运输大型设备，卢作孚下令改造船舱，将中央大学所有师生、仪器、图书甚至实验用的各种动物一起运到重庆，使之免于沦陷敌手。南京国民政府内迁重庆时，中央机关人员、公物，分别由招商、民生两家轮船承运。11 月 20 日，南京发布《国民政府移驻重庆宣言》：“……为国家生命计，为民族人格计，为国际正义与世界和平计，皆已无屈服之余地。凡有血气，无不具‘宁为玉碎，不为瓦全’之决心。国民政府兹为适应战况，统筹全局，长期抗战起见，本日移驻重庆。此后将以最广大之规模，从事更持

久之战斗……”年逾古稀的国民政府主席林森及其随行人员，已在 11 月 17 日撤离南京，由南京乘“永绥舰”到宜昌后，改乘民生公司“民风”“民贵”“民政”等轮，于 29 日抵达重庆，国民政府得以从 12 月 1 日开始在重庆办公。

这时的南京已是一座危城，敌机频繁轰炸，民生公司派“民元”“民权”等轮，抢运金陵兵工厂器材 2000 吨运至重庆。卢作孚冒着空袭的危险组织抢运，他在南京奋战 100 余日，仅 10—11 两个月民生公司从南京抢运至汉口的各类货物计有 6491 吨。11 月 20 日军委会撤出南京，而卢作孚直到一周后才离开南京到武汉。

1937 年 12 月 13 日，南京陷落。

当局为扼守长江中游，阻敌西进，力保九江、武汉，又于 1937 年 12 月构筑马当封锁线。马当位于安徽、江西边界，群山环抱易守难攻，由德国军事顾问设计，在马当附近的江心建成一道拦河坝式的阻塞线，两岸山峰险要处设有炮台、碉堡，水面布置有水雷、人工暗礁等。1938 年 3 月至 6 月间再次加强马当工程，固若金汤的马当防线于 6 月 30 日被敌军从陆路攻占后，敌军一连数日从水下进行爆破，仅轰开一个只能通小汽艇的孔道，大舰仍不能通过。他们占领九江后因受阻马当封锁线，军事、运输均受影响，中国军队方得以从容布置武汉外围防务。

抗战军兴，重兵待运。当时，长江中下游运输以招商局轮船为主，上游以民生公司为主，协同其他航运公司，在极端困境中扛起抗战运输的重任。民生公司地处抗战后方，船舶保存较多，成为长江运输的主力。南京沦陷后，川江水运混乱无序，军队任意扣船，货运到码头不卸货，自将轮船作为货仓占用，政府征用船只时运价较平时货运价格大打折扣，民生公司义无反顾承担起这些损失。抗战爆发至 1937 年底，民生公司由于军事运输负担大增，“即如子弹、汽油、兵工署机械等的运输，十之八九，是仗本公司的船。26 年度公司的船运兵共达 16 万人”，兵差中的亏损亦皆由民生公司承担。

1938 年，日军在中国土地上长驱直入。

1938 年 1 月 1 日，卢作孚出任国民政府交通部次长，兼任军事委员会下属的水陆运输委员会主任，负责统一调度指挥长江上的一切民用船只。卢作孚一心救国而淡泊做官，但是国难当头，强烈的爱国热情使他一反过去不愿担任行政职务的态度，毅然应允出任了交通部次长，担负起救国重担。卢作孚集军、政、商各方运输实权于一身，成为战时长江运输的最高负责人，这并非荣耀，而是无比重大的责任。战争，使他以舍我其谁的霸气与中国最大的河流并肩御敌。

蒋介石于抗战开始前第一次乘飞机到四川旅行时，就这样对卢作孚说：“一个人只要进入四川的上空，立即就看到了地球外貌的彻底改变。这个广阔的绿色省份最后一定会成为我国抗战的基地。”一语成谶，这一预见已变为现实。卢作孚上任后，最大的任务是利用一切交通工具把中国仅存的工业基础撤退到后方去。

卢作孚就任交通部次长当日，在武汉民生公司召开了一个 23 名船岸人员参加的特别会议，针对极为紧张的运输任务，专门对抢运工厂物资、器材、人员进行讨论并做出规定，通告所有船舶立即按会议决定执行。此时的武汉是全国的政治和军事中心，同时也成了卢作孚的运输指挥中心，自他来武汉后，民生公司的重心也随之移到武汉。为便于工作，他迅速抽调人员在武汉组建临时总经理室，在汉口分公司二楼的一个小房间内，秘书、打字员等四五个人每天处理雪片一样飞来的电报和函件。

上海、南京相继沦陷，长江下游的轮船大多开到了武汉。卢作孚将长江全线分为两段，集中长江中下游全部轮船担负汉口到宜昌一段的运输，集中长江上游全部轮船担负宜昌到重庆的运

输，抢运华东、华北、华南集中到武汉的兵工厂、企业、政府机关、学校和人员。9万多吨军工器材须三个月内运往重庆，还有政府的全部、学校的大部、航空委员会航空器材的全部、民间工厂的大部，通通需要内迁。1938年1月到10月，军工、民企、行政、高校等资源源源不断沿江而上，与此同时，抗日将士也源源不断顺江而下。

1938年3月，民生公司运送出川的第22集团军125师部队进入山东战场，配合友军作战夺得台儿庄大捷。同年5月29、30日两集团军奉命出川抗日，卢作孚亲自安排“民权”“民风”“民贵”“民元”“民主”等九艘轮船，从重庆、涪陵、万县分三路轮番抢运出川，共运出将士7.9万多人，参加了武汉保卫战。这一年，民生公司抢运到前线的作战部队共30余万人，弹药4600多吨。还有细节需要说明，5月9日，卢作孚派船免费将500名战争孤儿运到大后方，亲自安排船只将汉口纱厂的女工运至重庆。

卢作孚要求民生公司在宜昌购买土地搭建临时仓库，存放那些不能露天存放的重要机器。他命令民生公司将停泊在宜昌的最大的两艘轮船改为水上旅馆，以极低的收费解决候船人员的住宿问题，使拥塞在宜昌的战争难民不致露宿街头，并降低票价实行座票弥补舱位不足，提高转运效率。

5月19日，徐州失守。下旬，国民政府鉴于卢作孚为抗战做出的特殊贡献，由蒋介石亲自做介绍人，介绍其加入了中国国民党。夏，洛阳失陷、安庆失守、武汉告急……战区机关、学校、工厂纷纷撤退，争先恐后地涌向宜昌，而在战火中失去家园的难民和在战争中失去父母的难童，也大量拥挤到宜昌一地。此外，从徐州、武汉前线下来的大量伤兵亦迫切需要转运入川。6月21日，军政部长何应钦致电卢作孚，前线伤兵“必以宜昌为惟一后送区域，预计伤兵在短时间内，有5000—10000人到达宜昌，设非在宜昌每日控制1000人运力抢运，必难完成任务”。

武汉会战爆发后，日军对武汉三镇开启狂轰滥炸模式，这一华中重镇岌岌可危。在这个时候国民党军事当局做出了一项决定，将长江上的所有船舶一律开到武汉下游的田家镇凿沉，用以封锁江面，构筑防线阻挡日军军舰沿长江进犯武汉。田家镇位居九江上游湖北省武穴以西约 17 公里的长江北岸，地形险峻，卢作孚得知“凿船沉江，封锁江面”的决定后，十分震惊。他向有关当局力陈，这种做法极为错误，不能实施自毁家园的短视计划，应保证抗战运输的需要。长江中下游船只都是船大马力小，不能航行川江，损失了问题不大。长江上游的船只都是船小马力大，适合于航行川江的轮船一旦凿沉必将严重危害川江航运，使战时撤退及未来大后方的运输完全被动到无法进行。卢作孚坚决要求保留这批船只，为了抗战，他坚持不懈的斗争终于引起高层重视，同意不将长江上游的船只凿沉。7 月 1 日，田家镇塞江工程开工，“因时间尚觉从容，商轮所存有限，乃在汉口设计、建造钢管水泥船代替之。以应付汉口、宜昌间空前之繁重运输任务”。田家镇封锁线于 7 月底完成，后来被敌军占领数日，汉口出版的英文《楚报》称：“田家镇水雷均已被日军清除，惟封锁线构造奇特，军舰尚未通过。”

1938 年 9 月，田家镇、半壁山间血战方酣，但十多万日本侵略军竟未能越长江水域一步，军事当局又令封锁葛家店江路。此时，武汉各厂大多外迁，船料筹集颇为不易，施工人员将田家镇工程剩下的物料运来，因材设计改造利用，昼夜施工卒告完成。是月，卢作孚从武汉赶到宜昌，抽调民生公司童少生、李肇基、袁子修、陈国光等高层管理人员组织抢运，由民生公司领衔签订运输合同，招商局和三北公司参加协运。

战况瞬息万变。卢作孚事必躬亲，日理万机，不但指挥长江全线航运抢运物资，也为后方工业建设谋划，当时的四川闭塞落后，工业基础薄弱，实难支撑战争，他竭尽全力帮助那些无力搬

迁的工厂到四川去。在武汉，卢作孚遇到了河南中福煤矿总经理孙越琦。孙越琦与卢作孚同岁，浙江绍兴人，参加过五四运动，曾就读于复旦公学及北洋大学矿冶系，后在美国斯坦福大学留学。1934 年起，孙越琦担任中英合资河南焦作中福煤矿公司总经理，中福煤矿公司是当时国内最先进的煤矿企业。当卢作孚得知中福煤矿再也无力搬迁时，当机立断，以民生公司的名义入股这家企业，不收运费将它运走。他们二人性格相近，都以事业为重，一言为定，不定协议，亦未同双方董事商谈，整个谈话只用了 5 分钟就决定精诚合作，共赴国难。

后来，天府煤矿公司与河南中福煤矿公司改组成立天府矿业公司，成为战时重庆重要的煤炭基地，卢作孚又用同样的方式救下了上海大鑫炼钢厂。汉口的周恒顺机器厂迁到重庆后改名恒顺机器厂，成为战时后方仅次于民生机器厂的大机器厂，常州的大成纺织厂迁到北碚与三峡染织厂合并改名大明纺织厂，成为战时后方最大的织布厂。上述四家新建的合作企业均由卢作孚担任董事长，原班人员继续管理，民生公司对它们只提供投资支持。战火纷飞，山穷水尽，双赢的合作模式既让企业绝处逢生，又使抗战中的民生公司度过经济危机，更重要的是它们生产的物资为军队和后方建设提供了强大支持。

卢作孚直到 10 月 23 日，才离开武汉前往宜昌。他坚守武汉将近一年，这一年中除川江轮船不停顿地直航重庆、万县外，还调集了所有中下游轮船，全力撤退人员、物资至宜昌等待转运。

卢作孚以惊人的精力、才华和组织能力，领导和指挥几十只船舶为拯救国家和人民而战斗。宜昌大撤退如期完成，使战时重庆获得了发展后方工业所需的各种机器，但卢作孚明白，整个撤退任务并没有结束，人员疏散工作一直持续。至 1939 年，侵华日军已占据中国半壁江山，一度放缓对正面战场的进攻企图诱降国民政府，无果后又开始疯狂进攻。9 月，日寇兵分三路进犯长沙，湘桂告急，湘桂兵工厂的第1厂、2厂和41厂的3万吨器材，兵工署的2000吨器材，紧急撤到宜昌，由民生公司的轮船运到后方。1940年上半年，民生公司又从宜昌抢运了1.6万多吨器材到大后方。卢作孚亲临现场指挥，轮船傍晚到达，连夜抢装，黎明开走，很快运输完毕。

1939年2月7日，国民政府军事委员会传令嘉奖参与宜昌大撤退的“民元”“民本”“民俗”“民权”“民苏”“民熙”等30艘轮船。10月10日，国民政府表彰抗战期间办理军运的有功人员，授予卢作孚“三等采玉勋章”。此后，国民政府又对民生公司在宜昌撤退中的优异表现特予嘉奖，也对民生公司的亏损予以补贴。国民政府军事委员会副委员长冯玉祥，称赞民生公司是爱国的公司、救国的公司。

1940年5月，日军发起襄宜战役，张自忠将军亲率2万余将士渡汉水堵截，终因寡不敌众壮烈殉国。卢作孚派“民风”轮专程送灵柩至重庆，船在宜昌启程时，十万余军民挥泪恭送。与此同时，太多血肉之躯沿着英雄的归程启程，江山如画，一时多少豪杰。

1941年，民生公司调派30艘船舶，运送出川杀敌的官兵约29万人，先后参加了第二、第三次长沙会战、常德会战、衡阳会战等。到1945年抗战胜利时，民生公司轮船运送出川的部队达270.5万多人，弹药武器等30余万吨。这些来自长江上游各地的部队转战于晋东、鲁南、皖南、豫、苏、浙、赣、鄂、闽、湘等10个省区，协同友军坚持抗战，直到胜利。

卢作孚和民生公司广大职工，为挽救民族危亡像战士一样英勇，冒着敌机轰炸战胜川江天险，以极高的效率坚持运输，为争取抗战胜利，为民族续命，付出了巨大牺牲。宜昌撤退胜利完成之后，卢作孚在《新世界》回答关于民生公司经营状况的问题时说：“这一年我们没有做生意，我们上前线去了！我们在前线冲

锋，我们在同敌人拼命！”

风尘仆仆的卢作孚回到重庆，这里已成了战时中国的政治和经济中心。撤退内迁的400多家企业中，迁入四川的达245家，那些抢运入川的物资很快在西南和西北建立了一系列的工业区，构成了抗战时期中国的工业命脉。尤为重要的是，正是这些撤退到大后方的工矿企业，组成以重庆为中心的兵工、炼钢、能源、纺织等综合性工业区，成为民族抗战的坚强后盾，生产了大批枪炮，为将士们提供了源源不断的杀敌武器，为战争的最后胜利提供了有力保证。这一切，都要归功于宜昌大撤退。

宜昌撤运当时曾被比喻为“中国实业上的敦刻尔克”，而“中国的敦刻尔克撤退的紧张程度，与英国在敦刻尔克的撤退并没有什么两样，或者我们比他们还要艰苦些”。1940年夏，日军开进宜昌城，此时的宜昌只是一座空城。日军高层为此深感懊悔，在战略检讨中将未能在1938年末攻占宜昌视为重大战略失误。

晏阳初说：“这是中国工业上的敦刻尔克，在中外战争史上，这样的撤退只此一例。”

著名记者徐盈说：“没有卢作孚，没有民生公司；没有民生公司，没有这些牺牲，也没有这些创造，也许不能造成战时那些局面。”

宜昌大撤退验证了卢作孚的话：“我们要鼓起勇气，坚定信心，凡白种人做得来的，黄种人都做得来。凡日本人做得来的，中国人都做得来。”

宜昌大撤退的历史重任落在卢作孚肩上并非偶然。他有超乎常人的奉献国家、民族的忘我追求和自我克制的定力；他有对国家、民族和人民的高度责任感，而且早就对这场战争的到来做着将四川作为战时大后方的准备。他为统一川江、统一四川、建设北碚所做的一切努力，都为撤运、接纳和安置内迁事业及人群奠定了思想、技术、物质基础。不少教师、学生、工程师、医生、艺术家、公务员等国家急需的各类人才来到大后方，成为各条战线的有生力量。安全转移的大量战略物资、设备为战时支持抗战和后方建设，为重庆和四川工业发展奠定了基础，他使中国仅存的一点工业、科教、文化血脉得以保全，为抗日战争胜利做出了不可磨灭的贡献。

今天，在宜昌市滨江公园的纪念宜昌大撤退的主题雕塑上刻有铭文：“发生在中国人民抗日战争中的宜昌大撤退，是一部民族救亡的悲壮史诗和英雄乐章……民族实业家、民生公司总经理卢作孚临危受命交通部次长兼疏运总指挥，以超凡的勇智，赴宜督导……将民族工业近 10 万吨物资设备、3 万人员如期成功转移，演绎了中国大内迁最壮观的一幕。”

约翰·肯尼迪说：“评断一个国家的品格，不仅要看她培养了什么样的人民，还要看她的人民选择对什么样的人致敬，对什么样的人追怀。”掀开时光的一角，穿越万千山河，回望古老民族的至暗时刻，国家危难之际挺身而出的英雄，人民不会忘记，民族不会忘记，历史不会忘记，而卢作孚正是这样的一位值得被铭记的爱国志士、民族英雄！

二、少年立志之投身革命

他的心里，何时开始装了家国天下呢？是从徒步成都求学开始？是从 17 岁时加入同盟会开始？还是从以“作孚”之号行世开始？每一段人生都有故事，这些故事构成历史。卢作孚的一生就是一个伟大的故事，生得卑微，活得庄严，死得从容，未满花甲的一生色彩斑斓。他创造属于他的时代，他记录属于他的时代，他属于他的时代，他一点一点把自己嵌入历史的天空。

重庆合川区之东北角肖家镇，左近渠江，右揽嘉陵，为合川东北之门户。往前回溯，那是乾隆十三年，场镇迁到此处取名“隆兴场”，由于连接岳池县属肖家场，赶场的人习惯称之为“肖家场”。于是肖家场成为奇特的乡场，同一个乡场同一条街道，分属不同的县域，一边属合川县，另一边属岳池县。这一带地貌属浅山丘陵，地势较为平坦，水土丰美，物产多样。

清末某年，肖家场雇农卢仲义的儿子卢茂林因不堪欺辱，在痛打地主小少爷之后，只身一人逃往合川县城。单薄少年举目无亲，流落街头，万幸一家裁缝店的店主看中了他，遂成为裁缝店小伙计。晨昏忙碌仅足糊口的学徒生活过了几年，逐渐年长的卢茂林深感收入微薄，不是长久之策，遂决定辞去裁缝店伙计的旧职，另谋出路。

当时，荣昌、隆昌两县盛产麻布，名闻全川，合川县的麻布商人专门到那里去买麻布，运回来销售。合川与荣昌、隆昌两县仅有一条崎岖山路通行，来回几百里，需要雇用挑夫，离开裁缝店的卢茂林凭着一把子力气，加入了挑夫行列。他成为麻布商人的雇工，从盛产麻布的荣昌、隆昌二县为人下苦力运麻布，为的是能多攒几个钱。时间长了以后，不仅增加了收入、增长了见识，也积累了经验。卢茂林发现，商人们包装布匹用的粗麻布在货物抵达合川后，就被当废料抛弃，甚觉可惜，他低价买下这些包装布，整理干净后卖与买不起细布的人家。他的粗麻布颇受贫苦人的青睐，接下来便决定在挑运麻布时自己也捎带一些，再以低于市面的价格转卖给邻居，一来二去，很快积累了一批自己的专属客户。稍有积蓄后，卢茂林便不再给人做雇工，开始自买、自挑、自卖。他秉持薄利多销的经营策略，更因其忠厚公道的口碑，麻布小贩渐渐在合川县城积累了名气，人称“卢麻布”。

卢茂林贩卖麻布小有盈余之后，在合川县城北门外杨柳街一带的高石坎租下一处厢房，渐次安家娶妻，推其时间，应是1890年左右的事。卢茂林一生共养育五子一女，长子卢志林（魁铨），次子卢作孚（魁先），三子卢尔勤（魁甲），四子卢子英（魁群），五子卢魁杰，最小的是女孩，取名魁秀。

1893年4月14日，卢茂林的次子出生于合川县北门外杨柳街，初名魁先，后以号“作孚”行世。“作孚”意为信服、信从，出自《诗·大雅·文王》：“仪刑文王，万邦作孚。”四川自古称天府之国，宋代四川眉山大文豪苏东坡曾写《洗儿》诗：“人皆养子望聪明，我被聪明误一生。惟愿孩儿愚且鲁，无灾无难到公卿。”前辈乡亲的诗文，不通文墨的麻布小贩卢茂林未必了解。我们有理由相信，世上任何一位平凡的父亲都希望儿女聪明伶俐，假如儿女是他的江山，此时的卢茂林还不知道自己养育了一座高峰。他更不敢想象，自己家孝顺和善的二儿子将会在不久的将来立德、立功、立言，成为实业家、教育家、乡建先驱、社会改革家，成为照亮整个时代的一道光，名满天下。

穷人的孩子早当家，卢作孚家境贫寒温饱不继，艰辛备尝，

这使得他自幼年起便极懂事，勤俭孝顺，和蔼温厚，体贴父母。除此之外，若非要从他身上找寻与众不同的特质，那就是对事物有强烈的好奇心和求知欲。

卢茂林做麻布生意的过程中，吃够了不识字的苦头，决心节衣缩食送孩子读书，以期通过读书，孩子们能有出息。于是，卢作孚 6 岁时进了李家私塾开蒙，8 岁时进了合川城内的瑞山书院。此时，官府正在推行新政，各地书院改为新式学堂，瑞山书院引入新学，相当于“完小”。卢作孚在瑞山书院读书，他热衷数学，喜临颜、柳书法，颖异天资让其更加出类拔萃，偶尔到瑞山小学讲课的县立中学教员张森楷，对聪颖刻苦的卢作孚颇为看重，热心为他课外辅导古文。这段经历，为卢作孚后来研读古文打下坚实基础。

生活贫苦，当时华夏大众概莫如此。卢家此时雪上加霜，幼小的卢作孚突患重病，家无余钱请医看病治疗，心疼孩子的母亲焦急万分，自己凭经验上山采集草药，给他煎汤服用，服用之后竟然说不出话来，方知药不对症，8 岁多的卢作孚变成了“小哑巴”。父母十分心疼，父亲卢茂林不顾路途遥远，背他徒步重庆求医，医生说如能服用“天生黄”，此病或可有希望。“天生黄”是一种中药材，主要成分含硫，当时“天生黄”贵胜黄金，卢茂林无奈之下只得将孩子背回家中。自此，他喑哑失声漫漫两年余，口不能言的时候勤学依旧，小小少年并未因此颓废丧志。

至于恢复说话能力的契机，目前所见说法有三：其一是追逐小燕儿时不小心被绊倒在地，慌乱之间着急喊出声儿；其二是说因为烧纸被烟呛咳嗽，突然恢复说话能力；其三是看见老鹰抓小鸡，扔石头去追老鹰，不小心跌倒，情急之下突然哭喊出来。时过境迁，真相模糊，无须深究诸种说法真伪，总归是好的结局，两年的磨难过去，恢复说话能力，再也不哑了。随后，卢家再添人丁，卢茂林以一人之力养家糊口更加艰难，因此卢作孚不足 15

岁的大哥不得不选择辍学，随父亲挑运麻布，小小年纪便承担起养家重任。

1907 年，卢作孚以优异的成绩从瑞山学堂毕业，1905 年废除科举制度，入学时的“瑞山书院”此时已更名为“瑞山学堂”。卢家家境困苦，无力承担卢作孚继续升学读书的费用，师长欣赏其天资才华，愿意每月资助 120 小钱扶持他继续学业，被性格倔强不愿无功受禄的卢茂林以家中需要人手婉言拒绝。此后，虽然卢作孚再无接受正规学校教育的机会，但瑞山学堂短短六年的学习经历和在那里积累的人脉资源，成为他后来人生蜿蜒前行的助推器。

失去了接受学校教育机会的卢作孚并没有停止学习，14 岁的他开始刻苦自学。瑞山学堂的学习经历为卢作孚打开了观望外界的大门，学堂开有历史课，课堂上老师慷慨激昂地为学生讲述危亡之秋的国家现状，早慧的寒门少年忧国忧民、救国救民的激情被点燃，如一团愈燃愈旺的火。他立志读书求真知，为国家和民族找一条解除苦难的路。有历史资料记载，清末及民国有很多到大城市求学的青年学子，都不满足于学堂中碎片化的技术性知识，他们心中隐隐然怀有更大的“天下”，为了求得关于人生和社会问题的答案，青年读书人中盛行着一股“自学”的风气。自学有其时代背景深层原因，卢作孚便是那个时期众多走自学之路学子中的佼佼者。

1907 年，也就是卢作孚从瑞山学堂毕业的这年，还发生了一件事，中国近代民主革命的先驱之一、32 岁的同盟会会员、侠女秋瑾慷慨就义。往前数十年，不，九年就够了，菜市口“戊戌六君子”的热血未冷。我们应该坚信少年卢作孚对这些事件是了如指掌的，因为三年后 17 岁的他也加入同盟会，投身到轰轰烈烈的革命洪流当中。卢作孚明知道流血牺牲是革命的必然，还义无反顾投身其中，促使他毫不犹豫以身许国的是对国家、民族的爱

及根植骨髓的使命感。

1908 年，卢作孚辍学的第二年。这个从未出过远门的 15 岁少年，毅然决定跟随前往成都经商的合川商人去成都求学。成都是古蜀文明的发祥地，其名是借用西周建都的历史经过，“一年成聚，二年成邑，三年成都”而得名，蜀汉、成汉、前蜀、后蜀等政权先后在此建都，唐宋时期即为发达的工商业城市，北宋时成为汴京之外第二大都会，各朝代的州郡治所一直设在这里。清朝设四川省于成都，四川总督、成都将军驻成都府。

初到成都的卢作孚住在免费的合川会馆，进了一个收费低廉的补习学校。他在补习学校的补习仅仅进行了两个月，便深感其补习内容过于浅薄，且所教内容不符合自己的学习要求，决定终止补习继续自学。卢作孚的学习效率惊人，他用很短时间学完了所有中文版数学内容，且在自学一年多后，才 16 岁的少年就开始招收中学补习生，成为指导别人学习数学的老师。这段时间，卢作孚编著了《代数》《三角》《应用数题新解》等专供中学生使用的数学教材，署名“卢思”，向四川省提学使司备案。直到 1914 年，这批书稿才交由重庆中西书局筹划出版，因经费缺乏仅《应用数题新解》正式出版，这是卢作孚出版的首部著作。他在后来的文章中写道：

> 做教师时代，是先教数学，后教国文。本人对于数学，极感兴趣。以为数学，不仅是数目字的学问，同时可以训练我们的思想，使紊乱的思想变为有条理、有次序、有系统的思想。所以惟一的施教方法，就是教学生如何思想，并且如何把思想活用到数学上去。

卢作孚的数学思维也充分体现在他后来的工作、生活、企业管理、写作等方方面面。通读《卢作孚文集》，数篇文章皆以问句起笔，提出问题，分析问题，解答问题，条分缕析。日后，他数次出川参访考察，甚至出国，无不是以“带着问题出去，求得答案回来”的目的而往返。他各时期的创业过程中，数学思维也处处有所体现，包括1928年民生公司的三条船跑四条航线，宜昌撤运时川江航线上的“三段式运输”等。

卢作孚不仅研究极感兴趣的数学，还学习古文、历史、地理、理化等知识，他尤喜韩愈，曾花大功夫对韩愈的文章进行深入研究。卢作孚在这段时期先后考取四川的优级师范学校、测绘学校、军医学校、藏文学校，囿于其所教知识范围偏颇，不如己意，均放弃入学。1912年，卢作孚在几位留学归国朋友的鼓励下报考了清华学堂，不巧，当年清华学堂在成都不设考场，川籍考生须赴京应试。他回合川筹措路费后赶往重庆，计划搭船到武汉，再由武汉乘火车赴京考试。遗憾的是等他赶到重庆朝天门码头时，被告知开往汉口的轮船已于当日一早开走了。在水运不发达的当时，重庆到汉口的轮船一月之内仅有几班，误了这班船期就无法如期赶到北京了。卢作孚错过了赴试清华学堂的机会，与清华学堂失之交臂，或可说是清华学堂与卢作孚失之交臂。14年后，民生公司第一艘定期开航的客运小轮“民生”轮在嘉陵江上开行，追溯这桩事业的发端，不能不联想起他曾经错过的这班船期。

卢作孚失去赴试清华学堂的机会，自此放弃了留学之念，但他并未灰心。从学习方面而言，自17岁对社会科学和自然科学产生浓厚兴趣起，他的案头摆着卢梭的《民约论》、达尔文的《进化论》、赫胥黎的《天演论》等名著，目之所及由国内而国外。这且不说，他还研读了世界各国的政治、经济、军事、社会、文化等诸方面书籍，特别是对各国的历史发展进行了深入系统研究，自学让他储备了丰富的知识，使他具备了认识世界的基础条件。后来，在关于卢作孚的回忆文章中，多人多次提到他惊人的记忆力，也有人称他有过目不忘的本领，这应是常人所不及

的天赋。卢作孚把自己生命的根须深深扎进知识沃土中，人类文明的精华也滋养着这个不满 18 岁的少年，为之后他职业生涯中“能文能讲，口笔两利”埋下伏笔。

卢作孚到成都求学的这段时期，如饥似渴、废寝忘食地阅读各类书籍，直到 1911 年辛亥革命爆发，他才结束在成都的自学生涯。他于广泛阅读中，尤为关注近代帝国主义对我国的侵略史，并有自己独到的见解。孙中山的“民族、民权、民生”三民主义革命学说对他产生很大影响，“民有、民治、民享”也正符合他的社会理想。1905 年，以“驱除鞑虏，恢复中华，创立民国，平均地权”为救国纲领的“中国同盟会”成立。1910 年，17 岁的卢作孚决定投身革命，他加入“同盟会”，立志自己一生的目标是强国富民。

1911 年，卢作孚 18 岁。他本人也说“由十八岁起在社会上奋斗”，此后余生除了奋斗别无选择。这年中国近代史进程中发生了一件大事，以“保路运动”为序幕，以“武昌起义”为高潮，旨在推翻清朝专制帝制建立共和政体的全国性革命——辛亥革命爆发。

1911 年 5 月，清政府假借铁路国有之名，将已归民办的川汉、粤汉铁路收归国有，并立即转手将铁路修筑权出卖给英、法、德、美四国银行团，此举引起了湘、鄂、川、粤人民的强烈反对，并迅速发展成为声势浩大的“保路运动”。其中，四川人民的反抗尤为激烈，由于川汉铁路股本的 60%左右为租股，征收对象很广，清政府拒绝发还股金，严重损害了四川各界的经济利益。四川省各界纷纷成立“保路同志会”，提出“路存与存，路亡与亡”的悲壮口号，参加者十万余人，8 月，成都罢市；9 月，全省抗粮抗捐，各地贫民开始暴动。清政府则下令镇压，四川民众趁机发起武装起义，将“保路运动”推向高潮，最终形成四川全省的反清大起义，并成为辛亥革命的前导。辛亥革命是一场真正意义上的民族民主革命，它在政治上结束君主专制制度，思想上传播了民主共和理念，极大地推动了中华民族思想解放，以前所未有的震撼力和影响力推动了古老中国的社会变革。

保路运动期间，卢作孚作为年轻的同盟会会员积极参与其中，这一场血与火的洗礼使他的生命和思想都得到了淬炼。革命胜利后，都督府论功行赏，任命卢作孚为夔关监督，年俸 4 万元。他当然明白夔关监督的意义，不仅年俸可观更有其他灰色收入可饱私囊，这个职位虽然足以使他一家老小摆脱贫困，但并非他需要的和想要的，而且与他强国富民的理想完全相悖。卢作孚谢绝这一别人眼中的肥缺，继续留在成都的补习学校教书。

什么是格局？格局是指一个人的眼光、胸襟、胆识等心理要素的内在布局。大格局即以大视角切入人生，力求站得更高，看得更远，做得更大。大格局决定着事情发展的方向，掌控了大格局也就掌控了大局势，不会因为眼前一时的得失而忘记自己更长远的目标。格局大了，未来的路才能更宽。如果把人生当作一盘棋，那么人生的结局就由这盘棋的格局决定，想要赢得人生这盘棋的胜利，关键在于把握住棋局。麻布小贩的儿子卢作孚，第一次面对名与利的诱惑便显现出其生命的大格局。

接下来，卢作孚面临的是另一个事实，革命所取得的胜利恍若昙花一现：“同盟会既没有巩固的组织，内部成分也十分复杂。各式各样的野心家、阴谋家和投机分子都钻进了革命党。其中有钻进来借‘革命’发财的；有钻进来谋求捞到一官半职的；有钻进来结党发展势力的；还有本来就是清朝政府的官僚、军阀，投机革命，摇身一变，变成‘革命党人’的。”这些人本就没有半点国家和民族的观念，恰恰相反，他们钻进革命阵营后篡夺了辛亥革命的胜利果实，便开始明争暗斗，争权夺利，互相厮杀，战乱不休。卢作孚更深恶痛绝的是他们反过来向真正的革命党人下毒手，妄图摧毁革命党，扼杀革命于摇篮之中。正如孙中山先生

说的那样："革命尚未成功，同志仍需努力。"革命党人被残酷镇压，一时风声鹤唳，他们的活动受到很大限制。

1913年，四川都督胡文澜调兵镇压革命党人，情势对革命党人十分不利，整个四川沸反盈天，革命者几无立足之地。卢作孚面临越来越严峻的现实。他决定离开成都回合川老家避祸，行至大足县，在投宿的客栈中被四处抓革命党人的当地驻军带走，一起被抓的同行者当即被枪杀，卢作孚则被押往大足县候审。

在审讯时，卢作孚坚称自己乃返乡办事的穷苦学生，不明就里被带到官府。那天，堂上恰好坐着一位颇具威望的老乡绅，他看卢作孚确实像读书人模样儿，心生怜惜，要求他背诵一段古文来证明身份。卢作孚性格冷静，理智沉着，他极爱韩愈之文，生死关头毫不犹豫地将《祭十二郎文》一字不差地背诵一遍，肺腑之言长短错落，喷薄呜咽。细细思量，卢作孚此时此刻选择背诵这篇千古绝调，血泪祭文，是多么具有深意啊，是背给同时被捕刚刚被杀害了的青年同伴？还是背给生死未卜的自己呢？总之，奇迹发生了。

这位乡绅念在斯文一脉，由他出面作保，将卢作孚当堂释放。他经历了人生中第一次死里逃生，万分危急之际化险为夷，大足脱险后，听说家乡合川也在抓捕革命党人，只好改道川南避祸，在江安县立中学担任数学教师，暂以谋生。

三、 持灯乱世之卢作孚与他的时代

人物，镶嵌于历史，归属于时代。一个人如一朵花，他的香味和色彩既有生命的自觉也有环境的造就，所谓时势造英雄。而我们也想探究，生逢世变的一代人中，怀着“修身齐家治国平天下”理想的人未必少有，卢作孚为什么会是这样一个卢作孚？他的强国之梦，强国之行，时时处处诠释着北宋大儒、思想家、教育家张载《横渠语录》中“为天地立心，为生民立命，为往圣继绝学，为万世开太平”的要义。清朝末年，卢作孚出生在乱世寒门，却创造了令人眼花缭乱的成就。现在，我们通过他来了解他所处的时代，那时的世界，那时的中国，是怎样一个样貌，他以怎样的生命状态和他的时代相处、相融。

中国的近代是从 19 世纪中期才开始的，而世界的近代是从 17 世纪开始的。“一个国家、一个民族走入近代，就意味着以工业化为主导的经济取代了以地主经济、领主经济或自然经济为主导的中世纪的经济形态，也还意味着，它不再是孤立的或是封闭与半封闭的，而是以某种形式加入到世界总的发展进程。尤其重要的是，它以某种形式的民主制度取代君主专制或其他不同形式的专制制度”。中国近代起始的标志是 1840 年的鸦片战争，这场战争让一个没落王朝原本相对封闭的国门，被帝国主义列强们用军舰和大炮炸开。从此，古老的东方大国，无可奈何地被裹挟到世界秩序当中。这一时期，国内外各种矛盾异常尖锐，是近代以来最黑暗、最飘摇、最复杂的时期，国家和民族都面临着空前的

危机和挑战。卢作孚就身处这样一个铁骑烽烟、血色战火充斥的大时代中。

那么，让我们以卢作孚为坐标，将时光的镜头由近景推至远景。先从全球大背景来看，青年时期的卢作孚恰逢第一次世界大战爆发。19 世纪末到 20 世纪初，资本主义国家向帝国主义过渡，产生不可调和的矛盾，在亚、非、拉美等殖民地和半殖民地基本被列强瓜分完毕，秩序划分不对等的背景下，为重新瓜分世界，争夺全球霸权，一场世界级帝国主义战争爆发了。这是帝国主义之间因分赃不平衡引起的，对双方来说都是非正义的战争。1914 年夏到 1918 年冬的第一次世界大战，虽主要发生在欧洲但波及全世界。战争历时 4 年，30 多个国家、15 亿人口卷入，人员伤亡惨重，各方都大量使用现代化战争装备，战况惨烈，给人类带来空前浩劫，也给参战各国带来巨大灾难。

任何事物都有其两面性，第一次世界大战虽然是一场非正义的战争，但也不能完全否定它为世界及中国带来的正面影响，正是因为这些影响，加速促进了世界格局、中国及其他各国的改变。第一次世界大战，一方面造成严重经济损失，给全世界各国人民带来了沉重灾难，另一方面促进了亚非民族独立国家的形成和殖民地人民的觉醒。它摧毁了俄罗斯帝国、德意志帝国、奥匈帝国等欧洲古老的封建帝国，英国、法国和意大利等帝国主义国家力量被削弱。战争后期，俄国无产阶级取得了“十月革命”的胜利，战后初期，资本主义国家的无产阶级革命运动和亚、非、拉美的民族解放运动出现了新局面。同时，第一次世界大战带来了科技上较大进步，使各国的政治、经济、科技、文化以及军事等许多方面大大加强，也加快了人权实现的步伐。在此背后，民族意识形成、民族观念勃发，民族国家纷纷建立。战后，国际秩序重建是这次战争给世界带来的最大成果，也可以说是历史赐予的最好机会。第一次世界大战对中国的影响也相当深远。中华民国（北洋政府）于1916年加入到“协约国”，并且向欧洲派出了大批劳工，首次以主动的姿态参与国际事务。辛亥革命之前，帝国主义列强对华投资刺激了我国民族资本，促使资产阶级革命派进行推翻清政府的辛亥革命，结束帝制，民主共和观念深入人心。辛亥革命推翻了清朝统治，结束了君主制政体，建立了共和国。一战期间，帝国主义暂时放松了对当时中国的经济侵略，推翻帝制则鼓舞了资产阶级实业救国的思潮，促使无产阶级队伍发展，为新民主主义革命提供了条件。辛亥革命后，北洋军阀搞尊孔复古的逆流，导致了新文化运动的激烈反儒，激起了思想解放的潮流，五四运动前后马克思主义开始在中国传播。一系列没有经过彩排的事件环环相扣，似偶然，亦似必然，自然而然地开始在这块土地上轮番上演。

中年时期的卢作孚和第二次世界大战迎头相遇。

第一次世界大战后，帝国主义各国经济、政治力量发展不平衡，德、日工业发展较快，英、法、美等国则出现停滞局面。1929年和1937年，资本主义世界先后发生两次严重的经济危机。为了摆脱经济、政治和社会危机，德、意、日法西斯统治的国家，走上了国民经济军事化的道路，政治上也日益法西斯化，并逐渐形成美英法和德意日两大政治军事集团。1939年9月1日，德国军队对波兰发动了突然进攻，英、法再也无路可退，只得对德宣战，第二次世界大战全面爆发。

第二次世界大战（1939年9月至1945年9月）也称世界反法西斯战争，是继第一次世界大战后，人类历史上规模最大的战争。先后有60多个国家和地区参战，波及当时世界人口的80%，作战区面积达2200万平方千米。在这场决定人类命运的生死大搏斗中，交战双方动员的兵力超过1亿，因战争死亡军民人数超过5000万。在亚洲，中国深陷其中。中国战场是第二次世界大战亚洲战场的主战场，担负着反对日本侵略者的主要任务。

1931年9月18日，日本发动“九一八事变”，侵占中国东北，从而在世界东方形成第一个战争策源地。中国政府向国联求助，并未得到积极回应。当时，西方大国普遍奉行绥靖政策，企图通过纵容换取短暂和平，致使日本自行其是，这次事变打破了第一次世界大战后形成的相对稳定的世界格局，第二次世界大战已现端倪。

1937年7月7日“卢沟桥事变”爆发，日本发动全面侵华战争，加剧了国际紧张形势。中国在第二次世界大战中为打倒法西斯国家，以极大的民族牺牲做出了巨大贡献，中国人民的抗日战争是中华民族历史上伟大的卫国战争。这场空前的战争夺去太多人的生命，影响太多人的命运，卢作孚积极参与其中，一次次临危受命。

1945年8月15日，日本宣布无条件投降，9月2日签订投降书，第二次世界大战结束。任何事物都有它的两面性，第二次世界大战也不例外，它给全世界人民带来灾难和伤害的同时，也有其积极的一面。首先，使人类理性得到张扬，人权与和平深入人心，维护和平的联合国随之诞生。其次，改变了世界格局，美苏成为世界两个一流大国，西欧的世界中心地位已不复存在，世界中心向太平洋地区转移。再次，促进了社会主义和民族解放运动发展，欧亚建立了一系列社会主义国家，世界殖民体系瓦解。最后一点也是最重要的一点，战后科技革命兴起。

那么，时代的大背景从国际转到国内。这是中国历史上最纠结的时代，古与今，新与旧，中与外，经济、政治、教育、文化等各种矛盾冲突混杂纠缠，社会和人心都激烈动荡。近代前期，中国时不时被列强暴捶，掐架失败之余，被迫割地赔款成为家常戏码，国门外是列强枪炮，国门之内也不平稳，整个国家如一幢千疮百孔的老房子，岌岌可危。按时间脉络细数流年，足已让人眼花缭乱：

1839 年：林则徐虎门销烟。
1840—1842 年：鸦片战争。
1842 年：中英《南京条约》签订。
1843 年：中英《虎门条约》签订。
1844 年：中美《望厦条约》、中法《黄埔条约》签订。
1851—1864 年：太平天国运动。
1856—1862 年：第二次鸦片战争。
1858 年：中俄、美、英、法《天津条约》签订。
1860 年：中英、法、俄《北京条约》签订。
19 世纪 60—90 年代：洋务运动。
1883—1885 年：中法战争。
1894—1895 年：甲午中日战争。
1895 年：中日《马关条约》签订，同年爆发广州起义。
1898 年：戊戌变法。
1899—1900 年：义和团运动。
1900 年：八国联军侵华战争。
1901 年：《辛丑条约》签订。
1905 年：中国同盟会成立。同年，科举制度废除。
1911 年：辛亥革命。
1912 年：孙中山就职临时大总统，改国号中华民国。
1913 年：二次革命，即“讨袁之役”。
1915—1916 年：护国运动。
1915—1923 年：新文化运动。
1916 年：袁世凯复辟失败。
1919 年：五四运动。
……

以上所列，俱为离我们并不遥远的史实。鸦片战争后，内忧外患的中国迎来了最动荡不安、黯淡无光的时代，近代百年史就

是一个古老民族不堪回首的屈辱史、血泪史、变革史、奋斗史。从以上国内外情形不难看出，一方面，帝国主义列强加紧对中国的强取豪夺，清政府屈膝求和签订一系列丧权辱国的不平等条约，许多重要城市和港口一个个被辟为通商口岸，列强各国的租界在我国许多城市林立，沦为半封建半殖民地的中国和她的人民生活在水深火热之中。另一方面，由于割地赔款苛捐杂税繁重，致使民族矛盾加深，山河破碎，民变四起，国家民族的命运危机万端。人们，尤其知识分子群体，都有一种“国将不国”的忧虑。

两次世界大战以后，西方的一些观念、主义开始侵蚀、融合中国文化，如进化论、民族主义、社会主义、自由主义、激进主义与保守主义、革命与和平改革等各种思想纷纷出现，大批仁人志士开始寻找“治国平天下”的出路。“国家、民族的命运真的到了千钧一发之际，危机极端紧迫。先觉分子救国心切，每遇稍具新意义的思想学说便急不可待地学习引介。于是，西方思想学说纷纷涌进中国，各阶层、各领域，凡能读书读报者，受其影响，各依其家庭、职业、教育之不同背景而选择自以为不错的一种，接受之、信仰之、传播之”。于是，历史迎来一代心甘情愿为后辈子孙之幸福披荆斩棘、洒血抛颅的英雄人物。

1898 年，“戊戌六君子”血洒北京菜市口，这一年卢作孚年方 5 岁。1893 年 4 月 14 日，四川合川县北门外麻布小贩卢茂林的次子出生，他就是卢作孚。设若，这是一部以卢作孚为主角的穿越剧，那么男主角不仅错生了时代也错生了家庭，时代无非一个“乱”字，家境无非一个“贫”字。王朝式微之际，山河凋敝，民不聊生，便是天府之国的四川也好不到哪里。

民国前期，四川是军阀最多的一个省，也是混战最多的一个省。自 1913 年胡文澜镇压革命党人开始，四川就陷入连年不断的军阀混战中，一直混战了 22 年，这 22 年里四川境内一共发生了大大小小的战争400余次。四川军阀区别于其他军阀的一个特点是实行“防区制”。1918年，名义上主政四川的熊克武决定，各军按驻防区域划拨地方税款，由各军自行向各县征收作为粮饷之需，以此为诱因的“防区制”在四川形成。尽管是“防区制”，互相征伐是无法避免的，经过血雨腥风的兼并，后期形成以刘湘、杨森、邓锡侯、刘文辉、刘存厚、田颂尧等为代表的几个大军阀。各防区成为各军阀的独立王国，一切军政事务都由其做主，形成军阀、官僚、豪绅三位一体的军政统治体制。他们为争夺一己私利用尽心机，为筹措军费横征暴敛，人民的负担一天比一天重，痛苦一天比一天深。

卢作孚便出生在这样的乱世，从全世界、全中国的大局到四川一省，乃至合川小城，无不是历史上最凌乱无序的时期。每个人都可能认为自己生不逢时，而卢作孚是真的生不逢时，也就是在这样纷乱的境遇中，他由一个底层小知识分子起步，坚韧倔强地为笼罩着愁云惨雾的民族持灯寻路，以舍身饲虎的精神将自己的一生演绎成传奇。

20世纪初，中国知识精英开始有了“中华民族”的概念。中华民国创立后，民族意识、民主意识更加蓬勃地呈现，迎来一辈人的觉醒。紧接着发生的两件事，对我国近代发展历程的影响举足轻重，这两件事即第一次世界大战和俄国十月革命的爆发。之后，中国人更加自觉地用世界的眼光来观察中国的问题。与此同时，进化论、社会主义、自由主义、革命与和平改革等思潮甚嚣尘上。这些学说、思想、方案、设想和主张绝大部分含着救国、强国的意愿。于是，围绕着救国、强国的大议题，知识精英们种种救亡图存的思想与主张在危机和挑战面前形成。这一时期，新文化运动、辛亥革命、五四运动等风云激荡，为历史悠久的民族输入了前所未有的外来文化基因。卢作孚在这样的时代大背景中，逐渐成长为有思想、有胸怀、有见地、有抱负的时代精英。

他读万卷书，行万里路，如清苦孤独的朝圣者，不肯停下为理想奋斗的脚步。以卢作孚一次次外出求索为脉络，我们透过他“带着问题出去，求得答案回来”的虔诚，探寻他从小小合川一步一步走向世界的雄心壮志。

1913 年，20 岁的卢作孚在大足县侥幸逃过平生第一次杀身之祸，虎口脱险后，折身而往重庆。到重庆后，他发现这里的形势也异常紧张，通过朋友推荐，到川南江安县县立中学教书，担任数学教师。1913 年秋到 1914 年夏，这一年因有薪水收入，成为卢作孚一生中最为安定的一年。闲暇时间，他用心搜集阅读当地所能得到的所有报刊，了解全川及天下大势。表面安稳的一年中痛心和疑问交织，他为内外交困的中国前途做了多方面思考。1914 年夏，迷惘之中的卢作孚决心辞去教职，离开江安，离开四川，像其他四川同道一样到上海追求新知，寻找出路。那时的上海像一块磁石吸引着来自全国的革命青年，如孙中山所言，武昌起义后，于革命“最有力而影响于全国最大者，厥为上海”。

1843 年，上海成为对外开放的商埠以后，迅速发展成为远东第一大城市，到 1913 年，这个已开放发展了 70 年的城市，成为当时中国经济和文化最活跃的国际大都会，繁华时尚，光怪陆离，成了中国与西方世界交往的窗口，被称为“东方巴黎”。《万国公报》《时务报》《外交报》《东方杂志》等从报名到内容，视野都在于全国乃至全世界，无一不是上海作为中国文化中心、政治重镇的反映，同时，在全国影响最大的英、法、德文报纸在上海均有出版，如《北华捷报》《中法新汇报》《德文新报》等。1915 年，革命家陈独秀在上海创办了《青年杂志》，后改名为《新青年》，倡导民主和科学，揭开了新文化运动的序幕。1915 年 9 月 15 日，在《青年杂志》第 1 卷第 1 号，陈独秀发表《敬告青年》一文，他写道：“……青年如初春，如朝日，如百卉之萌动，如利刃之新发于硎，人生最可宝贵之时期也。青年之于社会，犹新鲜活泼细胞之在人身……”陈独秀将希望寄托于“后浪”的身上，希望青年自觉担起救国救民的重任。这一年，卢作孚 22 岁，正青春，不知与陈独秀这篇文章是否有过一面之缘，就他留下的文章而言，中年之后也曾通过笔墨与青年们谆谆而谈。

1914 年夏至 1915 年秋，卢作孚旅居上海。这一年他租住在一家小裁缝铺子的小阁楼上，生活靠为报社写稿及家中资助维持，曾经“住在小阁楼里，饿过两三天，出来不能走路”，清苦以致三餐难继。他把全部时间都用在读书自学上，到上海藏书丰富的图书馆、书店等处借书、读书。卢作孚感兴趣的内容集中在时政、实验教育、各国历史、哲学等，尤其关注教育和帝国主义对中国的经济掠夺方面的资料和文章。

卢作孚这段游学经历收获颇丰，第一大收获是树立了教育救国的理想，决定放弃之前的政治革命抱负。因为他发现以前那些所谓的革命党人，大多数对革命前途没有什么远大理想，甚至过起纸醉金迷的生活。第二大收获是通过商务印书馆的黄警顽，结识了著名职业教育家黄炎培。虽然黄炎培年长卢作孚 15 岁，但是经过交往、交流，他们关于教育和学习方面的见解颇有共鸣。黄炎培对小自己 15 岁的卢作孚很赏识，而卢作孚在教育理念方面深受黄炎培办学思想的启发，并于以后逐渐发展成为终身挚友。

黄炎培是我国职业教育的开拓者。他提倡实用教育，认为办教育如同治病，知病源才能开好药方，做到对症下药，1917 年成立中华职业教育社，1918 年创办中华职业学校，以普及教育为毕生理想。黄炎培办职业教育，瞄准的是都市中接受过初步教育但又不能升入高等学府、没有一技之长难以招工的年轻人，通过授之以实用的知识技能，使其顺利就业。20 世纪 20 年代，他的职业教育规模已经发展得相当可观。

卢作孚在上海期间与黄炎培等人的交往，不仅使这个从偏远

之地来的底层知识分子大大开阔了眼界，还拓展了社交空间，扩充了人脉网络。黄炎培推荐卢作孚到商务印书馆任编辑，而卢作孚认为自己到上海来不是为谋求一份职业，婉辞未就。

1916 年开始，黄炎培融教育救国和实业救国的双重内涵，提出“职教救国”的理论，1917 年创办中华职业教育社，实践他的“发展实业，开启民智”并行的想法。黄炎培推行职业教育的思考和做法，短短几年中赢得了不少爱国实业家的支持，对卢作孚影响甚深。日后，卢作孚不止一次在文章中提出“事业即学校，且系最实际的学校”，“建设即生活，生活即教育”的观点，民生公司的创办及北碚的建设，无不隐现黄炎培的影响。

1916 年，卢作孚任职《群报》记者，他在《各省教育厅之设立》一文开篇就说“惟吾亦留心教育之一人，且始终认为教育为救国不二之法门”。上海一年的游学经历使卢作孚坚信，要使民众觉醒挽国家于危途，必广开教育。他认为中国之所以近百年来遇战争即失败，遇外交亦失败，与几千年的封建宗法关系有关，必须通过教育来打破这种关系。他主张设法去消灭阻力，采用良好的方法改良社会。“东西史册，每见国家新政，格尼难施，迨其学说浸灌即深，人民知途径之所择，而阻力竟去于不自知，岂非教育之功欤？……盖一国之教育与其政治恒为因果，一政治之施，必赖教育为之倡导；一政治之良，必得教育为之扶植，则是教育也。实立于政治对峙之地位，而未可忽视也。岂惟政治然哉。即社会上凡百事业，孰非以教育之根底者”。之后，在《教育月刊》发刊词中卢作孚又写道：“国中万事，希望若绝，寻求希望，必于教育事业。”这个结论是卢作孚首次出川赴沪寻求强国富民之路，所找到的“不二法门”，他辞却黄炎培推荐的职位，也是源于自己实践理想的考虑。卢作孚的这些思想和言论为协助杨森“建设新川南”，推行教育改革及开展民众教育奠定了基础。

他秉持严责己宽待人的态度，从现在到未来，从小处做起，先从自己变起，再改变周围，以社会的行动去包围每一个人。“曾邀一个川外人来演讲，他说：‘请大家认识我，我是一颗炸弹。’我当时解释说：‘炸弹力量小，不足以完全毁灭对方。你应当是微生物。微生物的力量才特别大，才使人无法抵抗。’”卢作孚觉得这才是伟大的力量。

前路茫茫，卢作孚自己也无法预料，回到四川不久的他又面临一场飞来横祸，更有始料不及的挫折使他再次出川赴沪，为遇到的烦难寻找答案。

1922 年末，时隔多年之后，卢作孚第二次出川赴沪，为满心疑问寻求他所期待的答案。此次临沪，他依然带着满怀焦虑：外有列强，内有割据，烽烟四起，国势飘摇，民不聊生，山河凌乱，活生生的万千悲剧在身边上演。帝国主义的侵略如何摆脱？国家的危难究竟应当怎样来挽救？民众如何唤醒？我们的国家如何建设？如何处理社会教育和学校教育的关系？靠什么人来推进社会变革？……这些问题，他也曾与恽代英、萧楚女不止一次探讨过。

卢作孚到上海，首先见到了黄炎培、黄警顽两位故交，他与两位黄先生交流了泸县教改遭遇的挫折和成功经验，黄炎培、黄警顽对他提出的考察教育和实业的想法表示支持。黄炎培派人陪卢作孚参观了自己创办的中华职业教育社和中华职业学校，黄警顽亲自陪其参观了商务印书馆及印刷厂，之后，又通过上海总商会参观了南市电力厂、锯木厂、造船厂、纺织厂等大型企业。卢作孚还学会了织袜技术，并带回三台手动织袜机，教家人织袜以补贴家用。

这次出川，卢作孚还到当时闻名全国的模范县南通，参观了张謇所办的实业和学校，并拜访张謇其人。张謇在光绪二十年恩科会试获一甲第一名，是近代实业救国的先驱，世称“状元实业家”，他认为要改变中国积弱不振的局面“当自兴实业始”。

张謇创办了闻名中外的大生纱厂，且形成了一个以大生纱厂为主体的大生资本集团，含企业 20 余家，学校 370 多所，还有博物院、气象台、公园、养老院等。特别值得注意的是，张謇是大达航业集团的创始人，大达航业集团在近 20 年的经营中，由一只小船发展成为拥有大小船只 30 余艘的中型企业，创办早、维持久、发展迅猛。大达航业集团与卢作孚之后创办民生实业公司，在某些部分极为相似，也是以一只小船开始，20 多年就发展成为“崛起于长江，争雄于列强”的航业翘楚。

旅居上海大半年，卢作孚几乎所有时间都花在教育和实业的考察上，结合自己对时局的认识，探索着救国途径，特别是寓兵于工的事业。卢作孚善于学习、总结、融合，他的思维是灵活的、开放的、宏阔的，再加上其不冒进的执着性格，为以后事业的成功准备了充足的个人条件。从卢作孚经营民生公司、建设北碚试验区等倡导新“集团生活”的试验，结合这次在上海、江苏的参访经历来看，其事业模式应借鉴了黄炎培、张謇两位前辈办学、办实业等方面的经验。

1923 年夏末，卢作孚从上海返回重庆。

1925 年冬，年过而立的卢作孚再赴上海。

此次，他赴沪的主要目的是为刚刚成立的民生公司订造新轮。卢作孚于上海各船厂间奔走时，恽代英恰好也在上海，期间他们多次会面，深入探讨国民革命的前途、社会改革的步骤、救国之路的选择等问题。卢作孚、恽代英、萧楚女三人志趣相投，有着共同的救国志向。几年前，几位激情澎湃的青年在泸县有过交集，他们目标一致，只是“炸弹”和“微生物”的分歧，心地淳良的卢作孚有感于辛亥革命后杀伐牺牲的乱象，不赞同以激烈的革命手段改造社会。

卢作孚辞却恽代英邀其去广州参加国民革命的盛情，决定继续已经谋划并进行的建设实业的事业，不负合川同道。殊途同归，都是为寻强国之道。卢作孚想出两全之策，把四弟卢子英交与恽代英，随其去黄埔军校学习军事和政治知识，从事救国事业。卢子英也正是在这段军校生涯中得到锻炼，后来成为卢作孚建设北碚的得力助手，兄弟二人齐心致力于“局部改造以模范全局”的理想，终成北碚的开拓者。此为后话，暂不展开。

1925 年末，卢作孚于上海为民生公司订购民生轮的同时，购回一台 11 千瓦的直流发电机，准备为合川县城供电照明。次年 4 月，这台小小的发电机正式发电，发出的电力白天用来碾米，晚间用来照明，为合川百姓带来巨大的惊喜和影响，千年暗夜被这些灯光照亮，也间接照亮了小城的未来和人心。1927 年，发电量已不足供应，又增购设备扩大供电能力。1930 年新添自来水厂的各项设备，正式成立合川水电厂，不仅供电还供自来水。卢作孚在后来的文章中写道：“电灯自来水在四万人口的合川县城，应亲切地帮助到四万人。”民生公司的第一个附属企业于此发端，也可以说合川水电厂和民生同体共生，且民生公司初期的盈利多来自于此。

1930 年 3 月 8 日，此时的卢作孚尚在川江航务管理处处长任上。是年年初，按照约定，他用半年时间完成川江航业的整顿工作后，向刘湘提出辞职，刘湘未允。卢作孚将川江航务管理处的工作交给自己的挚友，同时也是川江航务管理处副处长的何北衡，自己则请假率领由民生公司、北碚峡防局和川北铁路公司等一干人组成的联合考察团乘轮东下，离开重庆，前往华东、东北和华北考察。这次考察的目的在本质上与以往外出参观并无差别，主要还是“带着问题出去，求得办法回来”，而非一般意义的旅行。此时此刻，有太多迫切需要解决的问题摆在卢作孚眼前：川江航业的统一、民生公司的发展、北碚峡区的建设等，都亟需更好的规划以推动其向前向远，外出考察就是为寻求经验以解决自身的问题，所以整个考察都集中在如何有计划、有目的地

解决各项事业的发展方面。

考察团第一站到达上海，卢作孚首先去拜访黄炎培、蔡元培等故交，故人见面，欣喜之余当然交流更多创业心得。时年 37 岁的卢作孚，已早不是 15 年前那个阁楼读书三餐不继的追梦青年，他一手创办的民生公司和倾力建设的北碚两桩事业已颇见光明。黄炎培以“君子创业垂统，为可继也；有朋自远方来，不亦乐乎”的联语相赠，表达自己对卢作孚的支持、鼓励。

卢作孚去拜访神交已久的生物学家秉志，二人互为钦慕，但因秉志出差，未能谋面。秉志是河南开封人，近代生物学的奠基人，他主持筹建中国科学社生物调查所并任中国第一个生物研究所所长，1927 年又创办北京静生生物研究所，研究动植物分类。他爱国心重，爱憎分明，随身携带着写有“日省六则”的卡片：心术忠厚、度量宽宏、思想纯正、眼光远大、性情平和、品格清高。“不知其子，视其父；不知其人，视其友；不知其君，视其所使；不知其地，视其草木”是孔子的教育思想，由此，也可从侧面了解卢作孚的道德修养、精神高度。

卢作孚在上海稍事安排便带领考察团赶往杭州、南通、扬州、镇江、南京、无锡、苏州、昆山等地，分别参观了浙江昆虫局、学校、工厂、科研机构和农业试验场等，共历时 21 天。考察团返回上海后，为北碚采购意大利种鸡、法国梧桐和鸣禽动物，又为煤矿和铁路建设购买机器设备和材料，还为即将创建的中国西部科学院采购各种试验仪器和药品，将携带的动植物标本与南京的中央研究院、中国科学社、中央大学、金陵大学和浙江、江苏的昆虫局进行交换、交流。为节约时间，一行人分头行动，一周内参观工厂 50 多家。这一采购、交流、参观过程又让考察团在上海停留两个多月，未尽事宜交与卢魁杰、刘华屏留在上海试办。6 月下旬，考察团离开上海转赴青岛。

考察团一行 6 月 22 日抵达青岛，展开东北之行。卢作孚在船上翻阅游览手册，觉得安东和满洲里作为边境城市，值得去看一看，但细算旅费和时间俱不允许“纵所欲游”，只得作罢，还是以事业为中心，决定最远到哈尔滨便返回关内。他们在青岛停留三天，于此期间参访农林事务所，探问青岛经营经过，游览德国人遗留的炮台、崂山……“晨起，雇汽车一辆，游崂山。经过街道很长，风景都佳，心很惊异，三十年前一个荒岛，而今竟经营得这样好，发展到这样大，何尝不是出于人力呢？中国人一向做什么去了？”在青岛，处处可见德国殖民遗迹，卢作孚既对列强侵略耿耿于怀，也对其先进的城市建设规划表示欣赏。“德国人为经营青岛的森林，曾搜求世界的树种而一一试验，耗马克 110 万，仅仅一个第一公园便到 20 万，可见其森林规模之宏大了。一切建筑，依山起伏，房屋都配置得宜，青山碧水，相衬之美，在数十里外，便可望见”。这次游览，青岛的市容市政环境启发着卢作孚，在北碚之后的建设上青岛成为效仿范例。

“我们离开青岛了，都留恋着它，由码头以至于旅馆，由市场以至于山上。很惊异德国人之经营这个地方，不过十几年，便由荒岛而变为美丽的市场。很惊异日本人之发展工商业，占据不过几年，便有几万人，几个大工厂，许多大商店。而又回想到中国人呢，如何不奋发起来？”中国人做什么去了？如何不奋发起来？这些振聋发聩的问题在卢作孚的日记中反复出现，可见他当时内心无处安放的焦虑。

卢作孚一行 6 月 25 日离开青岛赶赴大连，他们在大连期间，得以拜访寓居大连的周善培先生。周善培年长卢作孚 18 岁，基本上属于两代人。周善培，字致祥，号孝怀，曾任清末四川劝业道台，后来又当过广东省将弁学堂监督，学识渊博，培养过不少著名将领。在此需要强调一点，周善培是川江航运的前辈，倡导督促官商合办川江轮船公司，开启中国人自己的川江航运。卢作孚对周善培极为敬佩、仰慕，称他是“四川建设上惟一有办法且有成绩的人”，他首次出川所乘坐的“蜀通”轮就属于川江轮船公司。周善培是关心事业爱重人才的人，曾对卢作孚说：“作孚吔，我的墓志铭哦。”把撰写身后墓志铭之事嘱托给一个青年，可见他对卢作孚人品和才学的器重。他们在一起探讨了四川的现状和国内统一的问题。卢作孚将这段过往深情地记录在《东北游记》中：

> 周先生说：民国以来，袁世凯有了第一个好的机会，蒋介石有了第二个好的机会，都把中国弄不好，真可惜了。进步不一定要统一，能够像四川那样不统一而在经营地方上比赛着努力，比统一还要来得活跃些。我们说：统一有两种方式，一种使用武力一部分一部分地打下去。这个方式已经有十九年的证明不成功了。还有一个方式，就是各经营各的地方，一桩事一桩事地渐渐联合起来，最后便一切统一。这正是今后须得采用的方式，周先生亦极以为是。

周善培和卢作孚都没有想到，他们自此结下深厚友谊。后来，卢作孚事业艰难困苦之际，周善培不顾年事已高毅然出任民生公司上海分公司经理，帮助他打理迎头而来的各色人事。还有，周善培也不会想到，小他18岁的卢作孚会先他6年与这个多苦的世界作别，他的墓志铭之约终成憾事。

通过在大连、旅顺的参访，卢作孚发现：“日本人之经营东三省以满铁会社为经济事业的中心，以大连为经济市场的中心，以旅顺为军事政治的中心，用尽全力，继续前进，实在是全中国人应该注意的问题。最要紧的办法是自己起来经营，才能灭杀日本人的野心。请看一看满蒙资源馆日本人调查的统计表一种，便知道他们是怎样留心中国人的家务，中国人留心到哪里去了?”时值九一八事变前夕，日本人已把旅顺、大连、锦州一带划为自家关东州，地图颜色也已变更，行政用人恍如本土，种种行径触目惊心。卢作孚“深感其侵略之锐，几乎尽驱其原有之我国人而去之，尤疑自己一身不知到底到了什么地方”!

6月29日，考察团离开大连转赴沈阳、抚顺、哈尔滨，一行人在沈阳参观了博物馆、煤矿、发电厂、炼铁厂。期间行程繁复，一半时间在旅途，一半时间在博物馆、市场、农业试验场等地方。7月6日，从哈尔滨返回长春，路上临时决定远赴敦化，敦化位于长春东300多公里，吉林省东部长白山腹地的小城。他们一路上的舟车劳顿被厚山茂林、远近屋舍等不断变幻的离奇之境所掩，卢作孚也在这样的氛围中读了数本关于东北问题的著作。

考察团离开东北后，人员分开两路，开启华北之行的考察，卢作孚一行三人先赴唐山而后转北平，另一路则直奔天津。卢作孚带领考察团参观了开滦煤矿的发电厂、洗煤厂等，又在北平参观了燕京大学、清华大学、协和医科大学、香山慈幼院、地质调查所、静生生物研究所等，并请任鸿隽先生帮助邀请专家学者到四川考察。任鸿隽是四川人，学者、科学家、教育家和思想家。他学识渊博著述宏富，又生性淡泊不慕荣名，是探索中国科学体制化的开路先锋及科技政策研究的先驱。抗战胜利后，任鸿隽强调“要把发展科学当作此后立国的生命线”，为发展祖国的科学事业奋斗毕生。他对卢作孚在四川开展的事业非常支持，曾为卢作孚创办的中国西部科学院推荐人才。

随后，卢作孚一行由北京转赴天津，与另一队考察人员汇合，在天津拜访南开校长张伯苓，参观《大公报》印刷厂并拜访了该报主编。张伯苓是天津人，现代职业教育家，私立南开系列学校创办者，西方戏剧和奥运会的最早倡导者。他把教育救国作为毕生信念，被尊为“中国近代教育的一位创造者”。卢作孚也一直怀有教育救国的理想，正计划在北碚建立一所自己理想中的新式学校，这次外出考察对各类学校的参访及拜访张伯苓校长，

都在计划之内。

7月20日，卢作孚带领考察团从天津启程返回上海，在上海又对附近的工矿企业做了半个月的参观考察，到8月上旬，这次为期将近半年的考察方告结束。虽然，卢作孚在考察归来的欢迎会上自嘲说，四个团体一行十几位是出去“鬼混”了5个月13天，但是这次为日持久的匆忙考察收获颇丰，完成了出发时“求得办法回来”的基本愿望。“计自三月八日离开重庆，八月廿日回到重庆，费了5个月又13天的时间，中间仅有5天游浙江，16天游江苏各地，一个月差三天游东北几省，两个星期以内是在上海吴淞一带考察而已；合计起来，用力于考察的时间，不过70天”。这次他带团外出考察，足迹遍及华东、东北、华北。通过考察，卢作孚看到了“科学研究”及“应用科学研究”的巨大作用，他深切认识到：“由学术的研究而及于社会的影响，是中华民国中间最有希望的一点新进化；一切事业都由学术的研究出发，一切学术，都应着眼或竟归宿于社会的用途上，在今天的中国尤其感着急切地需要。”

卢作孚看到德国人经营过的青岛崂山，由一个荒岛变成一个大的市场，一个森林围绕着的大市场。他也看到，日本人经营的满蒙到处可见有秩序的经营，指引和介绍的方法极其明了。德、日、俄三国都以铁路为中心攫取其附近矿产、森林、市场利益。“市场每每是由无到有，由小而大，都是人力经营出来的。他们之错误在侵略他人，地方总是该经营的；奈何中国人自己地方不知道经营，而天天相互斗争，各要解决中国的问题，不知道眼前许多问题都是发生于自己身上的。国家的问题乃在如何协力经营，深望一切相互斗争的人们觉悟到这里。德国已成过去，俄国尚有所未知，日本则方进取未已，为东北最可顾虑的问题……”卢作孚善学善思，目光敏锐，他看到了日本人对东北乃至对中国的处心积虑，不轨图谋。他认为，东北的问题“予我们以很深刻的刺激”，到了该研究的时候，并促起我们开始研究解决东北问题的对策、方法。一个月后，他的日记长文《东北游记》发表，引起北碚学生及青年极大关注。

卢作孚考察东北后的次年，九一八事变爆发，他的隐忧被事实验证。卢作孚立即重印他的《东北游记》，由于担心中国人向有的“遇着问题不研究，遇着问题不解决”的两种精神，特附东北问题的相关书目于后，供研究者参考，但是仍然叹息“研究东北问题而仅仅读书，已觉得太可怜了”。

卢作孚外出考察过程中，从乘船到各地的路途上，目睹并经历了普通中国人在外国轮船上所遭受的歧视和凌辱，他决心早日彻底结束这种不平等状况，让所有旅客都享有好的服务和做人的尊严。他看到：“德国经济事业，逐渐趋向于全国的联合，而今颜料厂统一了，化学药品厂统一了，钢铁厂统一了，乃至于灯泡厂亦统一了。所以他们对外贸易的力量愈加伟大。”这两方面促使他下定决心，利用任川江航务管理处处长时在川江开创的良好局面，统一川江航运，为民族航运业的生存发展冲开一条路，保护川江航运领域的中国利益。

卢作孚考察结束回川后，开启了最重要的人生阶段。

刘湘看卢作孚去意已决，只得同意他辞去川江航务管理处处长之职。辞去公职的卢作孚将自己的精力全部倾注在民生公司和北碚峡区建设两项事业的发展上，当年下半年，他大力推行自己筹划已久的两件事，其一，着手中国西部科学院的建设，其二，着手一统川江航运。

回顾卢作孚从青年时期就开始的几次外出学习、考察，他的脚步越走越远，见识越来越高卓，理想也越来坚定，他不再是西南一隅合川的、四川的卢作孚，而是中国的、民族的卢作孚。他始终追随世界上最先进的思潮，接受最新的科学方法，尝试最先进的管理模式，敢于创新和实践，敢于走前人未走过的路，敢于

做别人不敢做的事，他的一切行事风格都如他的名号——“作孚”。他对自己艰难困苦中的国家和民族充满信心，一次次在文章中强调：“我们要鼓起勇气，坚定信心！凡白种人做得来的，黄种人都做得来；凡日本人做得来的，中国人都做得来。”

1931 年秋，震惊世界的九一八事变爆发。此时，卢作孚正致力于推进长江上游民族航运业联合和北碚乡村建设试验等各项事业向前发展，推进四川各军将领结束内战、统一四川。九一八事变爆发后，他怀着极其悲愤的心情投入到抗日救亡运动中，四处奔走，呼吁四川各军停止内战一致抗日，呼吁广大人民起来反抗日本侵略，抵制日货。他短时间重印了《东北游记》，以促使人们了解东北状况及抗日的意义，组织工作人员整理日本侵略我国东北的史料，写成文章发表在《嘉陵江》上，在民生公司内部成立了东北问题研究会，并邀请爱国人士到重庆讲演。与此同时，联合重庆教育界、工商界、新闻界组织重庆救国会，配合全国各地救国会，开展唤醒民众、抵制日货的运动。

1932 年初，日本帝国主义以嚣张的姿态在上海挑起新的战火，即著名的一二八事变。事变发生后，卢作孚支持正在北碚受训的学生队及各单位青年，组织了“北碚抗日救国义勇军”，并派专轮接送 75 名学生和青年代表到重庆向刘湘请愿，要求奔赴前线为国杀敌。重庆救国分会紧急代电四川各军长：

> 日寇内犯，瞬将半年。自上海撤兵，门户不守，苏、常、嘉、泰警告频繁闻，战区如此广阔，前线何等孤危。救兵如救水火，况是国防；护国如护心腹，况为急疾。可谓千钧一发，万载一时也。吾川调兵六师，久已喧腾众口，迁延审慎，未见实行。谓诸公骛于形势，则智勇固皆属堂堂；谓诸公但惜己私，而电文又言之侃侃。旷日持久，雅意何居？须知：一为覆巢断无完卵，眼前虽盛，自有不堪回首之时；贵人子孙，岂有独逃浩劫之理？但兵若不出或出不能速，无

论有何种苦衷，断难为国人所谅。为爱国故，为爱川故……

这篇由清朝举人执笔卢作孚最后审定的电文，及重庆抗日救国会的活动，对促使四川各阶层最后起来参加抗日，起了重要推动作用。卢作孚运用航业公会组织，联合重庆各民众团体召开了收回内河航运权大会，号召“中国人不坐外国船”“中国货不装外国船”，一时间，沿江各地抵制日货的群众运动风起云涌。国人日益高涨的抗日情绪，为民生公司统一川江、夺回内河航运权创造了恰到好处的有利时机。

卢作孚在自己的文章中数次强调秩序，政治的秩序，公共生活的秩序，创造秩序以实现公共理想，“此后惟一的使命便在如何亲亲切切、细细致致从自己起，创造秩序。由自己有秩序，促成全四川有系统，自己亦在那系统间生活去”。他是说得少做得多的人，坚持为促成四川各军将领停止纷争、实现四川统一而努力。

1931 年 6 月，在以卢作孚为主导的重庆各界人士努力下，四川的三个主要军事首脑刘湘、刘文辉、杨森坐到一起，召开“三军长联合会议”，以达到结束内战、实现四川统一、立即开始建设四川的共同议题。“四川的军师旅长，常常这一部分在这里开会，那一部分在那里开会，从没有看见全体集合起来开一次会。会议的内容都是秘密的，我们不敢妄猜不是四川人的利益；但如其是四川人的利益，便可以不守秘密了。最好有一次全四川的将领，自师长以上或自旅长以上的会议，各种专门人才都有代表列席，共同商量四川的问题”。会议前夕，卢作孚准备了《四川的问题》小册子，向各军首脑提出建设四川的整体方案，该方案从政治、军事、教育、经济、交通、边务等六个方面来分析并指出建设四川的关键。“建议”细分至兴修水利、禁烟植棉、改良耕作、改良桑蚕、发展科学和教育、开发产业、建设公路、奖励航业、巩固国防、地方自治、普遍选举等国计民生各方面，呼吁各

方停止战争，联合起来建设四川，言之谆谆，用心良苦。会议得到各方支持，刘文辉表示愿意扫除政治障碍，统一政权，建设良好的政府，提倡大众合作的政风。刘湘和杨森亦都表示愿意合作，共同努力。

1933 年 8 月，全国科学界精英组成的中国科学社第 18 次年会在北碚举行，卢作孚担任年会委员会会长。驻万县的川军师长王陵基迎接客人上岸，亲自招待，在成都的四川善后督办刘湘，派军部甘典夔代表他宴请出席年会的全体社员，并详细商讨了四川的科学建设和资源开发问题，以实际行动表达了川军领导人对科学社寄予的希望。

卢作孚力主在四川召开年会所要达到的重要目的是：帮助四川调查资源，改良实业；帮助四川发展科学和教育；将科学知识灌输入军人的头脑中，使之注重建设事业。这样的想法至少在三年前就已萌生，1930 年，卢作孚在他的重要著作《四川人的大梦其醒》中已有所表述：“我们经营四川，怎样下手，却要分出步骤，各个地方的专门人才宜联合起来组织团体，研究政治问题，同时亦考察四川的情形。为各军将领介绍世界的趋势，同时亦考察四川的情形，为各军将领介绍解决四川问题的方法。此种研究团体亦可由各军将领联合专门人才，往来讨论，求得一个大体相同的方法，以促四川人实行。”他为此行筹谋已久，中国科学社的年会在北碚举行是卢作孚利用迂回之策，为四川各军停止战争、实现统一而作的努力。

中国科学社在北碚的年会告一段落，全国各地的 60 多位科学家应刘湘邀请，先后考察、游览了川西各地，受到刘湘和田颂尧、邓锡侯、杨森、刘存厚等川军将领的欢迎，畅谈四川的建设计划问题，提出了四川应迅速科学化的许多意见。

卢作孚对四川的现状十分焦虑，他深刻认识到四川的问题所在，即“四川的问题亦是如何建设和秩序问题”。同时期，他写了大量关于四川需要统一和建设的文章，如：《四川人的大梦其醒》《四川的问题》《从四个运动做到中国统一》《整个四川的五个要求》等等。在《四川人的大梦其醒》中，他将自己的想法和建议条分缕析地展示给社会、展示给众人，提出以“事”为中心的“公共理想”的建设。“公共理想是从全省的公共问题中，提出解决的具体计划，不是偶然建筑一条路，或创办一个学校，它含有最后要达到的境域，使人向往；亦含有如何去达到的方法，使人信仰。它可以取得人的同情，亦可促起人的决心。它是人间可以实现的天国，圆满无缺。人都愿意实现它，而且实现了它之后，又把它重新创造”。他以赤子之心相信，四川人以“建设四川”为公共理想，可以消灭纷争，可以安慰一切感觉无办法的人的灵魂，可以把天国移到人间，亦可以把凡人渡到天上。

日本步步紧逼，军阀继续对峙。卢作孚无比清醒地看到，人们的负担一天比一天重，痛苦一天比一天深，他为此痛心疾首。

> ……如果我们不断地内乱，日本，不止日本，必至于不断地进取。岂特没有了外蒙，没有了西藏，没有了东北，必且没有了新疆，没有了内蒙，没有了华北，没有了……以至于没有了四川而后已。我们绝不要有西南后亡，乃至于四川后亡的妄想。如果四围的边疆以至于中原全不存在了，西南绝不能凭恃天险。只有叫整个国家不亡，不能先自侥幸希冀于一隅后亡，所以应待赶快促成四川的统一，并以促成四川统一的方法促成全国的统一，乃能积极地完成国防。

卢作孚希望尽快裁减军队消灭战争，建设秩序，开发地方，统一四川，进而统一中国，开发中国，完善国防，富强国家。1935 年 1 月，国民政府派“南昌行营驻川参谋团”入川，重要任务之一就是整顿川军。这年年底，四川各派军阀终于休战，由中央陆军统一番号。卢作孚在百般努力、屡次失望之后，结合其他

各种因素的共同推进，四川省内 22 年的内乱终结，迎来了难得的安宁。

这是一件极具意义的大事。四川统一后，刘湘任省政府主席，他力主卢作孚任建设厅厅长。1935 年年底到 1937 年 6 月，卢作孚出任四川省建设厅厅长，一年半任期内他将四川的建设工作充分梳理，促使农业、水利、交通、工商等行业建立秩序，短暂的安稳建设，为不久之后国家的全面抗战提供了可靠的后方保障。

1937 年夏，时任四川建设厅厅长的卢作孚，主持四川省的工业、农业、水利及交通等方面的建设工作，正谋划为四川省的工业、农业、水利、交通等现代化的发展建立秩序。国民政府决定派卢作孚和其他几位实业界人士组成考察团，赴欧洲考察实业。卢作孚早就希望有机会到西方的现代化国家考察实业，把他们的先进技术和先进管理经验带回来。这一年，距他首次出川赴沪已经过去了 23 年，当时的少年已到中年，他坚持并为之努力的人生理想一个个正在进行。“为天地立心，为生民立命”的大格局、大胸怀，使他的人生舞台越来越大，人生之路越走越远。

卢作孚将建设厅的工作、民生公司的事务及北碚的建设等做了周密部署之后，辗转前往上海，机票及启程的日子都已定好，考察团全体成员将从上海启程飞往欧洲。这时突然发生了两件事，改变了卢作孚原定的计划行程，其一是七七事变的爆发，日寇发起全面侵华战争；其二是卢作孚的母亲在北碚突发脑溢血辞世，7 月 26 日，他赶回北碚奔丧。华北局势危急，家中突遭变故，家国存亡之际，千千万万中华儿女团结在抗日救亡的旗帜下，流血牺牲奋勇行动。卢作孚始终关心的是国家兴亡，非事业得失，因此决定放弃盼望已久的欧洲之行，留在国内投入抗日战争。

之后数年，中年的卢作孚一次次临危受命，他义无反顾地与自己的同胞一起共赴国难，一代人向死而生的背影永远镌刻在一个民族的记忆里。因为血红的底色，历史在书写到那一页时，格外厚，格外重。

1944 年，卢作孚 51 岁。

这年的 5 月 5 日，国民政府向抗战有功人士 119 人授勋，卢作孚被授予二等卿云勋章。

战争的阴霾虽在，但胜利的曙光不远，为了安排战后世界的经济秩序和政治秩序，一些重要国际会议开始陆续举行。1944 年 11 月 10 日至 26 日，国际通商会议在美国纽约召开。这是一个民间交流性质的会议，主要讨论私人企业的维持、各国的商业政策、各国间的货币关系、投资的奖励与保护、海运政策、航空政策、新兴区域的工业化问题等九大议题。中国渴望参与国际经济合作，通过国内工商团体推荐，国民政府最终选定张公权、陈光甫、范旭东、卢作孚、李铭、贝祖诒六人，代表中国金融、化工、进出口和交通运输等行业前往纽约参会。

这是卢作孚第一次参加国际会议，也是第一次出国。被战火障蔽了的梦想终于可以重新铺排，他对参与本次国际会议十分重视，认为是一次宝贵的国际交流机会。卢作孚听从好友晏阳初的建议，蓄了头发（之前，为节省时间长期留光头），置办了洋装，学会了打领带。晏阳初是四川巴中人，别名晏遇春，中国平民教育家、乡村建设家。先在美国耶鲁大学主修政治经济，后又于普林斯顿大学攻读历史学，大学毕业后，立志献身平民教育。晏阳初不仅是卢作孚的好友，还是从事乡村建设的同道。从卢作孚开会归来在北碚留下的影像看，眼睛里的光彩流露出内心深处的喜悦，周身散发着希望的光，透过七十多年的悠悠时光，仿佛可闻笑声朗朗。

卢作孚在为他举办的欢送会上明确表示，自己本次出席国际通商会议不是去祈求外国人的帮助，而是去促进世界各国人民对

中国的了解，“我们希望中国能够建设起来，先曾以北碚这个小小的地方作一度经营的实验，悬出了一个理想，叫作‘将来的三峡’，最初进行起来颇困难，但毕竟建设成功一个这样的局面。尤以迁建事业机关的帮助，两三年内便完全实现了原来的理想，甚至超越了原来的理想。从这小小地方的经营，可以证明：可爱的中国是可以建设得起来的，是能够建设得起来的；使别的国家也认识中国，必决定有希望，必决定有前途”。

此次国际通商会议共计有 40 多个国家参加，当然是除了德、意、日之外世界上重要国家的代表。中国代表团及卢作孚都是首次参加这样重要的国际会议，意义重大，责任重大。卢作孚对中国的未来发展饱含期许，在会上，他对战后航运问题提出维护中国利益及弱国利益的主张：一是中国在二战中遭受了最为深重的经济损失，尤以沿海地区为甚，要求国际组织对我国以物资和技术支持，帮助恢复和发展被破坏的沿海和内河航运系统；二是建议严格限制德、日航运力量和造船能力，消除其侵略能力；三是为帮助各国发展，建议战后消除国际上设置的各种航运障碍。这些建议正当其时，赢得共识，获得与会代表一致通过。会议期间，卢作孚以极强的适应能力把控全局，在航业议题上基本上以卢作孚的观点为结论：战后，中国必须替代日本在远东航业上的地位。

卢作孚此行美国的目的不仅仅是参加会议，还要利用开会的机会，与美国的实业界尤其是航业界人士广泛交流。他参观美国的工厂，尤其是造船厂，考察他们的先进技术和管理方法，并尝试在国外订造一批新型现代船舶，争取为民生公司的战后发展赢得先机，为国家航业现代化提前谋划。

卢作孚自 1944 年 10 月 5 日出国，次年 5 月 1 日返回重庆，用 7 个月时间完成了会议、考察工作。他高瞻远瞩，未雨绸缪，以世界大同的悲悯情怀和对中国未来的一腔赤子深情，为民族赢得了尊严和尊重。实现了出发时说过的话：“让世界了解中国，让中国走向世界。”

会议结束后，卢作孚分别考察了美国和加拿大的造船业，经过比较，认为从加拿大订购轮船，价格上更为适合，遂决定在加拿大贷款造船。计划订造大中型客轮各 6 艘，造价 1500 万美元。首付总金额的 15%，其余 85%为贷款，但是这部分贷款需要加拿大政府向银行担保，再由中国政府向加拿大政府担保。抗战末期，无论是政治家还是企业家，他们多数对战后中国的前景都有良好的预期，认为会迎来较长阶段的和平时机，重建经济秩序，重整故国山河。一年之后，国内形势风云突变，发生的事完全在卢作孚预料之外。他这次出行的预定目标任务基本完成，只是贷款订购轮船一事为他 1946 年再赴美国、加拿大埋下伏笔，也为接下来民生公司事业的波折困顿埋下伏笔。

1946 年初，是时，国民政府已由重庆回迁南京，行政院院长由张群替代宋子文。人事方面的变化带来事业方面的柳暗花明，卢作孚通过张群和时任交通部长张公权，经一番努力解决了政府出面担保民生公司贷款在加拿大购船一事。4 月，卢作孚带领一批业务技术骨干离开重庆飞赴加拿大，部分随行人员留在渥太华，同银行和船厂商办贷款、造船事宜。5 月，卢作孚作为中国代表之一在纽约参加第 28 届国际劳工大会，会议结束后，在纽约亲自主持成立了民生公司纽约办事处，办事处负责采购船用钢材、配件、油料等。6 月，卢作孚赴西雅图，参加由 40 个国家参加的国际航海大会。卢作孚回国后不久，加拿大传来消息，由于政府担保贷款的拖延，船只定造问题需要重新协商。同年 9 月，卢作孚只得第三次出国，为定购轮船一事再赴美国、加拿大，他这次出国直到 1947 年 3 月底回国。

卢作孚奔赴加拿大，经过一个多月的艰苦谈判，借款协议正式签订。借款担保一事拖延了一年半，美国、加拿大的物价受到

战后通货膨胀的影响大幅度上涨，民生公司借到的钱款没少，实际购买力却下降，原本可以建造12艘轮船的钱，等贷款合同签下来时，这笔钱仅可建造轮船9艘，民生公司蒙受了极大损失。卢作孚为民生公司订制这9艘新型客轮，全部服务长江航线，以加强民生公司在长江上的航运力量。

这期间，各类事项千头万绪，国内国外往复奔波，卢作孚因过度劳累耗费心血而无暇休养致旧疾复发，几乎危及生命，1947年3月底自美回国时身体状况极差。全面内战爆发后，国民政府又开始大规模征调船舶，投入军运。政府对轮船公司依然采用老办法，运价极低且不及时支付，与此同时燃料、五金及其他物资材料价格飞涨。民生公司运营状况与抗战时相比并无多少改善，卢作孚不得不拖着病体，着手解决民生公司面临的财政困境。

1943年开始，第二次世界大战的形势发生了有利于盟国的变化。中国战场上，经过六年艰苦卓绝的抗战，战情形势对中国人民越来越有利，胜利的曙光不远了。卢作孚早早开始思考，战后中国怎样建设、四川怎样建设，民生公司怎样为国家建设和四川建设做贡献。这一时期，他陆续写出了《一桩惨淡经营的事业——民生实业公司》《中国中心的伟大基地——四川》《战后中国究应如何建设》《国际交往与中国建设》等数篇回顾艰辛创业历程和展望战后建设前景的文章。他急切地盼望国家摆脱落后状态，人民的衣食住行得到保障，获得幸福安慰：

> 一切都感落后的国家，事事皆系痛苦，不仅遭遇敌人的侵略而已。人民大多数穷困羸弱，食物营养不足，衣服洗涤更换不足，房屋空气光线不足，道路泥泞，市街拥挤，环境污秽，疾病流行，荒年饥馑，或水患骤发，流离转徙者，动辄若干万户。凡此都是落后国家，随时随地可以遇到的问题，其与国际密切接触，互为比较之后，愈为显著。秩序清洁与混乱污浊，高楼大厅与茅屋棚户，轻车疾驶与徒步重

荷，触目皆是天堂地狱，其不平与难堪，日趋严重。惟有从根本上建设国家，以机器代替人力，以科学方法代替迷信与积习，使农业增产，矿业开发，工业发达，陆有火车、汽车，水有轮船，空中有飞机，可资转运；人人皆有智慧，皆有工作的技术，皆有职业的机会，皆有服务公众的兴趣。以自立谋生者，收入增加；被雇用者待遇改良。由此衣食丰裕，住室宽舒，旅行便利，污秽的环境，变为清洁，混乱的环境，变为有秩序；有灌溉工程，防洪工程可以预防天灾；有医疗卫生设备，可以预防疾疫；使一切都感落后的国家，短期内即一切进步到与先进国媲美，使全国人民在最大的痛苦后，获得最大的幸福和安慰，其他国家的人一向轻视中国者变为尊敬，批评中国者变为赞誉。

卢作孚为战后的国家筹谋美好的蓝图，认为要以经济建设为中心，同步进行政治、文化等方面的建设，而经济建设必须有计划地进行。他雄心勃勃，成竹在胸，仿佛一个设计师，以宇宙的视角看世界，无比清晰，无比清醒。这是一种让人敬佩的对理想的痴情："我们国家的未来，却可以依了理想画成。一般已经成熟了的国家，是已经染污了的纸。我们却是在一张白纸上画丹青。因此他的美丽是完全如我们的意，比世界上任何国家，值得努力。而这一幅美丽的图画，是完全操在我们的手上，只看我们的画法了。"他完全没有意识到，中国内部矛盾和政治形势悄然之中发生的巨大变化。

1946 年 10 月，国民政府发动反共内战，中国战火再起。一时，华夏大地再被战争的阴云笼罩。民生公司和中国人民再一次陷入灾难之中，卢作孚亦又一次为这个国家和民族悲叹不已。11 月，国民政府与美国政府签订了一个《中美友好通商航海条约》，这个条约规定：美国人可以在中国境内居住、旅行、经商、开办工厂、开发矿产资源、拥有土地和从事各种职业；美国的商品可

以不受任何限制地输入中国，并且享有与中国商品的同等待遇；美国的船舶，包括军舰，可以进入中国任何口岸和领水，可以任何借口自由航行和停留。

1947 年 3 月 27 日，卢作孚结束第三次加拿大之行回国，不顾旧疾复发，一面设法解决民生公司面临的困境，一面设法了解《中美友好通商航海条约》的具体内容。此时，美国政府以加强对华援助物资运输为由，要求中国政府开放南京、芜湖、九江、汉口四个长江中下游内河港口。卢作孚了解后立即找国民政府提出反对意见，接着又面见美国海军副司令，当面举出无可反驳的理由，反对美国政府提出的无理要求。之后，他联合航业界一致反对，终于迫使美国政府放弃了重新入侵我国内河的阴谋。

1947 年 6 月起，国内战争形势发生了根本转变，经济形势进一步恶化，物价飞涨，人民生活陷入困境。卢作孚对内战造成的严重问题感到痛心，为抗战结束后本可以开始现代化建设的国家痛惜不已。

1949 年 11 月 19 日，卢作孚从重庆飞抵香港。他需要了解香港民生公司一个多月来的经营情况和集中在香港的船舶、船员情况，需要同台湾基隆分公司取得联系，指挥营救轮船工作，需要同重庆总公司取得联系，时刻了解长江上民生公司轮船的安全情况，发出必要的指示。

此时，民生公司尚有 21 艘轮船在香港和海上，卢作孚要设法保护好这批轮船并等待机会将其驶回国内。这期间民生公司集中在香港的轮船一天天增多，大部分没有航线，贸易不旺，运价低廉，滞留港内，加拿大借款的利息到期，必须偿还，卢作孚为此忧心忡忡。

1950 年春，加拿大政府外交部长到香港会晤卢作孚，谈到由加拿大政府担保的三家商业银行给民生公司的贷款，若民生公司违约，加拿大政府要赔偿三家银行的损失。言外之意，如果民生公司到期不能支付利息、偿还本金，将要扣留停在香港的7艘轮船。至6月初，卢作孚已在香港住了半年多，直到完成香港的全部工作，方赶赴北京参加全国政协第一届第二次会议。

卢作孚在北京期间，毛泽东、周恩来多次约见。他们就新中国的经济建设问题、交通问题、航运问题进行深入交流，长久交谈。周恩来请卢作孚留京任职交通部部长，卢作孚一如既往地辞谢，执意回民生公司，处理民生公司存在的问题，进一步发展长江航运，并准备公私合营工作。与此同时，卢作孚指挥下的另一个计划已经开始实施，那就是将停留在香港和海外的船只驶回祖国。解放前夕被迫留在香港的轮船和航行在海上的海船共18艘，由卢作孚亲自指挥安排，直到1951年，全部回到国内，这个过程共经历一年多。

卢作孚一生经历了清朝、民国、中华人民共和国，这是风云激荡、大起大落的复杂的大变革时期，他亲历其中无数的惊涛骇浪，其间有与大自然的抗争、与兵匪的纠缠、与商业界的竞争、与政客包括四大家族之间的明争暗斗……面对如此复杂的社会背景，他和他的民生公司能夹缝之中左右逢源，稳步发展，实属不易。

“他是卢作孚，他是一个完全意义上的理想主义者，他真的是那个追逐阳光、追逐真理的夸父啊”！卢作孚被称为一个最不应该被忘记的人，一个不可能被遗忘的人。直到有一天，他累了，休息了，他所带给世间的光明却永久留在了银河系。

四、寻求希望之于教育事业

1920年底，川军第2军第9师师长杨森接任泸永镇守使，兼任永宁道尹。杨森，字子惠，四川广安县人，早年在四川陆军速成学堂读书并加入同盟会，是川军著名将领，曾任贵州省主席。杨森素以“新文化军人”自许，他号召建设“新川南”，决意全力推行“泸州新政”。

1914年夏到1915年秋，卢作孚上海游学年余，海量阅读使他积累了丰富的知识，朋友圈的扩展拔高了他的见识，加上回川后在《群报》《川报》的工作经历，他的新知新见让地方实力派耳目一新。杨森于报纸上读到卢作孚的文章，认为卢作孚敢于倡导“新思想，新道德，新文化”，在“新”这一点上，二人的思想同频共振。

杨森邀请卢作孚到泸县任教育科长，襄助自己推行新政，对卢作孚而言，他的“教育救国”理想有了梦寐以求的实践机会。1921年初，卢作孚欣然受命，赴川南上任，开始实践他“改革学校教育”“建设社会教育”的理想。这次合作对杨、卢二人而言都是难得的机遇，也成为卢作孚生命中的转折之一。

卢作孚从进化论的立场出发，纵观世界各国的历史发展进程，看到民智民力对国家兴亡有决定性作用，正所谓“民为邦本，本固邦宁”，促成他树立教育救国的人生理想。1916年，他在《各省教育厅之设立》一文中写道：“惟吾亦留心教育之一人，且始终认教育为救国不二之法门。以谓立国家于法治，而缘实业致富，军备致强，民智民德，顾乃卑下”。1922年，他又在《教育月刊》发刊词中写道：“国中万事，希望若绝，寻求希望，必于教育事业。”这个结论的获取，还得从几年前说起。

1915年秋，卢作孚怀着教育救国的理想结束首次沪上之行，踏上归程。一直到初冬才回到合川老家。归程迁延是因路费不足，买不起从上海到重庆的船票，他只能先乘船到宜昌，然后再改道恩施、利川，步行回合川。他回合川之前，即被合川县立中学校长刘极光聘为该校数学教师，这一迁延导致其失去了合川县立中学数学教员的职位，刘校长等不及了，改聘他人。次年初，卢作孚的大哥卢志林任教的福音堂小学校长刘子光伸出援手，聘请卢作孚来校任数学教师。旋即，福音堂小学的教职也因一场飞来横祸而终止。

1916年3月，卢作孚和长兄卢志林及朋友胡伯雄三人，莫名其妙以“通匪”之名身陷囹圄。根本原因是卢志林投稿《群报》的文章中，影射了合川县长贪污受贿、包庇人命案件等事，被权贵炮制冤案，构陷入狱。然而，祸福相倚。卢作孚无辜被捕，狱卒对他颇为同情，偷偷将笔墨纸砚带进牢内，卢作孚以一泻千里的惊人文笔草就《告全县各界人士书》，以揭露被捕事实真相，并委托狱卒带出交给自己在瑞山书院读书时的恩师陈伯遵。经陈伯遵奔走呼吁，几天内，卢作孚的名字随着这篇文告名满合川，民间舆论造成的巨大压力使官府不得不改变态度，他们三人由合川士绅联保得以脱险。随后，卢作孚考虑到自身已不便再在合川继续生活，由友人推荐前往成都任《群报》记者兼编辑。

1917年仲夏，卢作孚应合川县立中学校长杨鹤皋之邀，担任县中的监学兼数学教员，因志在教育，于是果断辞去《群报》工作。这一年卢作孚24岁，算得上他人生中又一个关键节点，如果说前两次险象环生的境遇均得化险为夷，是“大难不死必有后福”的话，那么否极泰来的时候到了。

1917年秋，卢作孚终于迎来了生命中的又一件大事。卢作孚经同事刘灼三做媒，与蒙家独女秀贞女士喜结良缘。婚后，卢作孚为“秀贞”改名“淑仪”，并教之读书认字，此后岁月，夫唱妇随为一生爱侣。

此一时期，合川县知事郑东琴组织编写《合川县志》，卢作孚应合川籍史学名家张森楷先生之邀，教学之余参与县志的编纂工作。郑东琴，四川永川县人，自幼家贫，勤奋好学，1904年公费留学日本，1906年在日本加入同盟会。郑东琴年长卢作孚11岁，对卢作孚十分赏识。多年之后，郑东琴在卢作孚的事业上帮助甚多，尤其民生公司初创之时，关键时刻多由此君出手相助。

1919年春，李劼人在成都创办《川报》，聘卢作孚为《川报》主笔、编辑及记者。当时的川报馆汇聚了一时精英，把卢作孚吸纳入一个最为活跃、最为先进的全国性知识信息网络之中。李劼人长卢作孚两岁，四川华阳人，生于成都。其正直聪颖与卢作孚相仿，年龄相近且见解相同，一见如故，终成一生密友。卢作孚一生中许多关键时刻，李劼人都起过重要作用，而这只是其中的一次。卢作孚接到李劼人的邀请后即辞去教职，前往成都。《川报》不但是“五四”期间成都最有力的民间媒体，而且为卢作孚展开一个重要的人脉网络，包括后来民生公司的代总经理宋师度，民生机器厂厂长李劼人等。

不久，《川报》社长李劼人出国留学，卢作孚出任社长。他以《川报》为载体大张旗鼓地替学生说话，进行爱国宣传及新文化运动宣传。《川报》多刊登提倡新思想、新道德、新文化，反对旧思想、旧道德、旧文化的文章，还率先以白话文代替文言文，且在报纸开辟《省议会旁听录》专栏评议时政，对违反民意、损害民众权益的行政措施或议会提案，著文加以抨击。卢作孚主持《川报》后，除与成都报界同行经常交流外，还同天津《大公报》、北平《晨报》和上海《申报》等建立了联系。《川报》

的工作经历使卢作孚在成都舆论界影响力大增，各方当权人物纷纷对他刮目相看，青眼以待，军政当局和议会都以干薪相邀，督军署邀他兼任督军署的委员，省议会要聘他兼任议会秘书等。卢作孚则不忘初心，不改初衷，不为优厚的薪金所动，辞谢一切高薪礼聘。因为做教师或记者，都是启发民智的职业，也都合于卢作孚胸中教育救国的志向。

从1916年起，卢作孚在多篇文章中论述教育的重要性，认为“教育为救国不二之法门”。杨森的邀请契合了卢作孚既定的理想和方向，正好给了他一个实践“教育救国”理想的机会。直到十多年后的1933年，卢作孚提起这段知遇之恩曾说：“自己在1920年以前，还是一个只说不做的人；如做教师，只能在课堂上说，而且照着教科书向着学生说，当新闻记者，只是说，而且是只能在报纸上去说。第一次给我做的机会，还是杨军长，是在泸县任教育科长的时候，才用力在教育上做实践。”

卢作孚在泸县同时着手两件事：

其一，建设社会教育。以开展民众教育为中心，创办通俗教育会，继续推进五四时期开始的爱国运动和新文化运动。卢作孚认为这种面向平民的通俗教育会，是教育救国最基础的也最重要的组成部分。卢作孚在白塔山成立通俗教育会，以之为中心，川南25县境内民众教育全面铺开。极短时间内，泸县就建起了图书馆、阅览室、博物馆吸引人们来读书学习。另外，还派人挑运图书送到四乡，供民众阅读，对不能识文断字的乡民则通过演讲会、运动会、展览会等多种形式，以耳濡目染的方式教化民众。卢作孚邀请教授、作家来做演讲，每每此时听者云集。泸县民智初开，宣传女子放脚、剪短发、男女合校，讲解卫生知识、疾病预防、普种牛痘等，各种新举措都备受欢迎。1921年，在卢作孚倡导下泸县举办首次学生与军人联合运动会，1400余名运动员参加比赛，吸引观众近10万人，卢作孚利用这次难得的机会，做

了一次声势浩大的民众教育活动。从未有过的新风，让封闭、守旧、落后、冷清的小城泸县，变得鲜活生动起来。

其二，改革学校教育。卢作孚决定从整顿川南师范学堂入手，改变川南地区的教育制度，打破教科书，打开校门，进行新教育的试验，为四川建设培养新型人才。川南师范是永宁道 25 县范围内的最高学府，师范学校又是教育之母，以此为改革发端其示范作用不言而喻。

是年暑假，卢作孚从泸州至重庆，与时任川东道尹公署秘书长陈愚生商议川南师范学堂领导骨干和师资人选问题，因“但为教育理想起见，不能改换教师的思想，则决定改换教师”。陈愚生是少年中国学会的七位创始人之一，他对卢作孚致力于教育改革的思路和决心很是赞赏，当即推荐时任川东道尹公署教育科科长，同时也是少年中国学会会员的王德熙出任川南师范学堂校长，邀请恽代英出任川南师范学堂教务主任，又聘一批思想活跃的少年中国学会会员如穆济波、周晓和、胡兰畦、秦德君、朱昌文、张式之等到校任教。这批人之所以从南京、北京、上海及华中地区汇集到泸县，除了少年中国学会的跨区网络及陈愚生的引荐，还因为他们与卢作孚一样，怀有教育救国的理想。这个时候的青年人，心怀理想并为此不屈不挠，能做事的做事，能发声的发声，有一分热发一分热。

推行具体教育改革时，卢作孚分别从教学内容和教育方法入手。教学内容上，改革旧教材，编写符合学生感受的新教材，改进教育方法，增加教学素材，开辟图书阅览室，添置大量报纸书刊。与此同时，主持创办《川南师范月刊》《教育月刊》。不到一年时间，泸县取得了令人瞩目的成就，其影响远达成渝两地。

卢作孚强调教师的责任，他在文章中写道：

> 教国文犹如教说话，说话通畅，写下的就是好文章。我认为教几十年国文，使学生说话不通，责任应在教师身上。

脚已缠小了，不容易再放大，不比今天大家都是天然脚，不放就大了。所以我们希望教育从小学做起，把如一张白纸的儿童一直教好下去，不要教成死人，甚或教成坏人。

大家须知道富有天才的好文章，就是一个人自己想说的话，恰如分际地写出来。必须自己有想说的话，自己有深刻的体会或感动，然后才能写出来很深刻、很生动的文章。

有一次带瑞山学校一批学生去参观一家火柴厂，许多学生看到火柴头上药的部门，一口锅烧滚了药液，一个人拿着很整齐的一排火柴，在锅上轻点着，偶一不慎，落了一根下去便燃起来了。一个小朋友很感兴趣，也拿了一根丢下去，第二个，第三个，都各拿一根丢下去。过后又走到一个烘灶前面，看着一个工人抱了一把火柴丢进灶去，轰的一声就燃起来了，那些小孩又觉得这很好玩，于是又争相各抱一把火柴丢进去，看它轰的一声燃起来。一位老师不安地说："你看小孩子这样顽皮，见啥搞啥，怎好管。"我说："好办，只要厂主乐意，我们把学生排成行列，一个个去丢，让他们每个都有丢的经验和机会。"……我们从小孩子有兴趣的实际生活中，去求知识，去找教材，去建设秩序，这便是很好的客串。教学生是麻烦的，乃是教师自己还无经验的关系。

由于卢作孚"自己对教育太感兴趣"，"自一方面观之，人人皆有天赋之本能，即人人皆应有受教育之机会。自他方面观之，吾人所处欲得良好之社会，必其社会中皆受有良好教育之人。是今后受教育者，应为人类之全体，不应复为少数……一切病象，皆缘于人，须教育救治之；一切事业，皆待于人，须教育兴举之"。学校的设备变新了，学生的行动变新了，在川南倡导的"新教育"获得赞赏，这一切在他努力中渐见光明。

1922 年川南军阀混战，刘湘下野退回老家，杨森失败后退至湖北。"川南新政"成败皆系于它的发起者、支持者杨森一人，

这样一来结果不言而喻，更多的革新计划未及付诸实行就因政局变化而中途废辍，很可惜。恽代英和其他不少优秀教员被免职，川南学生亦只望转学他处，报刊禁停、经费取消、新派教师解聘，卢作孚被迫辞职，此前所有努力皆成梦幻泡影。

这种结局卢作孚并非完全没有意料到，当时的社会环境并没有为社会革命提供稳定的根基，全心付出的事业刚刚开头就煞了尾，恍如昙花一现，让他认识到地方实力派并不可靠。只是看似失败了的教育改革试验并非没有收获，“新”的种子已经在一代学子的内心播种，发芽是迟早的事。

从泸县新政开始，卢作孚的才能逐渐受到地方实力派的赏识，开启了一层十分不同于以前桑梓师友、知识精英和流浪革命党人为基础的社会网络，为日后经营再造一方，打开了另一扇方便之门。

民国前期，四川是军阀最多的一个省，也是混战最多的一个省。城头旗帜做闪电之变，这也是那个时代的特色和无奈之一。川南师范的短暂振兴，主要得益少年中国学会的会员支持。卢作孚作为少年中国学会的会员，以个人独特的人脉优势，团结了一群极具活力的青年知识分子，如恽代英、王德熙、穆济波、周晓和等，由共同的理想而走到一起，集中于一地。

少年中国学会是一个完全不具有组织约束和行为约束的松散性质的思想联合体，其宗旨是“本科学的精神，为社会的活动，以创造少年中国”。发起人商定，凡加入“少中”会友，一律不得参加当时污浊的政治生活，不请谒当道，不依附官僚，不利用已成势力，不寄望过去人物，学有所成时大家相期努力，一步一步创造少年中国。卢作孚对此终生信守，用所有岁月来证明，以致作为安身立命的根本。会员恽代英认为，少年中国学会“不仅仅是讲学的团体，亦不仅仅是做事的团体，且不仅仅是讲局部的学做局部的事的团体”，“总盼望我们学会创造一个健全的、互动的、社会活动的团体”。

这样一个团体的加入，使卢作孚有机会接触、阅读、思考、讨论、书写五四时期中国最前沿的政治、社会、文化问题。同时，这个团体也集聚了当时优秀的青年精英，著名的会员还有毛泽东、李大钊、邓中夏、恽代英、赵世炎、张闻天等。少年中国学会仅存续七年，会员也不过 112 名，却集中了当时最优秀的青年知识分子，后来的他们在各领域成就非凡，甚至决定了中国的历史走向。

卢作孚在少年中国学会调查函中曾写下这样三项主张：

> 1. 彻底的改革教育，以“青年的行为”为教育中心；
> 2. 以教育方法训练民众，为种种组织、种种经营，以改革政治……
> 3. 以政治手腕逐渐限制资本之盈利及产业之继承，并提高工作之待遇，减少其时间，增加工作之人，直到凡人皆必工作而后已。

卢作孚对教育改革、青年出路、民众启蒙、贫富均衡、劳工待遇等方面的关注，自年轻时起贯穿终生。他在之后的文章中多次论述相关方面的问题，如《青年修养身心之道》《认识社会，帮助社会》《社会的动力与青年的出路》《怎样组织青年服务社》等，无不语重心长，将自己的经验和想法，通过文章与社会、与青年真诚交流。

这一时期，卢作孚通过恽代英结识了同是少年中国学会会员的萧楚女。萧楚女自幼家贫，参加过武昌起义，1922 年加入中国共产党。当时，萧楚女在重庆联合中学任国文教师，卢作孚住在重庆。萧、卢二人同岁，多有来往，他们常就国家大事商谈不休，共同目标无不是引领民众寻找光明，走一条国富民强的路。

1922 年末，卢作孚经历了“川南新政”失败的挫折，时隔多

年再次出川赴沪，寻求他所期待的答案。

1923 年下半年，卢作孚从上海回到重庆，应聘在重庆二女师，这也是他第三次做教员。此时，恽代英在江北廖家台教书，萧楚女也在二女师任国文教师，这是三人交往最为密切的一段时间。不久，恽代英由上海去广州，出任黄埔军校政治总教官。这年，卢作孚恰当而立，乱世之秋，他生命中至为重要的亲人——善良倔强，饱经风霜而始终贫困的父亲，去世了。

大约在此年，卢作孚以“卢思”的署名写下《一个根本事业怎样着手经营的一个意见》，30 岁的卢作孚以“大处着眼，小处着手”极简单的八个字，阐述了他的做事主张。“我们相信，无论什么事业，都应‘大处着眼，小处着手’。这有两种解释：横的方面，事业要做到大的范围，却应从小的范围起，纵的方面，事业要做到大的进步，却应从小的步骤起。”回顾卢作孚的一生，“大处着眼，小处着手”几乎是他毕生遵循的行事准则，他所着眼的是国家、民族、社会等，不可谓不大，而他所着手的川南教改、成都通俗教育馆，哪一个不是从“小处着手”呢？也是在这篇文章中，他于教育的量的经营里提到，“义务教育和社会教育，以普及为度”，对教育的质的期许是“获得科学的、艺术的……知识的能力，有不自束缚于成见的思想”。这些生动具体的宏阔理念，具备跨时代的生命力。反观当下，我们的教育尚未达到他百年前期待的目标。

1924 年，政治车轮转了一圈，杨森反败为胜，东山再起。他任四川省军务行政都督，督理省长职务兼摄民政，一时风头无两，率部进驻成都，决意发起“成都新政”。由于他们二人在泸县愉快的合作经历，杨森一上台便发出邀请，邀卢作孚到成都担任教育厅长，负责全省的教育改革事宜，将在泸县的教育改革试验推广全川。这次卢作孚辞而未允，他清醒地认识到在川省政局不稳的情况下，做任何全省范围的改革尝试，皆如镜花水月，万难成功。他曾私下对朋友说："我是不愿做官，只想真正能为民众做点有益的事。"并表示："四川未真正统一之前，决不作省政工作，更不为军阀服务。"

卢作孚婉言谢绝杨森邀请的同时，提出在成都办通俗教育馆的建议，尝试打通民众教育渠道，逐渐提高全省民众的现代文明素质，并以实业教育、实验教育及生活教育为手段，提高参与民众的整体文化水平。这是四川省第一个通俗教育馆，也是全国最早的一批通俗教育馆。

当年的通俗教育馆，可以理解为后世文化馆的雏形。

1911 年，即辛亥革命之后，社会上许多有识之士认为，要从根本上改造社会实现真正的民主，应当以提高民智为首要任务。于是，社会教育应运而生。1912 年，蔡元培出任中华民国第一任教育总长，他先后 5 次出访欧美，潜心考察西方美育的地位和作用，提出"用美育代宗教"的主张。蔡元培任教育总长期间，在教育部设立了社会教育司，分掌社会教育中的专门教育和通俗教育，同时规定通俗教育馆是实施社会教育的中心机构，以"开通民智，改良风俗"为宗旨，通令各省设立，以提倡社会教育。

1915 年，国民政府教育部明令各地办通俗教育馆，并首先令南京办起了江苏省立通俗教育馆。此后，江苏、四川、浙江、湖南、湖北等省份陆续兴办集图书馆、博物馆、艺术教育等社会美育综合功能为一体的通俗教育馆，其主要表现形式和活动内容包括在馆外开辟运动场、博物部、图书部，图书部有成人图书馆及儿童图书室，还备有运动器械、中西乐器。演说是通俗教育馆常用的教育手段，出版、发行刊物是通俗教育馆进行民众教育的重要活动方式，阅读则分图书馆阅读和流动图书车阅读两种。这一时期，由于政权更迭频繁，战事不断，通俗教育馆还处在起步阶段，发展状况参差不齐。1929 年起，教育部通令全国，将通俗教育馆改为民众教育馆，以之为教育民众的中心机构，并在各级政

府的监督引导下对普通民众实行社会教育。

继续说卢作孚回成都。到 1924 年为止，成都作为一省首府迟迟未建通俗教育馆，确实不能再敷衍，杨森欣然接受卢作孚筹建成都通俗教育馆的建议。卢作孚借助杨森之力创办成都通俗教育馆，不仅是他“集团生活”的第一个试验，还是他的教育救国思想的组成部分，更是他将理想付诸实际的又一具体行动。

1924 年 2 月，卢作孚辞去省立二女师的教师职位，从重庆来到成都。4 月，他出任通俗教育馆馆长，即招聘职员、建立机构、雇用工人，将位于成都少城公园内的馆址进行翻新、布置。卢作孚在原本破败的公园一角，展开日新月异的建设计划，假山、曲径、竹林、草坪代替了原来凌乱不堪的状貌，仿佛瞬间，一个崭新的群众活动中心呈现在人们眼前。卢作孚后来回忆：“只要你这个月到过通俗教育馆，下一个月你再到，便觉得有些不同了；乃至于这一周你到过通俗教育馆，下一周你再到便觉得有些不同了；乃至于今晚闭馆时你到过通俗教育馆，明晨你再到，便觉得有些不同了。”

一时之间，成都少城公园内汇聚了成都文教、艺术界的众多精英，甚至华西大学的美国传教士毕启博士也慷慨相助，少城公园成了一个良好的启蒙民众的场所。1924 年 8 月，通俗教育馆举行开馆仪式，主要从事基本的文化、科学知识的普及，博物馆（包含自然陈列馆、历史陈列馆、农业陈列馆、工业陈列馆、教育陈列馆、卫生陈列馆、武器陈列馆、金石陈列馆）、图书馆（成人图书馆、儿童图书馆）、公共运动场（足球、篮球、排球、网球、田赛、径赛等各种设备）、音乐厅、动物园、游艺场。绿竹点缀，花草疏布。演讲会、音乐会、魔术、川剧、话剧、免费电影、古物展览、画展、金石展、革命展等配合卫生运动、教育运动等，访者如云，充满生机。卢作孚办通俗教育馆，所谋不仅仅是人才和知识的聚集，更重要的是借助人们喜闻乐见的展现形式，将新知识、新文化、新风尚传递到民众中去，打破民间的新旧隔阂，达到影响和教育民众的目的。“今后受教育者，应为人类之全体，不应复为少数，而实际上是仅少数受教育者，不容不亟亟以谋量之增加”。少城公园的惊人变化，令成都居民眼界大开。

成都的知识阶层纷纷汇聚到卢作孚身边，工程师、画家、园艺家、音乐家、医生等专业人士热情洋溢，为通俗教育馆出谋划策，参与活动却分文不取。卢作孚在后来的文章中这样写道：“一个通俗教育馆本是一桩寻常的事业，然而曾经借这试做一种新的集团生活的试验，颇吸引当时在成都各界朋友的兴趣，无论其为有知识的或无知识的，无论其为头脑新的或头脑很旧的，这都是空前未有的活动，而证明是成功的。”短短年余之间，卢作孚把成都通俗教育馆办成了一个集政治、科学、文化、艺术和游览为一体的文化中心。他推行的民众教育运动和建立现代集团生活的试验，正在往积极方面进展时，再次因军阀混战戛然而止，重蹈前辙。

1925 年 4 月，杨森自恃实力充盈发起“统一四川”之战，与自己的老上司刘湘兵戎相见，不知是巧合还是天意，支持卢作孚的杨森失败后仓皇而逃，也再次结束了一年有余的“成都新政”。紧接着，成都市政督办王缵绪因通俗教育馆的规模过大、开支繁多而怀疑卢作孚中饱私囊，遂纵容市政公所稽查员闯入教育馆，查抄账目和财物。卢作孚说服打抱不平的人群，非常自信地表示：任由搜查。他们抄走全部账目彻查一番，发现所有账目的来龙去脉一清二楚，毫无纰漏，每遇馆中资金短缺，卢作孚本人薪水也拿出来作为贴补之用，包括为全市中小学生普种牛痘。王缵绪得知此讯，甚感意外，从此对卢作孚刮目相看，心生敬意。卢作孚与王缵绪结缘不结怨，再之后他辞职加入民生公司，竟成卢作孚主要助手之一。

然而，好景不长。军阀混战枪声再起，王缵绪被攻进成都的罗泽洲代替。自杨森倒台，通俗教育馆再次面临人去政息之忧，卢作孚对这项事业也心生搁置之意。他在泸县、成都倾力付出的两桩试验事业，结局不无二致，均以半道夭折告终。这使他认识到，依靠军阀进行社会改革浮沉无定，随时面临着人去政息的不确定性。卢作孚对此起彼伏的战争早有自己的思考，眼下的局势更让他坚定了自己思虑很久的想法，需要寻找一个更为稳妥的立足根基，突破政治束缚和现实边界而大胆创造：“……因此要考虑一项既有关国计民生，又有发展前途的事业，这应该是以经济为中心。”于是，卢作孚很快提交了辞呈。

15 年后，身为交通部次长的卢作孚在交通部讲习班上，将这段经历述之以文，是为《一段错误的经历》，也在他《怎么样做事——为社会做事》的文章中再次强调，“做事有两要着：大处着眼，小处着手”，“事贵做得好莫嫌小”，还说“我们要应一致反对的是空谈，应一致努力的是实践”。回头再看时就会发现，这些经验之谈正是他人生经历的总结，他所做的事无不如此。川南教育改革是从挑书下乡开始，民众教育从小小的公园一隅开始，民生实业公司是从一条小火轮开始，北碚建设是从改造一条街道开始。卢作孚一直在实践自己强国富民的理想，着眼之处无不是国家民族，但着手之处如上所述，无一不是从细微之处开端，且无一不是做得有模有样，甚至惊心动魄。

“国中万事，希望若绝，寻求希望，必于教育事业”。100 年前，卢作孚这样说过，且尽心尽力去实践。他从 16 岁开始辅导初中生，之后又三执教鞭，杨森支持下的两次教育实践，虽均中途夭折，但给社会各界带来的巨大改变功不可没。卢作孚认为，他需要更为稳固的平台，为实现理想提供支撑。

“透过杨子惠的关系办通俗教育馆，想在合川办试验市，北碚办试验村，这时候我的思想受罗素影响很大，又感觉到办教育的人不可靠，你们一班人一下办教育，一下一个电报又去做官了。因此才发起筹办民生公司”，27年后，卢作孚在《自述》中写道。这段话传递两个重要信息，其一是发起成立民生公司决定性原因，其二是通过罗素看卢作孚，罗素的思想具体影响他的哪些方面，是教育理念？思维方式？还是行为方式？卢作孚前半生的时间几乎都花在办教育上，后来又办实业，用他的话说，也等于是办教育，是想把全部工作人员培养起来，提高他们的技术和管理的能力。

1925年夏，卢作孚辞去通俗教育馆馆长的职务，与同道赵瑞清、彭瑞成等一起离开成都，返回合川。其时，他心中已经谋划了另一桩事业，这也是他早在第一次出川赴沪，甚至因误了船期而与清华学堂失之交臂时就已经萌生的想法。他认可孙中山说的“交通运输是各业之母”，在“行路难，难于上青天”的川蜀之地，航运是入川的最好选择。他设想以办轮船航运业为基础，兼办其他实业，把实业与教育结合起来促进社会改革，达到强国富民的目的。

他再次酝酿着一桩“大处着眼，小处着手”的事业，即将闪亮登场的是一艘小火轮。这时，没有一个人能预料到，蛟龙自此入水，一统川江的“船王”就要诞生。卢作孚，将要在长江之上书写一段乱世传奇，这个名字将以英雄的姿态载入长江航运史、中国航运史。

五、惨淡经营之民生实业

中国有两条大河，黄河与长江。

长江是我国的第一大河流，是世界上第三大河流，长度仅次于南美洲的亚马孙河和非洲的尼罗河。长江发源于青藏高原的唐古拉主峰格拉丹冬西南侧，流经青海、四川、西藏、云南、重庆、湖北、湖南、江西、安徽、江苏、上海等 11 个省（自治区、直辖市），最后注入东海，全长 6300 多千米。长江水系航运资源丰富，3600 多条通航河流的总计通航里程超过 7.1 万千米，占全国内河通航总里程的 56%。支流延展至贵州、甘肃、陕西、河南、浙江、广西、广东、福建等 8 个省（自治区）。流域面积约 180 多万平方公里。由于长江水系发达，每年通过江口入海的水量达 9000 多亿立方米，约占全国的 36%。长江沿线与风景如画的洞庭湖、鄱阳湖等湖泊相连，与水量丰富的岷江、嘉陵江、汉水等主要支流相通，形成四通八达的水运网。

自四川宜宾到湖北宜昌，长 1044 千米这一段，自古被称作川江。重庆到宜宾的 384 千米，称上川江，这一段终年通航木船，冬春枯水季节滩险流急，航行困难。上川江从四川盆地南部边缘低丘地带似一条长蛇，悄然无声，蜿蜒潜行，一路上兼收并蓄，将岷江、沱江、嘉陵江几条大河纳为己有，到重庆朝天门两江汇合处时变得雄浑壮硕。朝天门以下至宜昌 660 公里，称下川江，下川江如一条腾越的蛟龙，破夔门、穿巫峡、过西陵，浩荡东归。川江过三峡这段称为峡江，为长江的险要航段，两岸山岳连绵，水急流漩，水位涨落悬殊，号称天险。白居易有《初入峡有感》一诗："上有万仞山，下有千丈水。苍苍两崖间，阔狭容一苇。瞿塘呀直泻，滟滪屹中峙。未夜黑岩昏，无风白浪起。大石如刀剑，小石如牙齿。一步不可行，况千三百里。"江出峡口，流经宜昌、汉口、江阴，航程1511千米，沿岸地势起伏不大，水流平缓，无水急滩险之忧，这是中国的黄金水道。

古代长江水利的开发利用，主要集中于防洪灌溉而非航运，开发利用程度很低。在当时生产力低下的条件下，长江船工运用智慧，在长期的实践中积累经验，创造出"朝发白帝，暮到江陵，其间千二百里，虽乘奔御风，不以疾也"的奇迹。

以蒸汽机作为动力机被广泛使用为标志的第一次工业革命，改变了世界面貌，率先完成工业革命的英国成为世界霸主。鸦片战争是中国历史上的重大事件，英国以武力维护鸦片贸易，打开中国市场。战争的结果之一是"准英国人民带同所属家眷，寄居大清沿海之广州、福州、厦门、宁波、上海等五处港口，贸易通商无碍"，这就是所谓的"五口通商"。自此后，长江门户——上海港，向侵略者洞开。列强咄咄紧逼，不断试探并叩打着长江的大门，直至第二次鸦片战争，长江干线上的汉口、九江、南京、镇江成为对外开放的"条约口岸"。外国侵略者凭借坚船利炮，逐步夺取长江航权，为长江航运业的发展投下了半殖民地的阴影。这是一个古老国家和古老河流百余年的屈辱史。

> 到英商太古、怡和，日商日清，凭扬子江中下游的基础，有计划地伸入扬子江上游，以成不可拔的势力；因为内地一时的不宁，以致中国旗轮船日减，外国旗轮船日增，中国人所有的轮船，亦几乎无不挂外国旗。有一时期，扬子江上游宜渝一段，触目可见英、美、日、法、意、瑞典、挪威、芬兰等国国旗，倒不容易看见本国国旗。

20 世纪 50 年代中期，毛泽东谈到中国工业的发展时说，有四个人不能忘记，讲重工业不能忘记张之洞，讲化学工业不能忘记范旭东，讲交通运输业不能忘记卢作孚，讲轻工业不能忘记张謇。不但讲出了我国工业百年发展的史实，也表达了党对强国富民的民族实业家的追思。

关于长江航运史事，《长江航运史》在民国十四年有这样一条记载：“10 月，卢作孚等在四川合川筹办民生实业公司。”由此可见卢作孚创办民生实业公司这件事，对近代长江航运乃至中国航运的影响，值得并必须被载入史册。

“天下事都艰难，我们如能战胜艰难，天下便无艰难事”，卢作孚这样说，这样写，更这样做。1925 年，他辞去成都通俗教育馆馆长职务，同彭瑞成、赵瑞清怀着兴办实业的理想回到老家合川，利用与乡友亲朋吃请周游的“废时”筹划着另一桩“艰难事”。

这时的卢作孚在事业理想方面，接连经历了川南教改和成都通俗教育馆两次挫折，以上两桩事业皆是依托军阀的力量将自己教育救国的理想付诸实践，又都以人去政息作罢。川南新政失败后，卢作孚第二次奔赴上海，着意考察教育及实业，拜访黄炎培和张謇给他带来启发，卢作孚的思想、理想及实现理想的思路有所转变。他着力创办成都通俗教育馆，不意再遇挫折，综合分析经济、民生、省情、时势等多方因素，卢作孚认为先交通后生产，而后才是文化教育。诚如孙中山先生的呼吁——交通为实业之母。

中国当时有两大祸患，其一是军阀纵横，其二是交通梗阻，四川尤甚。蜀道之难天下闻名，交通十分不便，直到 20 世纪 20 年代中期，不仅没有一寸铁路，连通往邻省的公路也没有一条。长江是四川惟一可以使用近代交通工具与外部世界沟通的通道。

合川县城位于四川东北部，居重庆东北角，距重庆水路 96

千米，嘉陵江、渠江和涪江于城下交汇，故有合川之名，三条江中以嘉陵江为最大，且在重庆直接注入长江。合川水系丰富，川北货物皆须运到此处再转运重庆，是相对繁荣的商品交汇地。城内虽商贾云集，居民众多，但经济并不发达，不通电，没有工业、自来水。江山如画，满目贫瘠，土匪横行，卢作孚与几位志同道合的好友所回的就是这样的合川。

> 许多长辈和朋辈见着这几位不容易回到乡里的人，都有深厚的情感，必得从“请吃饭”表现出来。甲当了早饭的主人，乙又当午饭的主人，丙又当夜饭的主人。当我们离开甲家便到乙家，离开乙家便到丙家，废时利用，便讨论起事业来了。如果资本集得起来的话，我们应得造一只小船走重庆合川间，或办一个工厂在合川城内外。大家认为造小船比较容易些。

卢作孚在民生公司9周年纪念会上，这样讲起往事。他生命的经验是无论做什么事，事前贵有精密的计划，事后尤贵有清晰的整理。今天整理出来的事项，不但是今天的成绩，又是明天计划的根据。决定办航运后，第一步就是调查重庆所有的轮船公司和所有的轮船，卢作孚和他的朋友们通过调查看到：

> 货物不够运输，船东争放货运，运费放低以后，货物仍不够运输，仅装少量货物往来，收入不够开支，甚至不够轮船上燃料的开支。重庆宜宾间的各公司，觉悟了相互竞争是各公司致命打击，而约定轮船轮流开行，但是这样一来，轮船停歇的时候远多于航行的时候，收入仍不够开支。然而，又因为这些公司一般采用买办制度，在有利的时候，一切管理放松到不能过问的程度，等到亏折太深，积重难返，不可爬梳。大多遂陷于股本折完，负债无法偿还，以至于转相卖船，其情势相当紊乱，尤其是中国籍轮船公司非常危险。

到1925年为止，外国航运公司有计划地伸入长江上游，垄断中国内河航运的阴谋已经实施了半个世纪还多。追根溯源由1842年签订的《南京条约》始，约定广州、福州、厦门、宁波、上海五口通商后，长江门户上海港向外国侵略势力洞开。接着是16年后的1858年，又签订了开放长江四口的《天津条约》。

1862年，美国旗昌洋行在上海成立了第一家专业轮船公司，经营长江航线。嗣后，英军舰队开路，美、英、俄等国帆船、轮船接踵而至，蜂拥长江。他们依仗特权庇护，对行驶长江的中国木船恣意迫害，以致华轮朝不保夕，日渐凋零。甲午战败后，日、英、法、德、美等国的商轮、兵舰纷纷侵入长江。重庆为长江上游第一大港，是天府之国的对外枢纽，水路上接云、贵、川、藏，下连鄂、赣、皖、苏，直至海外。自1890年起，英、日等国轮船利用不平等条约往来重庆，为侵略者觊觎川江航运打开了方便之门。

辛亥革命后，“振兴实业”成了社会的热门话题，革命的领导者孙中山先生宣称：“今共和初成，兴实业为救贫之药剂，为当今最要之策。”1914年，第一次世界大战爆发，参战各国忙于西方战争，从东方撤出部分船舰，加上中国不断发生大规模反帝爱国运动，这些因素客观上有力地支持了民族实业发展。1907年，四川总督赵尔巽首倡设立川江轮船公司，次年，官商合办华资经营的川江轮船公司在重庆开办。1910年4月16日，川江轮船公司的“蜀通”轮于宜昌至重庆之间开始运营。

1914年夏，21岁的卢作孚出川赴沪，所搭乘的就是川江轮船公司的“蜀通”轮。这次远行，打破他生命中两个记录：一是首次出川，二是首次乘坐轮船。七八天的航程中，卢作孚饱览了华夏山河的无穷秀色，也看到了这条黄金水道上挂满异国旗帜的往来船只。一系列对外不平等条约的签订，被迫打开的通商口岸，内河航运权的出卖，让这些外来者肆无忌惮，俨然长江的主人一般。轮船上对不同等次客人的不同待遇，外国人享用犹如“天堂”，中国旅客的待遇犹如“地狱”，年轻的卢作孚目睹此景非常痛心。这次出行的观感直接影响到他一生的际遇，未来的走向，甚至数年后民生公司的成立。

1925年，卢作孚涉足长江航运。

民生公司在嘉陵江上游的合川成立时，正是长江上游一般航业消沉到无法支撑、紊乱无序的时候，而非航业发展的有利时机。无论是当时还是现在，客观分析，民生公司的开局即死局，完全属逆势而行。卢作孚自己也非常明白，这样的局势下，“没有任何理由要开办一个新的轮船公司——特别是一个中国公司，而却有一切理由不办它”。同时，他也想到“事求妥当，第一要从容考虑，第二要从容与人磋商”，那么，卢作孚他们此时入手航业可否从容考虑？可否从容与人磋商？绝处如何逢生？

卢作孚和朋友们从重庆调查了所有轮船公司和轮船后，经过反复分析，他认为乱象丛中，却也颇有光明的漏洞。“航业应做新的试探和试验，不应在原有轮船过剩的航线中去与正在失败的同业竞争”，遂决定避实就虚。当时，重庆与合川之间以货运为主，因为货运利润丰厚，客运只是附带且不定期，遂决定避开已经破落的不定期货运长线，尝试在合川和重庆之间开辟新的短途定期客运航线，以便利来往客人。

1925年10月11日，卢作孚、陈伯遵、黄瑞龙、彭瑞成等十余人，在合川县立通俗教育馆（药王庙旧址），为航运公司募集资金召开第一次发起人会议。议定筹集股金2万元，分40股，每股500元，由发起人负责分头劝募。十几个发起人作为公司最初的股东，本身没有钱，只得向老师、同学、朋友劝募，投资多半为了朋友关系，人数有限。少数有钱绅士宁可拿钱买田置地、放高利贷等，也不想拿钱给几个穷小子，去做看起来并不十分有把握的事。股金募集困难重重，就当时的现状而言，至于说投资民

生公司是为了做成多大的事业，或是统一川江航运、将外轮公司赶出川江等事，那是他们不会也不敢想的前景。卢作孚想过吗？不敢妄加猜测，但是从民生公司之后的发展看，他应该深思熟虑过，因为他说：“我们相信，无论什么事业，都应‘大处着眼，小处着手’。这有两种解释，横的方面，事业要做到大的范围，却应从小的范围起，纵的方面，事业要做到大的进步，却应从小的步骤起。”也许，他把这件大事当作摆在长江上的一道数学题，一步一步开解。

卢作孚为新成立的航运公司取名“民生实业股份有限公司”，顾名思义，民生公司与中山先生提出的“三民主义”有关。卢作孚自己的解释是：“我为轮船公司取名叫民生，人们都以为我是取中山先生的三民主义之民生主义。其实，这并不是我的全部意思。概而言之，其直接而现实之意思是发扬中山先生之民生学说，解决民生问题为富国强兵之本。而深一层的更广大的意义则是：以我中华全体国民之生生不息为其根本所归。——不是少数富户、才子佳人，而是全体国民丰衣足食，安居乐业，多子多福，文明康乐，生生不息……”此为后话。

民生公司筹备处设在合川，卢作孚任筹备处主任，其他发起人皆为筹备员。他的恩师陈伯遵和朋友彭瑞成负责收款，卢作孚、黄云龙、赵瑞清负责监造船只。1925 年冬，卢作孚和黄云龙带着借贷来的 500 元旅费远赴上海，为民生公司订造第一艘轮船。

卢作孚在上海期间先后与 9 家造船企业磋商探讨，深入了解轮船的造型、性能、价格等，根据嘉陵江水浅流急的特点，反复研究近两个月，才决定委托合兴造船厂制造一只载重 70 吨、长 75 英尺、宽 14 英尺、深 5 英尺、吃水浅马力大的客用小轮。合兴造船厂的经理何兴与卢作孚一样，是一个爱国的人，二人通过一个多月的交往逐渐熟悉。卢作孚将四川的政局、自己的理想、民生公司目前面临的困境等直言不讳，何兴被其诚意所打动，本来订造价格 5 万元的船，同意降到 3 万元卖给民生公司。民生公司招股总额为 2 万元，与船价相差颇巨，何况这 2 万元股金也未能全部到位，卢作孚百般纠结、骑虎难下之际，为昭信于人，毅然决定签下造船合同，先付 3000 元定金。余下的 5000 元款项，卢作孚准备买一台发电机为合川百姓照明。

合兴造船厂负责人何兴与卢作孚之间的关系并未到此结束。卢作孚深知何兴甚有才德，几年后，聘请他到民生公司，一直担任民生公司上海区公司总轮机长。

后生晚辈以旁观者的眼光看前辈，为他们的义无反顾所感动，他们做事业的情怀貌似和赚钱的关系不那么密切。“天下事都艰难，我们如能战胜艰难，天下便无艰难事”，就这样，卢作孚奇迹般的用区区 8 千元办了两件事，为他当初筹划的事业拨开了一条细缝。只是当时无人能预料到，多年之后这条细缝撑开的是民族危亡之际的退路。

困境重重。

此时的他在想些什么呢？

他所谋的是民族航业和民族工业的振兴，是整个国家尽快现代化起来。但是他本人的未来，民生公司的未来，这个民族的未来，这个国家的未来，一切都云遮雾绕。

上海的事情办妥，卢作孚立即返回合川，设法增加股本，募集股金以补船款。恰在此时，川江航业中发生了因经营不善累及股东的事件，一朝被蛇咬，十年怕井绳，不但原定的 2 万股额难以招足，已经认股的人中持观望态度者也大有人在。面对不愿交付股金的股东，事情陷入僵局——“想看看船或者看看航行再行缴款”，然而，不缴足股款就没有船，没有船就不肯缴足股款，这是一个死循环。民生公司刚刚成立，一无资产可做抵押，二未建立市场信用，贷款之路亦被堵死。当卢作孚以非凡勇气毫不犹

豫地签订造船合同时，预料到会有困难，但未曾料到是今日这般走投无路，借贷无门。

好在天无绝人之路，就在一筹莫展功败垂成之际，卢作孚的恩师陈伯遵在上司及同僚默许下，从县教育经费中“大胆借了七八千元”，合川县前知事郑东琴拿出私人积蓄几千元，县内士绅郑礼堂借出几千元。以上三笔借款中，除郑东琴的一笔转作投资入股外，其他两笔均约定有还款时间，尤其是县教育经费属于即将开支的款项，须从速归还。事已至此，只得先解燃眉之急。

卢作孚以5000元在上海购回的发电机，以最快的速度在合川建立发电厂，开始发电。亮眼的灯光穿越千年暗夜的同时，也照进了合川民众的心里，照亮了他们探知外面世界的路。

1926年初夏，民生公司新造的轮船完工出厂，溯长江而上驶回四川。6月10日，卢作孚主持召开民生公司创立大会，确定公司的名称为“民生实业股份有限公司”，总资本额5万元，宗旨为“服务社会，便利人群，开发产业，富强国家”。民生公司事务所设在合川城内的药王庙，前殿是电灯厂，后殿为事务所办公室。郑东琴任董事长，卢作孚任总经理，陈伯遵、黄云龙担任协理，事务所每个人都身兼数职，一心为事业努力，艰辛异常而不计较个人报酬。报酬定得非常低，低到总经理只有30元，协理月薪15元，其余人员均为10元，船上经理每月另有少许交际费。他们的报酬低到公司全部人员的月薪加起来，不如其他轮船公司一个大副的月薪多。而同一时期，四川正值防区制最有权威之际，争先恐后罗织人才，民生公司的几位负责人也常被诱劝，不说政治上的地位，仅待遇就为民生公司所给的五倍十倍不止，但始终没有一人因此弃民生于不顾另谋出路。一经集合，就不容易散了。

20多年后，卢作孚以至诚之文笔在《自述》中这样写道：“那时民生公司的职员的刻苦是不能想象的，我不做集聚资金的想法，完全以社会关系来运用资金，我穿得像叫花子一样，赤脚戴竹笠，走到朋友家里，以为是乞丐进门，人家问我为什么这样子，我说我本来是这样子。”民生公司被时人戏称为“穷朋友公司”，卢作孚虽被推为总经理，但缴不起股金，故不是股东。直到多年后，他的朋友们为提高他在公司中的地位，筹钱 5000 元代其认缴 10 股，此时方有机会成为民生公司一位“小小的股东”。

卢作孚为民生公司第一只轮船取名“民生”，创立大会后，他动身前往宜昌迎候。6 月下旬，“民生”轮抵达宜昌时，卢作孚已在宜昌等候了半月之久，在宜昌等待“民生”轮期间，为民生公司拟定了管理办法和发展规划，构思并勾勒出一幅宣传画稿。民生公司宣传画的画面主体是长江三峡，远景是高耸入云的峨眉金顶，一艘民生标识的白色客轮乘风破浪，溯江而上，画面下方是民生公司的中英文名称。后来，这幅草稿被画家刘啸松画成了水彩画，成为民生公司惟一的宣传画。这幅广告画，画着卢作孚的理想，也画着民生公司的野心，这幅广告画短短 20 余年就从成都贴到上海，从广州贴到大连，还贴到了南洋和日本。

“民生”轮回川路上，遭遇意图夺船劫财土匪两起，好在有卢子英同行，由于他黄埔军校的学习经历，胆识过人且防御意识较强。卢子英利用在军校学习的军事知识，将全船水手分工武装，在枪声中临危不乱，方得有惊无险，但真正的难题在后面。“民生”轮抵达宜昌时，恰遇洪水，水势汹涌，像“民生”这样的小轮在川江洪水险滩中行驶十分危险，宜昌海关不予放行。此时的卢作孚心急如焚，“民生”轮将正式航行“渝合线”的消息，早已传遍合川和重庆，探问消息的旅客纷至沓来，股东们则因船迟迟未开回来而提出质疑、责难。不少股东要看到新船才肯认缴股金，股金不到，陈伯遵挪借的教育经费便无法偿还，还款之日迫近，久之恐生是非。

7月中旬，水势稍退，卢作孚抱定与轮船共存亡的决心，数次找海关交涉，他一无所惧，毅然决定聘用经验丰富的领江员，带船驶回重庆。临出发之际，卢作孚召集全船人员说明公司当前困境，恳请大家以同舟共济的精神协力解决，获得大家的支持和同情，妥善准备后，卢作孚带“民生”轮由宜昌启程回渝。这样的小轮在洪水期逆流而上，滩多流急数次遇险，尤其过泄滩时，船循北槽行驶，突被泡漩水猛力推向南岸，船向左侧急倾，将触暗礁，卢作孚和两水手浑身都被江水打湿，千钧一发时，幸又一泡漩水过来，将船从左侧推向北岸，免于倾覆。靠着七分人意三分天意，“民生”轮勉强摆脱险境。

1926年7月23日，民生公司第一艘轮船“民生”轮从重庆上行合川，开启了川江航运史上第一次定期客运航行。这对卢作孚和民生公司来说，是希望的开始，是一个全新的起点。

合川是川北地区南下重庆的必经之路，渝合之间隔着华蓥山脉，重峦叠嶂，人烟稀少，土匪出没，陆上交通十分不便，水路木船行程缓慢，运费昂贵又不安全，轮船则既省时又安全。卢作孚对民生公司的经营制定了新的制度和管理方法，从“民生”轮开航第一天起，他做了三件与众不同的事：一是实行经理负责制；二是彻底改善旅客服务工作，民生公司的宣传标语是“安全、迅速、舒适、清洁”；三是取消向旅客索要小费的不良风气。“民生”轮作为定期客班行驶渝合线，深受客商欢迎，开航之后业务十分繁忙获利颇丰。短短两三个月时间，便完成了以往费九牛二虎之力也未能完成的招股任务。

“理想是安慰人的。假若人没有理想，那就痛苦极了”，卢作孚的实业救国理想，不仅安慰了他自己，也安慰了合川人。“苦干，实干”是故旧回忆他时频繁提到的词，也是对他一生干事创业最朴实中肯的评价。卢作孚提出“一切为了顾客”的口号，并亲自上船接待旅客，从经理到水手都兼做服务工作，伺候周到，伙食也好，很快就班班客满。第一年就获利 20000 余元，“民生”的口碑与旗帜也逐渐传遍了整个川江。

1927 年 1 月，以“民生”轮顺利首航涪陵为标志，民生公司轮船首次插足长江航运。

因嘉陵江水浅，冬季来临即进入枯水期，正当大家感觉便利的时候，“民生”轮被迫停航，根据历史经验，嘉陵江断航水位持续达 5 个多月，局面尴尬。公司不少人认为，这只轮船一半成功却一半失败了。卢作孚通过调查，决定开辟重庆到涪陵航线，涪陵地处重庆下游 125 千米，是乌江与长江的交汇处，也是川东南农副产品的集散地。这时渝涪线的客人虽没有渝合线的客人多，但可兼有货运，能维持过冬。民生公司为使渝合线在枯水期不断航，遂决定募集股份，于上海订造吃水更浅的小轮，以期终年能够通行重庆合川一线。此期间，民生公司在重庆设立了办事处。

1928 年春末，载重 34 吨的浅水小轮“新民”轮开回重庆。从此，渝合之间再无断航之忧。

山重水复后，民生公司迎来了柳暗花明，卢作孚的这一决策，对民生公司的未来发展起到了巨大的推动作用。紧接着，卢作孚带领民生公司又完成了两项计划，一是在重庆建立一个修船厂，二是购置民生公司的第三艘轮船。

轮船不论新旧每年都需要修理保养，重庆作为长江上游的航运中心，却没有一家修理厂能够胜任轮船的大修和中修。仅有的两家小修理厂，技术和设备都很差，即便小修也要价高昂，大部分需要修理的轮船不得不开到上海去，时间和经济上都负担沉重。卢作孚敏锐地体察到建设轮船修理厂的必要性，“决立即行”，他拿出非凡的行动力，修建厂房，招聘技术人才，购置机器设备，“以修理自有轮船为主，应同业的需要修理轮船，并应社会的需要修理或制造机器为辅”。民生公司投资 2 万元，卢作

孚亲自选定租用重庆江北水月庵做厂房，1928 年冬，民生机器厂投入生产，成为四川首家轮船修理厂。

1933 年，民生机器厂迁到江北青草坝，续增资金，扩充设备，自建厂房，职工也由 20 余人增加到 50 余人。这年秋天，李劼人出任民生机器厂厂长。李劼人是卢作孚的好友，他不仅是实业家，还是中国现代具有世界影响的文学大师之一，中国现代重要的法国文学翻译家、知名社会活动家。民生公司自从有了民生机器厂，轮船修理时均昼夜赶工，大大缩短轮船停驶时间，以此推进了公司营业，为其他轮船公司所望尘莫及。同时，它作为民生公司的一个业务部门，对外承接修理业务，又增加了部分收入。此一事业，随着民生航业的发展而逐步壮大，到 1945 年，民生机器厂已经发展成为四川境内规模最大的民营机械制造厂。

1928 年夏，民生公司的第三条船也飘然而至。南充富商谭谦禄为债务所累，愿将其叙府、嘉定航线上的“顺庆”轮拿出，与民生公司联合组建长江轮船公司。“顺庆”轮更名为“长江”轮，交由民生公司代为管理。1930 年 9 月，谭谦禄为债务所迫，长江轮船公司并入民生公司，“长江”轮易名“民望”，成为民生公司的第三只轮船，长江轮船公司成为民生公司兼并的第一家轮船公司。自此，卢作孚带领民生公司拉开了“化零为整，一统川江”的序幕。

民生公司有了三只船，卢作孚开始思考怎样经营这三只船和渝涪、渝合两条航线。轮船逆水上行航速慢，顺流而下航速快，他打好轮船上下行的时间差，巧妙地制定了三只船航行重庆、合川、涪陵三个城市，且能保证每天每个城市都有一只轮船开出和抵达的运行方案。他将三只船排班，每天清晨第一班船从涪陵出发上行，当日晚到重庆，次日晨出发，第二天晚上到合川，第三天早晨折回，顺流而下当晚即可返回涪陵，第四天早晨即可继续从涪陵上行重庆，刚好接在第三只船之后。卢作孚利用他的数学天赋，轻而易举就解决了常人需要四条船才能解决的问题。

1928 年冬季枯水期，民生公司重新调整三艘船的航线，“民用”轮吃水最浅，走渝合线，“民生”轮专走渝涪线，“民望”轮吨位大，航速快，性能好，试航重庆、叙府之间长途线。“民望”轮客货兼运，船期固定，服务周全，赢得商家、旅客的信任和欢迎，次次皆能满载，以致“民望”轮所获收益超过其他两轮之和，成为民生公司的“发家船”。首试长途即获成功，业界称奇。

卢作孚在担任政府公职期间，从未放弃民生公司总经理的职务和对公司的实际控制权，他殚精竭虑经营民生公司，在公司内部自始至终都居于权威的中心地位。从 1927 年春，卢作孚任峡防局局长开始，到 1943 年春正式辞去交通部次长为止，期间历任川江航务处处长、四川建设厅厅长、全国粮食局长等职，“亦官亦商”的身份，得以广泛结交国民政府党政军显要及经济文化各界名流。他斡旋其间，对民生公司的发展不无裨益，并得幸免于中央财团的吞并。卢作孚的翻译孙恩三在《卢作孚和他的长江船队》一文中写道：“他一直以毫无争议的权威指导着这个中国最大的轮船公司的政策，不是依靠拥有占控制数额的股份，而是完全依靠远见、聪敏和无私献身力量。”

卢作孚作为民生公司总经理，再加半年的川江航务管理处处长的阅历，以他的观察，早已清晰认识到川江航业问题的症结所在。长江上游，民族航运业整合的迫切需求及其重要性不言而喻，面临的垂危局面又不容坐视不理，这一点和刘湘不谋而合。

1930 年初，按照半年之期的约定，卢作孚向刘湘请辞川江航务处处长职务，刘湘未允。他将工作交于副处长何北衡，请假带领由民生公司、峡防局和北川铁路公司的人员组成的考察团，到华东、东北和华北进行考察。考察见闻使卢作孚对偌大的国家不能独立，日本帝国主义在我国东北的恣意妄为忧心忡忡，旅途中目睹火车、轮船上头等席位的外国人骄纵不可一世，而普通席位

上的中国人极其拥挤和备受凌辱的情景，不禁感叹："天堂地狱……只在一条船中，隔一层舱板而已。"卢作孚回到重庆，全力以赴加速推进"化零为整，统一川江"的计划。

1930 年秋，民生公司倡议川江同业"化零为整合并经营"。

民生公司作为实力薄弱的新兴民营企业，总经理卢作孚为实现高远庞大的兴业计划，做了充分准备。首先，民生公司总事务所于 1931 年 1 月 1 日从合川迁往重庆，坐镇川江航运中枢以控全局，并在宜昌设办事处，在泸县、万县设代办处。其次，将公司 30 万元股额增至 70 万，为并购做足资金准备。再次是人才方面，从北碚学生队和瑞山中学毕业生中遴选优秀年轻人，以解事业扩大后出现的人才不足之困。

民生公司在兼并同业的过程中，采取了先易后难、先小后大、先商后军、先华后洋的分步进行策略，一系列经营举措发挥了竞争优势，减少了阻力，进而取代经营不善的其他公司，"化零为整，统一川江"计划进展顺利、迅速。再有，刘湘及其他地方军政要人有意无意中的照拂，给民生公司以许多其他公司不能得到的方便和特权，也是民生公司顺利兼并的重要因素。

第一步，兼并营业不佳、亏损严重、负债已多的华商小轮公司。在议定船价、资产后，由民生公司付予部分现款，供原公司偿还欠债，或者对急需现金的股东退还股本，以应原公司之急，大部分价款则转作民生公司股金。原公司所有职工由民生公司全部接纳，重新安排工作，不使一个人失业。这样安排使被兼并者易于接受，民生公司也加强了自己的竞争实力，实现双赢。

1930 年 10 月，民生公司"统一川江"尚未启动时，重庆上游的一家华轮公司，福川公司就率先并入民生公司。福川公司是只有一艘"福全"轮的小公司，经营渝叙航线，在激烈竞争中一开始就揽货不足，有时全部收入甚至不敷燃料开支，民生公司的"民望"轮开入渝叙航线后，福川公司"更感到喘不过气来"。正当该公司进退两难之际，民生公司“乘机托人进言”，将福川并入民生“共同经营”，条件是福川公司的全部航产由民生公司折价购买，一部分支付现金，一部分作为加入民生公司的股金，人员也由民生公司全部接纳。1931 年初，九江公司总经理邓华益，携“九江”“合江”两艘轮船及一艘铁趸船折股加入民生公司，邓华益也被任命为民生公司协理兼航运部经理。这两家公司的加盟至关重要，那些经营不善的还未破产倒闭但已在竞争中感到不支的中型公司，也觉得合并于民生公司有着并行不悖的利益，于是相继效尤，逐渐“统一”于民生公司的旗下。多年后，卢作孚提起整顿长江上游航线时，还念念不忘福川公司、九江公司及他们两家公司的总经理连雅各、邓华益。

第二步，兼并军轮。当时，军阀投资经营的轮船不少，他们往往凭借势力，获有种种特权，排挤民营航运公司，在自家防区内以自己的军轮垄断本地货运，还设立关卡勒索过往民营船只。而此时，从重庆到宜宾要经过四个防区，仅纳税一项就令船只苦不堪言，军轮的营运条件优于民营航运公司，他们有货源无杂税又无人敢敲诈骚扰。卢作孚痛感不公，这一部分轮船的存在是“统一川江”的一大隐患，如不改变，“统一川江”战略难以全面实施，民生公司也难在川江上发展起来。

卢作孚在四川声望日隆，人人皆知他有才干且心地无私，川军将领刘湘、杨森、刘文辉等对他很是敬服。他首先向各军阀“陈说利害，劝其合并”，在航业衰颓的形势下，为了保全老本，军阀也予以接受。不过，这些军轮公司的经理们无一不同军阀有着特殊关系，折本有东家中饱有自己，因此在接收过程中，都要经历一番复杂曲折的过程。卢作孚的对策是不惜钱，“不要惜钱，他们要多少就给多少”，他所关注的是“在轮船收买以后的利益，要比收买以前的利益多得多”。由于在经济上着眼于长远打算，而不斤斤计较于眼前得失，在议定船产作价时，民生公司往往采

取较为宽厚的态度，尽力做到使对方易于接受。这样“高价”收买的策略，对民生公司也十分有利。

合并工作进展最快的是杨森的“永年”轮，当年就卖给了民生公司，比较慢的是刘湘的“永丰”轮，直到 1935 年春才卖给民生公司，最困难的当属刘文彩的三艘轮船。卢作孚亲赴宜宾与刘文彩商议，希望收购他的三艘轮船，刘文彩很不情愿，卢作孚只得另想办法迂回解决。他转赴成都找刘文彩的弟弟刘文辉解决此事，刘文辉也不赞成自家兄长经营航运，要求刘文彩无条件将轮船交给民生公司经营，并痛斥：“你们纵容底下人办轮船，这事是那样简单能办好的吗？应该交给卢作孚，凑合一个朋友，办成一桩事业。”但刘文彩对此并不买账，直到后来，这三艘轮船落入刘湘之手，由刘湘租给民生公司，才算彻底解决。

民生公司前后收并 20 多家轮船公司，船价至少在 200 万元以上，而付出的现金却不过 10 万元，其余均转做股本。从而，民生公司的股本从 1929 年的 15 万元增到 1934 年的 117. 45 万元，资产由 31 万余元增至 497. 72 万元。短短 5 年之内，以数十万元的支出赢来了一笔数百万元的资产。

> 贤明的管理者不应处理纷乱的事物，陷自己入纷乱中，而应整理纷乱的事务，纳事务入秩序中，不应核定人如何活动，但应要求人如何活动。不应待人询问：“事应如何办理？”而应问人：“事正如何办理？”明了事的动态，乃能控制事的动态。不仅在消极方面防止弊端，尤应在积极方面建设秩序。严格的秩序之下，自然不容许发生弊端。管理问题的核心全在建设秩序。在使每人行动有确定的秩序，全体行动有相互配合相互衔接的秩序，贤明的管理者即为此种秩序的建造者与执行者，如不能建造好秩序不能坚强执行既经建造的秩序，即非良好的管理者；即令其为人才，亦非良好的管理人才。

毫无疑问，卢作孚是一位贤明的管理者。他善于建立秩序，于秩序之中求答案。随着川江华轮公司渐趋统一，民生公司规模不断扩大，更有利于统一调度，降低成本，提高经营效益，极大地增强了同外资轮船公司竞争的实力，为稍后向外资航业进攻，打下了坚实基础。

1931 年，民生一连合并了九江、通江、协同、定远、锦江、川东、利通等 7 家轮船公司，合计大小船只 10 艘（通江公司的“岷江”轮因太旧，合并后拆毁，不久后“定远”轮售出）。从此，重庆以上的川江航运企业除合众一家之外，全被民生公司“统一”起来，同时，又将收并的部分船只开进了重庆至宜昌沿途各港，使民生航线遍及川江。民生公司的航线延伸到整个川江，成为川江上不可小觑的一支航业力量。这一年九一八事变爆发，卢作孚认为时间紧迫，必须加快整合步伐，国人日益高涨的抗日情绪也为民生公司“统一川江”夺回内河航运权创造了有利时机。

1932 年，民生公司把“化零为整”的重点转移到川江下游。自 4 月开始，陆续收并川江、永安、蜀平、涪丰、长宁等 5 家轮船公司，到 12 月合并了刘文彩的“南通”“元通”“昭通”3 艘轮船为止，共 11 艘轮船。其中，川江轮船公司虽然是川江下游创办最早且规模最大的轮船公司，但是由于同行残酷竞争，海损事故频发，债主登门催债，员工停发薪水等陷入困境。卢作孚及时向川江轮船公司伸出援手，以优厚的条件将其并入民生公司，并入后，川江最大的“蜀亨”轮改名为“民贵”，成为民生公司走出川江，经营渝沪航线的第一艘主力轮船。从此，民生公司插足长江下游航运，航线扩展到长江各港，以至上海。至 1932 年底，民生公司拥有轮船 19 艘，总吨位 7000 吨，职工人数 1071 人，与公司创建之初相比，总吨位增长 100 倍，职工人数增长 80 倍。几年时间，民生公司成为长江上游实力最强的航运企业。

1933 年 1 月 1 日，民生实业公司总事务所改称总公司，并在叙州、上海设分公司。1933 年和 1934 年两年，又合并了中外 7 家轮船公司，收购轮船 10 艘，新建“民族”轮开宜沪航线。

这期间，民生公司一面“统一”华商，同时也着手于收并军阀经营的轮船和较小的外籍公司，属于军阀的有杨森、范绍增的蜀平、永年公司，属于外籍的有英商皮托谦、意大利商扬子江两公司和美商美孚洋行的运油船。英商太古公司的“万流”轮，也是这时收买后打捞起来的，民生公司将它改造后，作为航行渝沪线最大的主力船。

民生公司打捞修复“万流”轮的成功，震动了整个航运界。这是民生公司在险恶复杂的川江河道中，首次将大型轮船打捞起来，被视为当时的奇迹。

1932 年 5 月，太古公司的千吨大轮“万流”轮触礁沉没，经外国打捞权威现场勘察，发现轮船沉没的地方在滩险流急的河道中，认为没有打捞的可能。太古公司束手无策，万般无奈的情况下，只好以 5 万元拍卖，可惜无一家轮船公司出手竞拍。需要说明的是“万流”轮原名“隆茂”，即 1926 年 8 月 29 日制造“万县惨案”的罪魁祸首。它在川江航道中横冲直撞，沉我木船三艘，溺我国民数十，并引发英国炮舰击我万县。

卢作孚对此事当然关注。他了解其无人问津的情况后，派民生公司驾引人员和民生机器厂的工程师前往查看，根据查看结果反复研究论证，认为这艘船可以打捞起来。最终，民生公司以起初拍卖价的十分之一，将价值达 60 万两白银的巨轮买下，这是一个极低的价格。而此时，民生公司的技术力量非常薄弱，不但没有高级技术人才，而且连稍微现代化的起重设备也没有，要打捞这样大的船只，可能性几乎为零。面对两个月后就要来临的川江洪水期，卢作孚派人带领技术骨干详细勘察沉船状况，确定“万流”轮为触礁后船底被礁石划破而沉没。情况弄清楚之后，行动开始了。首先清除船舱淤积泥沙，将其慢慢拉出水面，然后拆除轮船上部结构，清除锅炉舱内近200吨煤炭。外国人做梦也没有想到，两个月之后“万流”轮奇迹般地浮出了水面，他们认为不可能办成的事情，被技术条件远不如自己的民生公司办到了。

民生公司依靠自身的技术力量将“万流”轮打捞出水，民生机器厂又创造了一个奇迹，利用自身技术力量接长船身，更新机器，对其进行了大规模改造，使之几乎成为一艘新船，将这艘被改造后的“万流”轮命名为“民权”，投入运营。艰难困苦，玉汝于成，“万流”轮打捞改造事件，开创了川江轮船修造史上的新纪元。

“化零为整，统一川江”进展到1934年底，民生公司先后兼并了22家公司，大小轮船33艘，其中5艘被卖出或拆毁，加上自有轮船共有轮船30艘。当时，在川江上航行的中外航运企业共有轮船58艘，民生公司的船只已占半数以上，总吨位也超三分之一。民生公司的航线由原来的2条发展到9条，贯通长江直达东海之滨，长江全线的主要港口都有它的分支机构和趸船码头，民生公司异军突起，成为川江航运的后起之秀。

“统一川江”过程中，民生公司也曾面临岌岌可危的时刻。它在逐渐兼并华资公司的过程中实力增强，一些外资公司也被竞争淘汰，只剩下势力较强的英商太古、怡和，日商日清，美商捷江及华商招商、三北等几家公司。

1925年，民生公司在嘉陵江刚刚成立之时，控制长江上游航运的外国轮船公司根本没有把它看在眼里。当民生公司在川江上游“化零为整”的时候，也尚未引起外轮公司太多注意，虽有所警觉但他们不以之为威胁。毕竟，小小一家民营公司，能保证自己在激烈竞争中活下去便是幸运，岂敢自不量力挑战外轮公司？

至1933年，民生公司在川江上游收并小轮船公司取得了很

大进展，航行渝叙航线的船数和船次都在总数的一半左右，且占主导地位，在川江下游航线，拥有的船舶总吨和运量分别接近或达到总量的三分之一，并在继续扩展。在此前后，民生公司还收购了英商皮托谦和太古、美商美孚、意商扬子江等公司的 4 艘外轮。这一系列并购活动，使川江上几家大的外国轮船公司意识到，民生公司是同其争夺川江航运的主要对手，斗争的矛头迅速指向民生公司。

英商太古、怡和，日商日清三家公司加紧对民生公司倾轧，或明或暗，或联合行动，或单独行动，采取压低或抬高运价等各种手段，争夺主顾，打击华商控制市场，务求挤垮民生公司。货运方面，平时一件棉纱由上海运到重庆，运费 25 元，被压低至 2 元；平时一百斤药材由重庆运到上海，运费 6 元，现在被压低至 1.2元。如此低价几乎等于免费运输，一个班次的收入不足燃料费和转口费。客运方面，不仅大幅度降低票价，宜昌至重庆的乘客不仅可以免票乘船，还另送日本洋伞一把，并可在船上赌博、狎妓，用尽手段争夺乘客，以置民生公司于死地为最终目的。

当时，民生公司面临形势极为严峻。

1934 年 6 月，民生公司航业资产增至 416 万元，而实收股本却只有 117 万余元。资产的增加“除历年所提之公积及防险准备等项外，厥为负债之增加”，此时民生公司负债达 70 多万元，是重庆负债最多的一家企业。

1935 年初，有人预言，这一年争雄角逐的几家较大的公司中，靠经营川江航线支撑全局的民生和捷江两家必然倒闭。6 月，美商捷江公司果然被言中，以倒闭告终，而民生公司不仅安然无恙，还在次年收购了捷江公司的 7 艘轮船和码头设备，出其不意的结果令人瞠目。

民生公司挫败竞争对手，度过危局，立于不败之地的原因有二，其中重要的一点是反帝爱国运动的支持。“万县惨案”和九一八事变使全国人民反帝爱国情绪高涨，当时重庆各界人士成立“重庆救国分会”，运用航业公会之力，与重庆各民众团体联合召开收回内河航运权大会，发出“中国人不搭外国船”“中国船不装外国货”的号召。民生公司带头响应，并带头反对“甲级船员只能由外国人担任”的陈规，在民生公司的船上实行甲级船员不任用外国人，均由中国人担任，通行的外文提货单全部改为中文书写，船员职称取消洋文名称。这一系列行动赢得了社会各界的称赞，也赢得了本公司职工的支持，提高了公司声誉。爱国的百姓自觉不坐外国船，爱国的工商业者也拒绝外轮低价揽运的引诱，不交外轮运货，他们拒绝乘坐不要船票的外国船，坚决要坐民生公司的船。不少旅客宁肯在旅馆里多住几天，也要等到民生公司的船来才走，来重庆为南开中学选校址的张伯苓，到成都来担任四川大学校长的科学家任鸿隽及夫人，均将他们的货物交给民生公司，以实际行动给予支持。民生公司内外交困收支极端困难之际，广大爱国职工无所畏惧，提出少领或缓领工资，不要年终双薪，宁愿“勒紧肚皮也不让民生公司被外商挤垮”，同时降低成本以争取客货来源，顶住外轮公司施予的压力。爱国运动有力地打击了外国侵略者的势力，支持了民族航运业的发展。民心，成为逆境中的民生公司得到的最可靠支持。此时，刘湘授予民生公司在重庆至长寿、涪陵、万县航线的专营权，指令民生包揽特货运输。他的及时扶持，保证了民生的营运收入，缓解了资金方面的危机。二是民生公司针对竞争的实际情况，采取措施，扬长避短，强化客运服务质量，提高竞争实力。一方面，民生公司为争取更多的旅客，制定了整套管理方案，提出“个人为事业服务，事业为社会服务”，“个人的工作是超报酬的，事业的任务是超利益的”，“站在轮船的地位，一方面为客人服务，使一切客人感受舒服，一方面为货物服务，使一切货物得着保护，因此必须为船服务，使船健全，航行安全”等口号，印制了《经理须

知》《船长须知》《茶房须知》《水手须知》等手册，要求从乘客上船接收行李、到下船收拾行李、送客上岸等各个环节服务周到。为乘客提供优质服务，使乘客感到乘坐民生公司的船不仅安全、便利、舒适，还在人格上得到尊重，建立起在川江上以客运见长的优势。另在货运方面，则采取稳定运价和改善装卸的措施，取得主顾的信赖，从而获得稳定而长期的货源。

捷江公司倒闭后，其船产由谁承购是决定川江航运格局的关键。

卢作孚早就意识到，若捷江公司落入外人之手，无疑新添一个竞争者，故民生公司对捷江志在必得。民生公司在统一川江航运过程中，为保证民族企业的纯粹性，收购外资公司或有外资背景的公司，均遵循不折股本，以现金收购的原则。民生负债压力巨大，面对资产价值 70 余万元的捷江，不可能拿出这么大一笔资金。而此时，官办招商局介入此事，与民生争夺收购机会。鹬蚌相争，渔翁得利。英商太古公司趁民生公司筹集资金、谈判收购之机，利用捷江公司急需资金的困境，抢先买走性能最好的轮船 3 艘。民生公司困境得解是因得到中国银行、金城银行、川帮银行的支持向上海募集了 100 万元公司债券，“这是四川的经济事业在上海第一次募债，而且第一次募公司债”，由中国银行、金城银行预为垫付 65 万元，方于 1935 年 6 月成功收购捷江公司剩余的 7 艘轮船。民生公司对捷江船产的成功收购，基本上把外轮势力排挤出了川江，在长江上游航线已占绝对优势地位，卢作孚终于实现了自己统一川江航业的宏愿。

民生公司成功收购“捷江”，不仅仅是收购几艘轮船，附带而来的积极影响不可小觑。其一，民生公司从此同江浙民族资本财团开始事业上的紧密合作，为民生公司后来的发展提供了强有力的资金支持。卢作孚的四川同乡，金城银行天津分行经理王毅灵，对民生公司及卢作孚早有耳闻，非常敬佩。他在向金城银行总经理周作民汇报时说：“我借款于民生公司，不是看见民生公司有二三十只船，而是看见一群人在那里努力奋斗。”其二，人才力量得到加强。捷江公司经理童少生等人加入民生公司，他们将英、美洋行的先进管理经验、营运方法等带到民生，与卢作孚自创的民生管理方式相融合，为民生公司经营理念带来一股新风，致使其管理体制升级，经营战略升级，发展布局升级。

“将同类的生产事业统一为一个，或全部的联合”，是卢作孚为民生公司规划的发展方针，由于主观努力和客观条件相结合，经营策略和形势发展相适应，民生公司在创办不到10年的时间，陆续并购了20多家中外中小轮船公司，成为川江独树一帜的民族航运企业。到1935年底，川江共有中外轮船80艘，民生公司一家就有38艘，占总数的近一半，外商轮船包括太古、怡和、日清三家在内总共只剩下十几艘船。

民生公司经历此劫，不仅没有被挤垮，反而更加壮大，完全改变了它在川江的劣势地位，民族航业终于在川江上取得优势，外国公司逐渐减缩或退出川江。10年间，卢作孚的轮船公司不仅统一了长江上游的中国轮船公司，还迫使实力雄厚的外国轮船公司退出长江上游，也就是说，卢作孚以一己之力收回了长江上游的内河航运权。至此，他赶走川江上的外国商船，维护内河航运权的理想开始变为现实。

1936年，宋子文、杜月笙、张公权被选为民生公司董事，新造的“民本”等12艘轮船先后完成，投入长江运营。这年，民生公司已拥有船只46艘。年底，民生公司在南京设办事处，它在川江上游占绝对优势，在重庆以下川江航段也承担了大部分客货运输任务，所占份额超过其他公司总和。当时，凡能通行轮船的地方，都有民生公司的船只航行，它在沿江大小码头、城镇设置办事处、代办处，从而构筑了庞大的经营网，个别航线还有专营权，其他公司无法插足。

民生公司设备精良，技术先进，得益于其拥有独立的船舶维修能力。民生机器厂除大型船舶的建造需依赖外力之外，公司船舶的施救、维修、配件、技术改造和小型船舶的制造等约有一半业务由该厂承担，既能为公司提供方便、及时、廉价的修理服务，也避免了外力挟制，对船舶状态的保持、技术的全面进步都有极大的好处。卢作孚的长远布局为抗战期间的战时运输积蓄了力量，打下至关重要的基础。

往往，挑战和机遇共生。

1937 年春，又一个巨大的挑战摆在川江之上。

长江上游的枯水期为每年的 12 月下旬到次年的 4 月底，枯水期水位大降，当水位降低到 10 英尺以下，长 200 英尺的大船就要停航，水位降到零以上数英寸时，所有轮船全部停航。此时，客货运输全部中断，沟通四川的惟一水上交通孔道将完全断绝，历来无解决之法。

这年春天，川江枯水期的水位之低为数十年所未有，航运完全停止，造成这一局面的原因可能与上一年四川刚刚遭遇的一场几十年未遇的旱灾相关。旱灾后的四川饿殍遍野，物价飞涨，川江航运按下暂停键，导致省外救济粮食和其他商品无法入川等严重后果，而民生公司的几十艘轮船停航数月也将遭遇巨大的经济损失。此时，最着急的人是卢作孚。

时任四川省建设厅厅长的卢作孚，为挽救危局，从成都赶往重庆，召集民生公司员工探讨枯水期川江航运，提出分段航行的设想，以保川江航运不致中断。根据周海清、莫家瑞、孙正明等富有川江航运经验的驾引人员提出的“三段航行”建议，结合考察团的实地考察，制定出“三段式航行”实施方案。方案根据宜昌重庆间的水位情况、水流情况、船舶性能、吃水深浅等，在保证安全的前提下，将宜昌至重庆间分为三段，于 1937 年元月下旬试航。卢作孚调集所有大小船只，分别参加分段航行：宜昌到青滩，米仓峡到万县，万县到重庆。后因青滩陆路转运距离太远，时间长，困难多，又将航线重新调整。第一段宜昌到庙河，由载重较小的“民福”“民治”“民安”“民裕”“民选”5 艘轮船负责。第二段庙河到万县，途经险滩多，水势急落差大，由航速快马力大的“民主”“民康”“民锋”3 艘轮船负责。第三段万县到重庆，浅滩多，由“民来”“民苏”“民熙”等吃水浅的轮船负责，避开险滩，接力运输。民生公司为实现“三段式航行”进行了总动员，“三段式航行”的成功是其在川江航运史上战胜重重困难创造的奇迹，更是民生公司集体力量及民生精神的具体展现。

此后，民生公司利用这年春季罕见的枯水位，派出河床考察团，对川江各处险滩河道进行勘测，绘制图纸，并对各个险滩的引航操作要领做出提示，供船驾参考。考察发现了以往不知的暗礁 37 处、险浅航道 12 处，均向重庆海关报告，建议增设航标 20 余处。

这是一个不断创造奇迹的航业集团，它在艰难困苦中披荆斩棘，在种种磨砺中悄悄蓄积能量，这能量将是不久之后照亮民族退路的光。“万流”轮的打捞改造锻炼了民生机器厂的技术能力，统一川江航运粉碎了外国轮船公司的围攻，“三段式运输”积累了极端环境下宝贵的航运经验，这一切，都在不经意中为 1938 年的宜昌大撤退做足了不是准备的准备。

卢作孚所主导的两项试验——民生公司和北碚乡村建设，相辅相成，互为支撑。北碚的乡村建设成绩，民生公司经营上广泛开展优质服务，树立起来爱国的、新型的、具有现代意识和创造精神的企业形象，赢得社会各界普遍认可及群众和员工的大力支持。对外而言，北碚是民生公司的发祥地和窗口，树立了良好的企业形象，取得了社会的广泛支持，对“民生精神”的养成和传播都有着相当重要的作用，为企业带了实际利益。“民生精神”

成为其赖以生存发展的精神支柱，成为无处不在的企业文化，提高了企业素质、员工素质和服务品质，从而推动企业成为近代经营最成功，影响超越国界的少数几个民族企业中的佼佼者。

企业文化是企业的一种文化观念和价值准则，是企业全体职工的一种信念和凝聚力的体现。它对经济的作用，既不属于市场调节的范围，也不属于政府调节的内容，是道德力量起作用的结果。民生公司的企业文化——民生精神，有理由被认定为近代企业文化卓有成效的范例。

卢作孚作为深谋远虑、勇于创新、敢于突破的卓越领导者，他认为实现现代化的“根本在先解决人的问题”，“解决人的训练问题”。他要求人们围绕着“整个理想”去活动，而“尤其要求活动产生于理想”。民生公司草创之初，在这种思想指导下形成了一个能吃苦、能办事的精干的集体，他们是一群“绝不畏事苦，亦绝不计较待遇”的“事业上的良友”。当初，几个穷朋友在合川的破庙里办起了民生公司，后来发扬这种精神，在民生公司的各项活动中起主导作用。这种“创业精神”，便是后来被称为“民生精神”的基础。

“最困难的问题还是人才问题。航业上缺乏人才，尤其是管理人才……”民生公司的职工来源、素质和管理成为企业建设中的重要内容，卢作孚深知要掌握现代航运设备，必须要有相关行业的专家、技术人员。他重视人才，重视知识分子，更富有远见地储备人才。公司中的许多高级职员，多是由各方访求、招聘或是由学校、机关推荐，甚至重金礼聘而来，不少是在造船、机械、航海、经济管理等方面学有专长、富有实践经验且颇有名气的人才。如因打捞“万流”轮而显示出非凡胆识和才干的张干霆，熟悉航道娴于领航的周海清，分别被破格委任为工程师和总船长。

据 1937 年民生公司的统计资料，处级副经理以上 41 名高级职员中，具有大学本科学历的即有38人，占高级职员总人数的92%，其中5人曾在国外留学，年龄都在30至40岁之间。他们组成一支年轻博学、儒雅敬业、素质极高的领导团队。卢作孚知人善任求贤若渴，被人称赞为人才鉴赏家和收藏家。抗战爆发后，沿海航运停顿，许多爱国的技术人才撤退到四川。卢作孚趁此机会，成立总工程师室，建立了一套班子，将原江南造船厂总工程师叶在馥、留德机械工程师周茂柏、留英知名船舶设计专家张文治、锅炉专家李永成、海商法专家魏文汉、引水专家金月石等吸收安置，给予优厚待遇。他将当时重庆根本用不着的航海人才招募，为抗战胜利后民生公司迅速在海运方面打开局面奠定了人才基础。

卢作孚要求民生的员工都要做民族的精英，一般职员大都通过公开招考录取，要求具有一定文化。招收技术工人时，还派专人到上海、广州、湖南等地找熟练的高等级机修、电焊、驾驶、铸造等人才，故民生公司的技术水平为当时重庆之冠。一批又一批有文化、有抱负、有劲头又有一技之长的年轻人，经过“民生精神”的熏陶，集团生活的历练，逐步成为公司骨干力量。民生公司招聘时录取的比例是十比一，即使当一名普通的茶房也要先考作文。职员进了民生，还要进行三个月到半年的军事体育训练，并通过业余教育，提高文化水平和业务素质，着重培养青年的事业心，因为“事业即学校，且系最实际的学校”。

卢作孚经常对民生的员工讲：“我们应一致反对的是空谈，应一致努力的是实践。天下事都艰难，我们如能战胜艰难，天下便无艰难事。”民生公司按照卢作孚关于“新的集团生活”的愿景，长期不懈地在职工中宣传，并渗透到企业管理的规章制度当中，从而在企业内部形成一种精神因素，就是“民生精神”。具体体现在以下几个方面：

首先是实业救国和爱国主义思想。爱国主义是“民生精神”

的主旨所在，民生公司船舶舱室和职工宿舍的茶具、床单上，到处印有“作息均有人群至乐，梦寐勿忘国家大难”的标语。卢作孚为民生公司确定的宗旨是“服务社会，便利人群，开发产业，富强国家”。他把交通业看作“一切事业之母——立国要素”，指出“在航业工作，便是救国的企图”。提出要用创建先进的现代化的民族航业，与帝国主义的航运势力抗衡，不仅是把外国轮船赶出长江，收回内河航运权，而且要使中国赶上发达国家，甚至跑到他们前面去。卢作孚在任川江航务处处长时，通过斗争迫使外商接受航务处的监督管理，打破外轮享有特权的惯例，维护了国家尊严，大大激发了民生员工的爱国热情。正因如此，宜昌大撤退奇迹的创造才成为可能，也因此，民生公司在抗战中不仅被称为“爱国的公司”，更被誉为“救国的公司”。

其次是集团生活的思想，这也是卢作孚实业救国和国家现代化理论的思想基础。卢作孚改良社会的试验主要内容之一是提倡群体合作，互相帮助以成一个“最后都不至失败的集团”。在这个集团中“个人为事业服务，事业为社会服务”，“个人的工作是超报酬的，事业的任务是超利益的”，民生公司的创业道路是从艰苦勤俭中走出来的，他要求民生全体职工把民生公司当作他们的共同事业。卢作孚重视开源节流，“大胆生产谓之勤，小心享用谓之俭，我们应大胆用现代的科学方法生产，现代有什么我们便生产什么，但须节省物质上的享用，任何东西我们不能生产，便不要享用”。为培养公司青年艰苦奋斗、崇尚勤俭的作风，提倡“布衣运动”，都穿麻布制服，他本人带头穿。卢作孚虽身居高位但一贯艰苦朴素，生活严谨，待人始终诚恳，不徇私情且刻苦学习，精通业务，能深入实际与职工水乳交融。他要求职工不嫖不赌、不吸鸦片、不贪污受贿、不拿旅客财物等，杜绝不良习性，培养职工忠于职守、遵守纪律的精神。

这些民生精神，除了在训练班讲以外，还通过职工读书会、朝会、周会、纪念会等集会和《通讯》《简讯》《新世界》等刊物进行宣传，另外，开展各种文化活动以丰富职工生活，为结婚青年举办免费集体婚礼，以倡导社会新风。“民生精神”以强大的道德教化力量，成为民生员工的共同信仰。

1925 年 10 月 11 日，民生实业股份有限公司成立，8 年后的这一天被定为民生公司纪念日。卢作孚在民生实业股份有限公司成立 8 周年纪念会上当众重申：

> 现在有一桩最要紧的事情，就是请大家绝对不要误解，就是说恐怕民生公司将来不免沦为资本主义事业一途。大家绝对要晓得，今天不造成共产主义就是资本主义，但是，各有意义不同。在民生公司不是只图资本家发财的，他的经济立场，可以说是站在整个的社会上面的，纯全是一桩社会事业。现在本公司投资最多的股东，也不过 5 万元。像这 5 万元的数目，在现代的资本主义事业当中比较起来，简直是微乎其微了。然则民生公司之不能走入资本主义事业一途上去，已昭然若揭了。这是盼望大家对于民生公司绝对应该有的一点认识。

民生公司限制大股东股权，股东每股有一议决权，但超出 11 股以上者，每二股才有一议决权，超出 30 股以上的股东，概以 20 权为限，这样做的目的是确保任何人都不可能通过控股改变民生公司服务社会的本质。还有，所有权和经营权绝对分开，总经理不是公司董事，自觉接受董事会和股东大会的监督，另外，民生公司只有贡献大、威望高、有追求、有理想的股东才能当选董事和董事长，决不以股份多少作为董事会成员取舍标准。因此民生董事会成员基本都是小股东，如黄炎培、杜重远等，这种别出心裁的制度性安排，保证了民生董事会的精英性质。

民生公司经过卢作孚十年苦心经营，由 1930 年的三小江轮

扩充至1937年6月的46艘轮船，航线亦由四川省延伸至长江全线，在整个川江是占统治地位的力量。领导者卢作孚淳厚无私的天性，赋予他超越常人的远见卓识，高瞻远瞩的产业布局，官商之间的游刃有余，对民生公司发展不可或缺。可以这样说，卢作孚是民生公司的灵魂，没有卢作孚就没有民生公司。

经过第一次世界大战，中外航运势力有了变化，中国轮运业有了较好的发展基础。20世纪30年代，外国资本虽然扩大对中国的资本输出，但外资对中国产业投资的扩张又加速了中国近代工业的发展。九一八事变后，日本帝国主义强占我国东北地区，进一步激起中国人民对日本帝国主义的义愤和反抗。为了救亡图存，反对列强对中国的经济、政治、军事侵略，长城内外，大江南北普遍掀起反对侵略、抵制日货、收回利权的民族自救运动，这对扩大国货市场，推动民族工矿、交通事业的发展，起着积极的作用。全面抗战前夜，中国近代工矿、交通企业的发展，不论在速度上还是规模上，都达到了当时中国的最高水平。长江轮船运输业在以上内外因素的影响下，也进入了近代史上的旺盛期，出现了“供不应求之势”。民生公司兼并川江小轮公司壮大自己的船队后，又在1936年投入了新造的“民本”“民来”等一批客货轮和拖轮，共计9艘。从这年起民生开始设置船用电台、无线电收音机等。

卢作孚善谋大势，善于以极富远见的智慧破旧立新。民生公司稳步发展，短期内称雄长江的优势，即得益于自身优于其他企业的管理制度。民生公司的企业管理很有特色，自创建之初就十分重视汲取西方资本主义企业的管理经验，对当时长江航业中旧的经营管理方式进行改革，并在不断除旧布新的过程中建立起一套较为完整的、与生产发展相适应的准现代企业管理制度。正是这样的管理制度和经营作风为企业带来了高效率、高利润和高信誉。

“买办制”的废除是民生公司除旧布新的起点和基础。当时，长江中外航业中普遍实行买办承包制，外国轮船公司为了便利控制，一船之中除了船主和轮机长由外国人担任外，其他部门分别包给别人办理，公司只收承包费，对如何经营管理则不予过问。一船几包，各自为政，竞相营私，承包者只图榨取，谈不上为客户服务。人员雇佣方面，只以低薪为取舍，不问其是否称职，物料使用方面，任意克扣，不顾质量。客运方面，大买办邀集二买办、三买办等层层承包，派系林立，盘根错节，互相倾轧。我国商人的轮船均仿照这个套路经营，卢作孚在创办民生公司之初亲自做过调查，认为这种办法流弊太大，既影响收入又不易管理。

民生公司自创建开始，便在它的第一条船上实行公司统制下的单船经理负责制，每船设一个经理，对内代表公司实行对本船的领导，对外代表公司全权处理本船的对外事务。全船职工均由公司统一派任，财务收支由公司统一掌握，物料供应由公司统一核发，全船技术、行政由公司授权归船长、经理统一指挥，简称“四统制”。“四统制”革除相沿已久的陈规陋习，排除大小承包主的干预和障碍，公司的管理指挥通过企业的职能部门直达基层，确保公司对轮船航行、客货运业务、物料使用、财务收支等状况了如指掌。卢作孚首创的这一套全新管理制度，取代了传统的买办承包制度，先进的生产关系极大促进了生产力的发展，创造了民生公司初创时罕见的活力。其意义远不止于它本身带来的管理效果，而在于它突破旧的买办制度的束缚，为之后一系列管理革新打下基础。

民生公司内部建立“调度会议制度”，成为最高领导及时掌握全局的有效办法。公司每天上午上班时开调度会议，由总经理及以下各主管部门和附属单位的负责人参加。民生公司在较大的船舶和各分公司设有电台，头天晚上各电台将船舶营运情况电告总公司，总经理办公室汇总，调度会议前送给领导人，使其对前

一天全体船舶运行情况和各分公司活动情况有所了解。会议上，根据汇总情况与原计划对照，发现问题，研究问题，解决问题。如：营运收入比计划少了，原因何在？燃料超过预计数，原因何在？修理的船舶到期不能出厂，原因何在？针对排查出的问题，查明原因，责成有关部门层层负责加以改善，次日汇报解决结果。由于每天举行调度会议，问题得到及时处理，没有积案，所以会议很短，并不耽误工作。通过调度会议做到了及时解决出现的问题，特别是涉及的几个部门问题，当面明确责任，避免了相互推诿，参加调度会议的人员也能了解公司全貌及问题如何处理，不断提高业务能力和管理水平，有效培养了领导骨干。民生公司的分公司也效法总公司，同样建立了调度会议制度。

民生公司形成了一套“集中管理，分层负责”的财务管理体制与“四统制”相配套。在财务管理方面，卢作孚认为“任何事业之业务能发展到任何程度皆以财务为决定之条件，工商事业尤以财务决定其成败”，因此集权程度比人事管理更高。抗战前，民生公司已有46艘船，4个分公司，4个办事处，3个附属工厂，他们相对独立经营，但都不是独立核算单位，总公司的会计处是最高的财务核算和监督机构。分公司和工厂设有会计股、办事处，各轮设记账员，进行成本核算但不自负盈亏，只有总公司才有独立核算处理盈亏的职能，全公司的一切经济业务核算、预算、决算等均由会计处统一处理。会计处对总公司各单位的会计人员实行统一指挥调度，各分公司、船、厂会计人员直接对会计处负责，执行会计处规定的规章制度和各项命令。形成这套总公司集中管理财务的体制后，彻底刨除了过去航业中买办制的弊端，集中了财力，加强了公司的竞争力。

随着民生公司逐步壮大，船舶达到80余艘，职工6000人以上，附属企业与投资单位达到70余个。抗战开始后，差运、民运日益增多，联运也相继展开，物价不断上涨，客货运价及各种开支定额需不断调整，财务制度更加复杂，遂进行调整。1937 年设立稽核室，主要职能是对财务工作和财务支出工作进行检查和监督，它监督财务和预算的执行，使任何财务的处理都以预算为依据，并有符合事实的记录，以预防财务上的弊病，使收入、支出有安排。1940 年，稽核室并入会计处。1943 年，又重新独立出来，直接对总经理负责。同年，会计处改为财务处，形成一个完整的财务组织机构。这套财务管理体制，会计和稽核相互监督制约，使公司财务工作层层有责，有确定的职掌。各部门之间相互配合，相互牵制，使全公司财务工作在财务处和稽核室的组织监督下，系统有秩序地进行，并有效控制全公司的财务活动。1938 年开始，公司规定各部门的一切支出均须编制预算，实行"无预算不开支"原则，加强事前审核。从 1943 年起，进一步加强事前审核，使公司"钱之支出必须先有安排，钱之收入尤须有准备"。靠这套高度集中的核算方法和集中管理、分层负责的财务管理体制，民生公司才能把下面 100 多个流动的分散的单位，系统、严密地管理起来，使一切活动有章可循。财务体制运作的成功，是民生公司发展壮大的可靠保障和重要原因，卢作孚也被称为"中国科学管理专家"。

这一时期的众多航业公司只顾追逐高额利润，不顾顾客利益，导致运输质量低劣，尤其外轮公司对中国普通旅客歧视严重。民生公司为改善这种状况，注意在提高运输质量上下功夫，重视客货服务。

民生公司的茶房都受过严格的职业训练，职责明确，举止文明，态度热情，服务周到，因而他们对待旅客态度和善、应对灵活、谈吐礼貌，达到规范化的程度。从客人上船时接收行李、安顿铺位和在船上的饮食起居，到下船时收拾行李、招呼力夫或划子、送客上岸，无不照顾周全。长途船上的各级舱位都可收听广播的音乐及新闻，每天都有新闻摘要油印分送给各位旅客，沿江

经过地方都有风景照片，供客人传观，服务人员还将沿途风景、风俗、交通、物产及旅行应知事项等告诉客人。到达码头后，岸上服务人员为旅客代运行李，代觅住地。“凡此种种，减少了旅客在旅程中无限的困难，因而得到了无限的便利和安慰”，优质服务开创了航业界的先例，因此有许多乘客宁可多住几日旅馆，也要等到民生公司轮船的班期才走。民生公司在极为艰苦的条件下，同众多的中外航业公司进行竞争，能够立于不败之地并不断发展壮大，靠的就是优质服务，匠心经营。

民生公司在重视客运的同时，也不放松货运质量。公司每个港口设立港务科，严格执行收、交、保管责任制，下属仓库设有专门的理货主任、副主任及装卸、堆码、画签等专业人员，从交货、保管、运送、到港等各环节均认明责任，减少货损货差，争取货主的信任。航港配合加速货运周转，每当船只到港，港内拖轮、驳船、工人等各司其职协调动作，快装快卸及时转口，毫不积压。民生公司同出入川江的大宗货物货主、行商都订有特约包运合同，并取得联运关系，省去他们转运的无限麻烦。不惜重资改进装运设备，满足特殊货种的要求，在部分轮船和驳船上设置散舱装油、冷藏及起重设备，因而进出川江的桐油、鲜货、机器重件，都愿交民生公司承运，而且也只有民生公司才有能力承运。民生公司设立经济研究室，专设一批人员，调查各地物产和商旅情况，以及运输季节和渠道，供公司参考。编辑出版《新世界》《为君服务》《民生杂志》等刊物，向社会介绍民生，争取理解和支持，提出“船舶优秀，设备完善，服务周密，福利人群”，“客货船舶，两有裨助”的口号，并采取实际措施努力实现，“使扬子江上尤其是上游一段的航运气象焕然一新”，赢得了雇主和社会的信誉，形成了巨大的竞争优势。

川江水位涨落变化悬殊，20 世纪 20 年代，行驶川江的船舶在技术性能上多不能适应常年不断通航的要求，同时货源不足，船舶往往需要等待装足客货后始能开航，因而大多数航线都没有实行定期航行。民生公司看到了定期航行“一切能先期计划，如期到达”，“于旅客货物运输颇有帮助”的优点，及其成为“各国航业政策之一”的趋势。民生公司开创之初，就努力创造条件实行定期航行，最初只在渝合、渝涪短线上实行，1934 年 5 月 1 日起，渝叙线也改为定期航线，渝沪航线则在 1932 年开办时即为每周两班，定期往返，到 1936 年，民生公司船只行驶的 9 条长短航线中，有 6 条实行了定期航行。民生公司要求，参加定期航班的船舶定期开出，定期到港，转口货物做到“毫不停留”，以使“客商信赖民生，像信赖自己一样”。抬价以牟取暴利，杀价以扼杀同行，两者交替使用，运价大起大落，是旧时长江航业界常有的现象。卢作孚认识到“运费涨落无常不但工商业经营甚难，即航业本身经营亦不易”，“其结果纵不致共同失败，至少亦共难发达”，只有“运费持平，限制盈利”，才能使“工商航业，均等发展”，于是提出“求安定不求厚利”的口号，并“每每寻求机会，努力谋实现”，渝涪航线上水全程每客原本 4 元，民生公司单独经营后自动减至 3 元，并保持数年不变。1936 年冬，川江水位枯浅，中外轮船全部停航，民生公司采取三段航行办法，维持渝宜线运输。分段航行加大运输成本的情况下，只加收倒装转口费用，运价也未提高。民生公司坚持“安定运费”，“凡属（同业）增加运费之议”，“亦皆折中其间”。随着民生公司在川江航运中地位的加强，它在同业协议运价中，有着举足轻重的影响，这种“安定运费”的方针，对川江运价的稳定发挥了积极作用。确保定期航行，运价稳定，充分体现了卢作孚“只有兼善，没有独善”的思想。

川江滩多水急，航行不易，海损频发，就有轮船公司因发生严重海损而破产，民生公司素来重视航行安全，积极改进船舶设备，保证旅客安全舒适。在操作方面，对于驾驶人员、引水人

员，一般都要经过训练后才分配到船上，上船后还要经过实习、试习、水手几个阶段的实际锻炼，才能开始驾驶轮船。在行船方面，固定航线，固定船只，便于驾驶、引水人员熟悉航道特点，熟悉船只性能。沿江设立施救站，抗战时期还设有施救船，船上救火救生设备，如大口径自动抽水泵、无线电收发报机等各种救护物品配备齐全，都是当时颇为先进的设备。客船必须有压舱货，如无压舱货则以沙石或水等代替，并实行定额管理，不可超载，力求旅客安全的同时，重视改善船舶设备保证旅客舒适。在生活设施上，设置了电冰箱、蒸汽消毒器、淋浴、瓷盆等，并且分舱级配备弹簧卧垫、普通卧垫，舱内设置电扇、儿童玩具、流动书箱、收音机等。还为旅客提供拍发电报、邮寄信件等服务项目，都是民生公司独出心裁率先创设的。

卢作孚把技术和管理看作民生成功的秘诀，他一直在积极争取买好船，用最好的设备，民生公司是最早安装无线电的华商轮船公司。民生公司革除买办承包制后，建立了一套新的人事、工薪管理和职工福利制度，这套制度是民生公司改革企业管理的重要组成部分。

民生公司的人事考核制度，以激发职工的进取精神为目的。公司制定出一系列考勤、考绩、考试的规章制度，考勤有《考勤规则》《给假规程》《船员离船办法》等，考绩则有部门的《组织规程》《办事细则》，个人的《职工手册》，各类人员的《须知》《职工平时考绩表》《逐日工作摘要报告》等。按照各个工种，先自下而上，又自上而下制定各种须知，如驾驶须知、轮机须知、理货须知、水手须知、茶房须知等，详细规定实际工作内容、程序及职责范围，以之为职工从事各种工作的准则。平时一丝不苟照章办事，考核成绩以此为准，统一制定考绩表，各主管人员每月评级记分，归入档案。有功者奖，有过者惩，在考核上奖惩有章可循，在执行上不徇私情。《奖惩规程》对奖惩对象、奖惩标准、奖惩等级、奖惩办法都作了明确具体的规定，奖励采取精神奖励和物质奖励相结合的办法，经常在公司刊物《新世界》《简讯》上公布奖励名单，介绍受奖事迹，并按规定给予相应的奖金。惩罚则根据不同情况分别给予告诫、记过、记大过、罚金、降级、停职以至开除的惩处。有功者及时表彰，有过者引以为戒。卢作孚强调："管理人员主要的责任就是检查工作人员的工作。"

民生公司实行"年功加俸"制度，即每年给予职工一次晋级提薪的机会。公司成立之初，人员极少，工资极低，实际上是半义务性的，人员增多以后工薪管理也随之逐渐改进，到1929年，订立了《职工年功加俸细则》，实行每年加薪一次。1932年12月，制定《职工薪级表》《薪工条例》，奠定了民生公司薪资制度的基础。职工薪级，分事务人员和技术人员两大类，大体按照技术人员略高于行政事务人员的原则，将各种职务分别列出等阶和级别，按等套级，按级支薪，船长最高可达600元，水手起点仅12元，总工程师月薪高于总经理，职务愈高，级差愈大。"增加薪津以成绩为标准"，奖惩与提职提薪相关联，以《加俸细则》为依据，逐条对照考核，在一般情况下大多数职工都可望加薪一级，成绩特别优异者可加俸二至三级。职薪对应，提职必加薪，晋升职务比年功加俸受益丰厚。公司中层一级的人员，大多是从水手、茶房、练习生中提升起来的。即使未获提职，随着工龄增加，工资也逐年增长，工作虽无突出表现，只要不触犯公司规章，兢兢业业工作，亦必提薪。职工的工资和工龄、级别、职务成正比，这种工资拉开距离及工资与工龄、能力、表现、职务挂钩的办法，自然刺激了职工的工作热忱和进取心。民生公司提出"公司的问题由职工解决，职工的问题由公司解决"的口号。卢作孚还坚持：

为谋求职工福利，不仅为当前谋福利，并须为谋未来福

> 利，不仅为职工谋个人福利，并须为谋家庭福利。有关福利的设施，如职工补习教育、环境卫生、运动及娱乐生活、医药及死亡保险、家庭住宅、家庭卫生、家庭娱乐及子女教育，皆所必须。其属物质方面者应视经济能力实施之，其在服务方面应竭所有人力趋赴之。

民生公司福利措施大体是按卢作孚的设想向职工许诺的，为职工描绘出职业稳定、生活舒适、老有所终、幼有所养的美好前景，在实际当中采取若干措施，使职工得到实惠。全员的集体伙食，由公司餐厅免费供给，这大概是当时中国企业界所仅见，全体职工统一穿着民生制服，并由公司给予服装津贴，民生公司设有单身职工宿舍，并把它作为培养和体现“新的集团生活”和“民生精神”的场所。单身宿舍的房租、水电、伙食费用全由公司开支。自 1933 年起，开始筹建部分职工家属宿舍，在重庆宜昌计划两个大的住宅区，在上海、汉口、万县和宜宾，计划四个小的住宅区。上海、宜昌均已购妥地基。上海系在市中心区内，准备利用市中心的学校、医院、图书馆、博物馆、运动场、游泳池、电影院、戏院和公共花园，注意到职工家庭的经济、教育、卫生、娱乐及一切救助的问题。使职工安心工作，不致悬念家中，可惜部分计划因战事发生而未及施行。“我们极应决定事业的一个理想，作为我们理想的一个世界。不要以为社会不可依赖，正要我们造成社会的依赖，不要怀疑事业会失败，只要我们要它实现，它便会实现”。

民生公司将职工的吃穿住问题都解决之后，还有更硬核的福利，即职工股东化，不发现金改发股票。公司章程中规定，企业盈利时，在纯利中按一定的比例提成作为“红酬”分给职工，“职工股东化，股东职工化”，这样来改变职工，尤其是高级职员与公司之间的关系。还有就是“文化基金”的提取，民生公司每年提取盈利的 5%，作为文化基金补助费，在北碚设训练中心，有计划地对职工进行军事、文化、思想和本专业的知识、技能等培训，还举办英语、会计、统计专业培训班，举行读书、写字、拳术、游泳竞赛等，各式各样的培训班和学习机会提高了职工的文化水平和业务能力。

民生公司在总部及分支机构，设有医务室或简易的保健设施，免费为职工检查身体，诊治疾病。职工因公受伤，医药费全由公司支付，职工死亡后公司都给予一次救助金，工作五年以上者，可酌发遗族生活费，职工满 60 岁不能继续工作的，可以领取养老年金。1928 年和 1937 年起，对职工实施强制性的储蓄和人身保险，存款和保险金金额按工资比例递增。公司实行各种休假制度，对事假、婚丧假、灾假、产假、病假等，不超过规定假期的工资照发，此外，职工每年可享受 12 天的特别休假，假期不扣工资。在上述给假范围内同家往返及集体参观游览等，可免费乘公司的轮船，家属半价优待。1932 年，民生公司成立消费合作社，供应米、煤等生活物资，一部分供给集体伙食，一部分以低于市价售给职工家属。1936 年 5 月，消费合作社改组为物产部，由职工自动认股，成为公司一个附属商业贸易机构，向职工供应一些低于市价的日常用品。

民生公司做好一切为客货运输服务的准备之外，对职工的服务无不周全，从物质到精神，从个人到家庭等全方位考虑，强调“服务社会，便利人群，开发产业，富强国家”，把个人利益和国家、社会需求统一起来，在当时的实业界具有开拓性，不仅给民生公司发展带来好的实效，还促进了整个航业界的共同进步。

正当民生公司取得川江航业的优势，准备进一步发展长江航运时，震惊中外的七七事变爆发，日寇发动全面侵华战争，卢作孚带领民生公司投入全民抗战的洪流中。长江上，官办招商局船只无几，其他民营航业公司力量单薄，民生公司承担起抗战中长江运输的主要任务，尤其是 1938 年，日寇在我国境内长驱直入，

民生公司以巨大的牺牲完成了宜昌大撤退。

1939 年开始，敌机对川江轮船的肆意轰炸就开始了，此后三年，轰炸越来越频繁。从第一次“民元”轮被炸沉开始，抗战期间，民生公司轮船在川江上的主力船被炸沉 9 艘，炸坏 7 艘，另毁趸船、驳船 33 艘，除船舶外，被炸毁的还有厂房、栈房、码头、油料、货物等财产，损失甚巨。

1941 年 8 月 22 日，民生公司的“民俗”轮载运军粮到三斗坪后，搭载伤兵和少量旅客返回重庆，至巫山附近突遭 7 架敌机轮番轰炸，不幸沉没。船员中只 7 人生还，其余 70 人均壮烈牺牲，“民俗”轮遇袭沉没，是民生公司在抗战中伤亡最惨重的一次，除船员牺牲外，还有 180 名伤兵及旅客同遭不幸。关于“民俗”轮的沉没，民生公司档案中这样记载：

> 加油工人邱宝定在机舱值班工作时，弹片穿破腹部，流血不止，叫他快离去，他却回答：“死就死吧，绝不能走!”仍扪腹忍痛工作，毫无畏怯，竟与船舶共沉亡。船将倾倒，机舱人员尚望开车挽救，然机器已被炸停，可是全体值班人员均未离去，仍照常工作。加油（工人）杨培之、看炉水（工人）罗绍修等均随同船舶被炸沉而英勇殉职。水手长龙海云，当船将倾覆沉没时，仍屹立船头，继续工作，努力挽救船舶。船长数次催其逃生，他却慨然答道：“船长不走，我怎能离去!”船又一次被炸时，龙腹部中弹牺牲。三引水王炳荣奉船长之命执舵被炸伤，船长改命徐鸿章执舵，叫王速离船逃生，但王坚持岗位不肯离去，后随船沉没殉职。大副李晖汉，当船被炸将沉时，他急赴驾驶室将航行日记簿、船舶证书及其他重要文件抱于怀中，忽一弹片飞来，削去嘴脸，即倒于血泊中牺牲。报务员陈志昌，当船被炸沉时，已不能再发电报，但仍保护着电报机而不离去，终被炸死殉职。护航组长申志成，茶房头脑（领班）唐泽民、袁文彬，

当敌机临空投弹扫射时，乘客骚乱，他们却不顾个人安危，冒着枪弹，照样维持秩序，企图保护船身平稳，但敌机不断地轰炸、扫射，弹如雨下，袁、申被炸惨死，唐被炸断其臂，倒于血泊中，英勇牺牲。船沉没后，幸存水手辜华山，仍不顾个人安危，急泅水至岸，抢推木划，在惊涛骇浪中救起伤兵和旅客数十人。其余未被炸死的船员均积极抢救浮于江上呼救之客人。

抗战中民生公司牺牲船员 117 人，伤残 76 人，每次运输军粮、伤兵，皆历尽艰险，九死一生。宜昌大撤退之前，卢作孚慷慨激昂："我们要以事业报效国家，我们要以身心尽瘁事业。我们虽然不能到前方执干戈卫社稷，拿起武器打击敌人，当就本身职责，要努力去做一员战士，以增强抗战力量。"宜昌大撤退完成后，他又这样写道："这一年我们没有做生意，我们上前线去了！我们在前线冲锋，我们在同敌人拼命。"卢作孚带领下的民生公司职工名义上不是战士，但承担的任务和时刻面临的危险与前线战士等同，一脉江水，因融入了他们的血泪而让人肃然起敬。

民生公司所面临的除被敌人轰炸造成的损失之外，还有物价飞涨带来的严重损失。抗战期间，轮船的货物运费和客运票价都由国民政府限定，远在其他商品尚未限价前，轮船即开始限价，且限价幅度远大于一般商品。民生公司是后方航运主力，仅因限价一项遭受的经济损失就远在其他同行之上。

1943 年，轮船所需的钢板价格是战前千倍以上，圆钢和柴油价格为战前三百倍以上，机油价格为战前两百倍以上，煤炭为战前一百倍以上，其余原材料的价格均已在战前百倍以上。轮船运费和票价被限，平均仅为战前四十余倍，外加运费更低的军运，民生公司收支严重不平衡。国民政府要求，兵工器材每吨运费 30 至 37 元，其他公物每吨 40 元，运送伤兵费用减半，运送难民、

难童则免费，产生损失皆由民生公司自行承担，仅1939年就净亏128万元，1941年收入与战前年度相比损失700万元。民生公司及全体职工全凭一腔爱国热情，砥砺前行，维持运营。

战前，民生公司的轮船主要航行于长江全线，其中上海到宜昌之间常有5艘轮船行驶，上海到重庆之间常有7艘轮船行驶，宜昌到重庆之间常有4至8艘轮船行驶。战争中，敌人侵占了宜昌以下的长江中下游，民生公司只剩下川江的几条短途航线，为防敌机轰炸，1941年后，这段航线改为白天隐蔽晚上航行，危险少了，航期长了，造成新的损失。

当时，民生公司拥有新旧船只约100艘，但可供民生公司航行的各航线只满足40艘轮船航行，其他大部分轮船虽无航线却要准备随时航行。因为军运紧急，随时可能调派船只，川江水势涨落之间落差较大，要根据实际航运条件及时更换船只，为保证战时运输的正常进行，民生公司必须维持一组轮船经常航行，而其余的轮船作为备用随时待命。卢作孚这样记述：“……但得准备航行，第一，差运缓急需要准备，第二，江水涨落的变化需要准备。例如嘉陵江江水易涨易退，涨时使用五只烧煤的船，退时需立即使用五只烧油的浅水船，维持一组轮船经常航行，即需有加倍以上的轮船准备航行。凡此困难，均不是局外人所容易明白的。”与此同时，为适应战时持续运输的需要，已经被炸坏的船只必须修复，已经炸沉的船只必须打捞，以恢复运力。对民生公司而言，修复过剩的船只非当务之急，但抗战大局需要，国家需要，必须马上打捞修复它们。民生公司因打捞沉船支出巨额费用，负担沉重，致使“连年亏折，罗掘俱穷”，亏损形势直至1945年才扭转。

1937年8月到1942年底，民生公司共运输兵工器材约17万吨、士兵200万人、军品辎重约26万吨。而此时的民生公司困难重重，入不敷出，负债累累。

债务大半都是商业银行的借款，长期的仅一个月，短期的仅借三日到七日，以日拆计息。公司负责人，尤其是负财务责任的人，天天借债，天天还债，紧张得不像样！彼时更突然遭遇了重庆的银根奇紧，若干银行自保之不暇，只肯收债，不肯放债，至他那时非立刻宣布破产不可了！

1941 年，卢作孚在歌乐山养病的日日夜夜里，开始反复思考民生公司的前途。他感到，自己在抗日战争中的使命已经完成。

1942 年底，民生公司陷入严重的经济困难，卢作孚决定向国民政府辞去交通部次长的职务，回民生公司去，带领自己一手创办的事业走出困境。他从担任四川省建设厅厅长至今，离开民生公司已经 7 年。

1943 年 4 月，卢作孚获准辞职。他回到民生公司时，看到这时民生公司变得机构臃肿，职工热情消退，工作效率降低，少数高级职员开始蜕化变质，图谋私利，投机取巧，曾经的鼓舞全体民生职工的“民生精神”，在这部分人身上不复存在。卢作孚和民生公司同时面临内外交困的形势。

1943 年 9 月，卢作孚以“沉痛”的感觉，“亲切”地写下了《一桩惨淡经营的事业——民生实业公司》一文，作为民生公司的小史，抚今追昔，展望未来，寄望诸多“良友共同担当这最大的困难”，“困难愈大，我们的力量愈大，有力量就没有困难”。

官僚资本对民生公司的觊觎由来已久，卢作孚竭力周旋于各派势力之间，才避免被吞并。1935 年，卢作孚已经是中国最大航运公司的总经理，并兼任几十家企业的董事长。他在民生公司内部，始终是一个灵魂人物，民生公司的所有权和经营权分离，而且股权分散，大股东也不一定就能担任董事或者董事长，这种产权和经营权的架构，让身无分文的卢作孚始终牢牢掌握对民生的话语权。

1938 年，武汉撤退运输正紧张之时，民生公司集中全部轮船

抢运物资、撤退人员，国民政府军政部以统一调配，便利抗战运输为名，准备下令将民生公司全部船只交给军政部掌管调派，企图以行政强制手段将其吞并。卢作孚明白，他们是想以国难为由兼并一个艰难自强的民营企业。卢作孚坚决反对，从抗日战争的前途和民生公司的生存出发，他认为军政部对航运完全不熟悉，如果撤退运输工作由它负责，必将造成严重混乱，不但影响撤退物资、人员任务的完成，还会延误时间造成灾难性后果。与此同时，民生公司抢先向政府提交了一份运输计划，主动提出承担包运所有的撤退物资，至于运价则只按平时商运价格的十分之一计算，并在 5 个月内把积压在宜昌的 8 万吨兵工军需器材全部运出宜昌。另一方面，卢作孚又通过好友张公权向军政部长何应钦陈说利害，才使当局改变主意。

卢作孚坚持抗争，并非为民生公司保住民生船队，而是为民族大义保住民生船队，也为日后的宜昌胜利大撤退埋下伏笔。军政部接管等于民生公司事实上的倒闭和瓦解，十余年心血培育的民生精神和科学管理体制将不复存在，由此引起人心动荡和人才流失，当前及今后的战时运输必将大受影响。

1938 年底，国民政府由武汉撤到重庆，“孔宋财团”对在长江上游举足轻重的民生公司垂涎不已，打算通过投资和安插人员来实现对它的控制，卢作孚对他们的企图一目了然，婉言拒绝。次年，民生公司因抗战开始后柴油进口来源断绝，拟增资 700 万元，改造一批烧油旧船和建造一批烧煤的新船，以满足战时运输需要，资金十分困难。孔祥熙、宋子文都想用大量投资的办法侵吞民生公司，孔祥熙指使中央信托局出面，要出资占有股份的 50%—60%，宋子文也示意，他所掌握的中国银行也要投入 60% 的股份。卢作孚明白他们的目的，当然不是从维护战时利益出发，更不是为帮助民生公司突破资金限制的瓶颈解决危机，而是想通过控制股份将民生掌握在自己手里。卢作孚既要依靠他们的支持求得发展，又不愿让某一方势力控制。于是，他通过好友张群游说孔祥熙，示意其不要直接插手地方企业，又活动陈果夫、陈立夫门下的钱新之出面，扬言民生公司是交通运输业，投资不能没有交通银行的份。从而形成了政学系、孔、宋、陈在对民生投资上的僵持局面。最后以撤销增股，代以发行公司债券了结，由 17 家银行认购 700 万元的公司债券，形成了“一债多主、互相牵制”的局面，既避免了“孔宋财团”的吞并，又达到了增加资金的目的。

后来，孔祥熙又想通过暗中收买股票的办法控制民生的股权，因卢作孚对股票转让有着严格的控制而落空。民生公司曾自建一幢与中央银行为邻的四层办公大厦，孔祥熙为刁难民生公司，要求卢作孚将大厦转让给中央银行。没有商榷，没有补偿，没有余地，蛮横强夺，卢作孚稍有迟疑，中央银行便以各种借口推迟应付给民生公司的差运费及拨款。是时，物价飞涨，稍一延迟损失甚大，无奈之下，卢作孚只得将大厦卖给孔祥熙。

卢作孚的朋友，著名爱国民主人士杜重远曾说：“今天可惜把作孚先生的精力四分五裂，不能专注公司发展，所以他最苦。这苦，也只有同仁才深知。”

国民政府迁到四川后，川江航运成了国统区交通运输的主干，而执川江航运牛耳的民生公司的地位也更加重要。民生公司同当时中央和四川地方各派势力有着千丝万缕的联系，刘湘、杨森、刘文辉、邓锡侯、潘文华等都有股份，官僚集团虽对其垂涎三尺，但也不便一举吞并，以免引起与地方势力的矛盾，只好支持民生公司，为自己服务。民生公司既要求得政府当局的支持和资助，又要防范被鲸吞，卢作孚面对这样复杂的局面，带领民生同仁周旋于中央财团、地方势力及中央财团各派之间，变不利条件为有利条件，不仅维护了企业的独立生存，还取得了长足发展。

1945年5月，卢作孚结束美国的会议和考察回来后，立即去见国民政府行政院院长宋子文，向他详述在加拿大借款造船经过，提出需要政府为借款担保的问题，请求支持。宋子文则推以政府正在同美国谈判一笔数额很大的借款，等借款到手后，即可拨付一部分外汇给民生公司在国外造船，就不必向加拿大借款了。卢作孚看得出这是个冠冕堂皇的借口，目的是搪塞担保之事，是他们觊觎民生，欲得手而不能的贪婪延续。他焦急万分：如果政府不提供担保，在加拿大的一切努力都将化为泡影，新船订造计划将无从谈起。

战后，招商局从政府方面得益良多，但是见民生公司以迅雷不及掩耳之势涉足长江中下游与沿海航线，其总经理徐学禹放话“要吃掉民生公司”。卢作孚闻之，甚为愤慨。他以毫不掩饰的率直反问交通部相关官员，以民生公司在抗战中的贡献和巨大牺牲，当然意难平。后来的一次宴会中，卢作孚又一次当着20多位名流直言不讳，质问徐学禹，问得他一言不发。君子坦荡荡，没有什么事不可以放在桌面上谈，可是木秀于林，树欲静，风不止，招商局的无厘头操作一波接一波。徐学禹当然不会就此罢手，招商局仍或明或暗挟制民生公司，独揽效益最好的台糖运输不说，还要挟台湾银行，禁其为民生公司办理汇款解困，官营资本毫不掩饰它的蛮横霸道。

1939年，民生公司拥有轮船116艘，营运能力远在后方各公司之上。之后每年，因被炸、海损事故减损一批，又新造一批，增减无常，到1945年，仍保有轮船84艘，比战前增82.6%,它的船舶增长速度和战时后方运输能力，都让其他公司望尘莫及。随着战局的变化及后方交通的需要，民生公司又开辟了长短航线30余条。同时，它凭借自己的技术力量，解决进口货源骤减、船用器材奇缺的困难，研制船用高压水管锅炉，自制船舶配件以替代进口产品，以木代钢制造木壳机动船，就地取材，试验代用燃料，以及其他船舶技术改造方面都取得了显著的成果，维持船队并不断壮大。

民生公司在这样看似不断壮大的情况下，承担了大量军公差运，所收运费极低，航运收入剧减。整个抗战期间，卢作孚不仅透支了自己的健康，民生公司也将历年盈利积累消耗殆尽。

从 1939 年起，民生公司出现账面亏损，当年结算，账面亏损达 43 万多元，1940 年亏损达 51 万多元，1941 年亏损达 125 万多元，此后亦年年亏损，到 1945 年高达 2215 万多元，“非我职工不努力也，时局艰难”。卢作孚辞去公职，回到民生公司主持工作，他亲自奔波，极力争取，虽得政府若干修复被炸轮船的补贴和几笔低息贷款，但远远不能弥补船舶被炸、营业亏损、差运事故等各方面损失。卢作孚欲通过采取扩股增资、发行公司债券、提高折旧率、抑制股东利息和职工红酬及工资福利、扩大资金积累、抢购器材、厉行节约等多种措施，渡过难关。

民生公司相对同时期其他几家航运公司的萎靡不振，可以说是逆势发展的，其原因多方面。民生公司的主要业务本在川江，内河轮船保有量多，国民政府西迁使川江航运比以往繁忙几倍，适应了当时环境的迫切需要。民生公司轮船在抗战初期未被征用，在沪轮船也于江阴封锁前驶入长江，产业得以保存。长江中下游轮船撤退至宜昌，因马力小吃水深而无力入川，卢作孚忧其滞留宜昌恐成敌人的战利品，船员为生活所迫亦难免为敌所用。他主张，凡有意出售的船只，民生公司都收购过来，随船船员一并录用，设法驶入川江。民生公司的船只遽增至 115 艘，增加了运输力量。战时首都人才荟萃，民生公司大肆罗致，内外管理均得到改善。

“战时运输，最困难的还是准备而不一定是运输本身”，卢作孚深谋远虑，精心筹划，为战时运输做足极具前瞻性的布局。抗战前期，他指示民生公司在香港、广州及长江沿岸搜购柴油 4000

余吨，润滑油数百吨，钢板、五金等器材 2500 吨，所需款项是银行贷款，共计 440 余万。这批贷款在当时是很大一笔，后来由于物价飞涨，法币贬值，经过两年时间再去偿还，简直不费吹灰之力。储备的这批油料，除支持武汉、宜昌撤运起了巨大作用外，还弥补了民生公司在抗战中的亏损，维持了后方交通运输，民生机器厂贮备的器材及收购的旧船，也为维修和改建船舶起了极大作用。

民生公司的发展除了以上几方面原因外，还通过增添新股、扩大提留基金、紧缩企业开支、对外投资等灵活运用资金的手段，保持企业持续发展的后劲。“航业是民生公司的主要事业。但民生公司的事业，究不止于航业”，发展投资事业是卢作孚的一贯主张。“开发产业”是民生公司的宗旨，也是卢作孚“实业救国”主张的重要内容。他在文章中道，“将同类的生产事业统一为一个”，还要“将连带的生产事业统一为一个或谋全部联络……其联络愈广，其帮助愈广”，所以，民生公司从创办开始就积极向外投资。

1935 年以前，卢作孚集中精力带领民生公司“化零为整，统一川江”航业，此后，公司在航运业根基基本稳固，便开始向其他行业投资。抗战开始后，国内的政治经济形势为民生公司扩大投资事业创造了利条件。其一是抗战开始，西南、四川成为抗战的大后方，人口的增加带来军民用品需求的增加，再加上进口渠道因战争被阻断，以往通过进口满足市场需求的商品物资无法输入，引起供求紧张，物价暴涨，刺激生产发展。同时，过去大量出口的农产品原料无法运出，致使价格猛跌，这几方面因素促成了抗战工商业的繁荣，为民生公司扩大工商业投资带来难得机遇。其二是大量工厂企业内迁，撤迁四川的厂矿企业通过川江航道进川，因此必须依靠民生公司，合作机会就这样送上门来。进川企业因择地建厂和营运资金困难等问题所困扰，为民生公司投资提供了有利条件。这一时期，民生公司在工矿、贸易、金融、交通运输等各行业进行了大量投资。

从 1927 年起，民生公司开始对外投资，至 1935 年末投资范围已涉及企业 15 家，投资金额约 40 万元，其中主要是天府煤矿和北川铁路公司，其他企业规模不大且相继合并或停产。1936 年起，民生公司开始对外进行大规模投资活动。据相关统计资料，1927 至 1949 年的 22 年中，民生先后投资企业 95 家，除关停、退股、合并的外，继续开办的有 78 家。按时间段分开来看，1936 年之前才 2 家，1936 到 1945 年就有 50 家，战后的 1946 到 1949 年共 26 家。民生公司投资涉及行业范围很广，除航运业，还涉及煤炭、矿冶、机器制造、纺织、食品、贸易、保险、银行、建筑、新闻、公用事业等。总的来看，抗战期间以投资生产性企业为主，战后投资以海洋航运、进出口贸易、金融保险为主，较少再投资生产性企业。

1940 年时，民生公司对外投资总额已占公司总资本的 50%，即公司总资本中已有一半用于对外投资，这充分说明对外投资事业在民生公司中的地位，也表明其经营方向从航运向其他实业扩张，形成一个以航业为中心的跨行业经营的大型资本集团。

民生公司虽然投资广泛但并不盲目，凡属投资，都是经过董事会讨论才决定，它对每个企业的投资都有明确目标，也有投资重点。按行业分类的话，投资主要集中在航运、煤矿、机器制造，其次是贸易、轻纺、食品和保险业。民生公司投资煤矿企业最多，达 15 家，投入资金也最多，绝大部分是在抗战期间投资的。其中，卢作孚担任董事长的天府煤矿是当时四川最大的煤矿，民生公司把它当作投资重点，并为此修建了北川铁路，不但保证了民生公司轮船用煤，而且还享受优惠价格。战时，天府矿业供应重庆市全部用煤的一半以上，后方工矿业迅速发展，人口增加，燃料供应紧张，煤价涨幅远高于其他物资，为民生公司带

来巨额利润。这一时期，卢作孚十分注意发展后方的机器制造业，民生公司在此行业投资涉及 9 家企业，其重要性不亚于煤矿行业。他除了极力扩大民生机器厂外，投资最多的是与汉阳周恒顺机器厂合作的恒顺机器股份有限公司，与上海大鑫钢铁厂合作的渝鑫钢铁厂，恒顺厂是后方仅有的几个规模最大设备最好的机器厂之一。战时，恒顺厂为民生修理了轮船 10 多艘，制造船用蒸汽机 20 余部，对民生公司的航运起了重大作用，获得利润也相当可观。民生公司投资的纺织业主要有大明纺织厂、裕华纺织厂、西南麻织厂，以大明纺织厂最为突出，它是战时迁川的大成纺织厂与三峡染织厂合并而来，为重庆最大的棉染织企业。由于市场需求激增，利润率一般都在 100％以上，民生公司在纺织业的投资同样获得了巨额利润。同金城银行一道经营美金公债、黄金储备等，储存了一两百万美元的外汇。其他行业，如：航运业民生公司共投资 8 家企业，贸易业共投资 9 家企业，保险业投资 9 家企业，其中 7 家为战后投资。建筑、金融、新闻及电力公用事业等行业也有投资，虽数额不大但作用不小，一般不以盈利为目的，主要是服务于航运业的需要。

短短 10 余年间，民生公司围绕航运事业向 90 多家企业投资，投资形式和途径多种多样，主要有与内迁厂矿合资经营，与金融界实业界巨头合资重新组建新企业以及向旧有企业投资。民生公司对与航运业关系较大的行业进行重点投资，如煤矿、机器制造等，而且将重点行业的一流企业控制在自己手中，如天府煤矿、恒顺机器厂等。民生公司对外投资的选择注重社会需要和行业需要，强调开发后方产业但更注重经济效益，因此，民生公司从对外投资企业中获得较高收益，企业利润一般在 30％—40％，有些企业利润常在 100％以上，最低的也不低于 20％。1937 年到 1941 年的 5 年中，民生公司对外投资利润达 200 万元，这些投资收益，补充了民生公司战时运输的亏损，对帮其度过战时经济困难作用巨大。时人著文称：

> 一部川江航运史和民生公司创造史是不可分的。战前枯水三段航行的发动，买办制度的废除，工业化四川的准备，战时对民生造船厂的扩充，天府公司的改善，渝鑫炼钢厂的扶植，大成纱厂迁到北碚与三峡染织厂的合并，使民生公司日益复杂，不再是个单纯的航业公司了。

战火中的民生公司，出人意料地发展成为一个拥有100多艘船只，以航运为中心，跨行业的、拥有许多企业股权的、具有相当实力的资本集团，在长江流域尤其长江上游，显示出巨大的经济力量，以致卢作孚与民生公司的名字妇孺皆知，并在国外产生了影响。

战后，主要投资的几个企业先后要求独立经营，脱离民生，许多中小企业也因通货膨胀而营业困难，甚至关停。卢作孚也将主要精力转向发展海运，投资收益锐减，这成为民生公司走向衰败的开始。

抗战胜利后，国民政府对民生公司在抗战运输中的有功人员给予褒奖，授予民生公司总经理卢作孚胜利勋章。

> 当一般人都在高谈战后及航业问题的时候，它还是只忙着战时问题，忙着解救战时的无限困难，尤其忙着战时应负的运输责任。不是它眼光短浅，不能看到战后，而是它认为问题列排的秩序，应该是第一为战时，第二乃为战后。它相信国家对于战后的航业，必有整个的筹划，必责成几个主要公司分担各主要航线的责任，而由政府妥为分配；何家公司主力用在远洋，何家公司主力用在南洋，何家公司主力用在沿海，何家公司主力用在扬子江，使各竭其全力发展其主要航线，相互间配合而不致相互间冲突，这是国家必定把握的大计。其余都是轮船公司自己的事。民生公司在国家整个航

> 业筹划之下，也当然是主要负责的轮船公司之一，本着它战前的计划和现在的基础，扬子江上游仍应以绝对优势，保持航业上的长期和平，使不再发生残酷的斗争，扬子江中下段，他应该是几个主力中的一个主力，使足以与它的上游航线联系；沿河它也许视能力参加，以与扬子江联系，它不得不有几条相互救济的航线，使不致因为一条航线不景气，而受致命的打击。这是它得自己努力的，也必荷政府予以批准的。

1943年，卢作孚写了长文《一桩惨淡经营的事业——民生实业公司》，他为民生公司制订庞大且长远的规划并不只是为了民生公司，而是为了整个国家。卢作孚以全球化的眼光，整体化的思维，透过危局看到机遇，他的目光早已投向南洋的各个岛国和太平洋的彼岸。这是他的理想，他如此热爱自己的国家，并期待国家获得发展，早日实现现代化。

民生公司自创办之日起，就是一家极具进取精神的拥有勃勃雄心的企业，早在抗战中后期，就计划战争结束后借助帝国主义的经济力量开拓海洋运输。1943年，民生公司自办的刊物《新世界》载文："在抗战过后……我们首先要开办南洋航线，造较大的海船行驶香港、吕宋及南洋群岛各埠。然后开办北洋航线，行驶青岛、烟台、天津等埠。最后，我们要与列强从事海洋航业的竞争，东至太平洋，西至大西洋，都要有飘扬着悬有民生旗的海船。"同年，卢作孚说，民生公司"相信国家对于战后的航业，必有整个的筹划，必责成几个主要公司分担各主要航线的责任，而由政府妥为分配"，民生公司"本着它战前的计划和现在的基础，扬子江上游仍应以绝对优势"，"扬子江中下段，它应该是几个主力中的一个主力"，至于沿海航线，"它也许视能力参加"。这些言论，无不透露出民生公司的发展设想，即立足川江，走向长江中下游，插足远洋航运。

1944年底，卢作孚被派出国参加国际通商会议。会后，他在美国考察，广泛接触美国政治、工商、金融等各界人士，寻求在美国贷款造船的机会，因美国造船价格非常昂贵，只好改变思路将目光投向加拿大。次年初，卢作孚携秘书童少生、翻译孙恩三到加拿大，先后参观了蒙特利尔、多伦多等地的造船厂，考察发现，在加拿大造船的话，技术水平不相上下，价格却要比美国低得多。另外，加拿大国会刚刚在上年通过了一项《输出信用保险法案》，以降低利率为条件，鼓励外国企业向加拿大借款，但有一个限制条件，即外国企业在加拿大所借款项必须在其国内订购产品，并由借款者所在国政府与加拿大政府共同担保，承担风险。主要原因是二战中加拿大造船业飞速发展，眼看战争接近尾声，各造船企业担心战后经济衰退，而急欲扩大对外业务。

卢作孚综合考虑各方面因素，决定在加拿大借款造船。经加拿大人皮尔士引荐，卢作孚顺利拜访了加拿大总理、财政部长、商务部长等政界要人，商议民生公司向加拿大政府贷款造船事宜，加拿大政府承诺为民生公司向加贷款造船提供担保，贷款造船计划进展顺利。卢作孚同加拿大两家造船公司达成协议，计划订造“川江枯水船六只、洪水船三只、拖头三只、铁驳四十只”，总造价1500万元。之后，又同加拿大帝国银行、多伦多银行、自治领银行三家达成协议，民生公司自筹15％现款，其余85％由这三家银行联合向民生公司放款，年利率3％，从1951年开始分10年偿还。加拿大政府向银行担保，中国政府则向加拿大政府担保，取得担保后，正式签订借款协议。

卢作孚作为中国近代极具开放意识的实业界领袖人物，拥有罕见的全球视角，他所谋求的是中国在战后取代日本，成为亚洲的海洋运输大国、强国，以此为突破口带领国家加入世界经济格局，快速融入全球商业活动。他苦心孤诣借款造船，就是为民生公司，也可以说是为中国民族航运业走向世界所布局的第一步。

卢作孚非常兴奋。这笔贷款数目巨大，利息低且还款期长，如此顺利地谈妥，不仅是一个理想的结果，简直就是一个伟大的胜利。当时，同在加拿大活动的丹麦、南斯拉夫、匈牙利等国政府，均只获得600到700万加元的贷款，而一个民生公司就实际获得了1275加元的造船资金。中国一个民营的民生公司，已经获得了国际商业社会的正式承认，但好事多磨。卢作孚回国向政府申请担保时，因触及权要利益，遭到行政院长宋子文的拒绝，多方努力，终无进展。

1945年，日本侵略者的末日来临。

1945年8月15日，日寇宣布无条件投降。

抗战胜利后的几天里，卢作孚办公室的灯火彻夜不熄。

民生公司发动全体职工，开始准备复员运输工作，恢复长江全线通航是民生公司的当务之急。9月2日，第一批出发的民生职工队伍抵达宜昌，恢复了分公司业务。日寇投降后两个月内，迅速恢复了宜昌、汉口、南京、上海的营业机构。9月15日，“民熙”轮作为还都专轮抵达南京，成为战后长江上游开往下游的第一艘轮船。接着，“民联”轮直航上海，长江航运体系高效恢复。

战乱日久，归心似箭。成千上万从沦陷区撤退到四川的机关、学校、工厂的人员；成千上万奉调出川接防、接管的部队和大小官员；成千上万胜利后急于返乡的普通百姓，致一票难求。为减轻运输压力，民生公司再次采用分段运输的办法，尽可能调集船舶，分流返乡人群，使之尽快离开重庆，返回故里。民生公司为复员运输共计执行289航次，涉及物资9.2万吨，人员20余万。民生公司轮船借复员运输之机及时开出川江，恢复长江中下游的航线和机构，比较顺利地实现了卢作孚的“在扬子江中下游航段，应该是几个主力中的一个主力”的设想。

这一时期，民生公司因长期亏损、船舶修理费用巨大、公司职员罢工等诸多事件纠缠，导致内外交困，风起云涌。卢作孚重压之下不改初衷，积极准备实施插足海洋运输的计划。

1946 年初，卢作孚的工作重心转移至上海方面。他要趁外国航运势力退出和萎缩，沿海、远洋航线留下空白的有利时机，一面着手自办海运业务，一面同金城银行合组太平洋轮船公司。4 月，民生公司召开董事会，决定将业务重点向中下游和沿海转移。春，民生公司与金城银行合作组成的“太平洋轮船公司”正式成立，拥有民生公司在美国代购的 3 艘海轮，计 9160 总吨，命名为“黄海”“南海”“渤海”。6 月，民生公司在上海设立总经理办公处，卢作孚坐镇上海，其他人员也从总公司中高层骨干中抽调选任，以加强上海办公处的职能，为拓展沿海业务提供组织保障。夏，在卢作孚努力下，国民政府行政院将 5 艘美军退役登陆艇无偿交给民生公司，作为战争损失的补偿，它们分别被命名为：“沅江”“赣江”“湘江”“沱江”“岷江”。8 月，“民众”轮首航上海至基隆航线，10 月底，该轮又由基隆开往天津，此后，民生公司和太平洋公司的轮船陆续开航南北洋各地，航线渐次伸展到曼谷、菲律宾、新加坡、日本等地，并在天津、青岛、台湾、广州、香港等口岸设立办事机构，投入海运航线的轮船 13 艘。

1946 年 9 月，卢作孚为定购轮船一事再赴美国、加拿大，贷款造船一事经过几番周折，拖延了一年多时间，国民政府慑于社会舆论的同时又需拉拢各方面势力，才同意由政府提供担保。

1946 年年底，卢作孚在加拿大完成贷款全部手续，造船合同正式签订，签约结束即在魁北克省设立了民生公司办事处。“原计划造川江枯水船六只、洪水船三只、拖头三只、铁驳四十只。其后因造船成本超过预算，加钢产量不够出口，仅在加造轮船大小 9 只，拖头驳子不能不在国内订造……”卢作孚决定，3 艘大轮船分别命名为“虎门”“玉门”“雁门”，6 艘中型轮船分别命名为“荆门”“夔门”“石门”“剑门”“龙门”“祁门”，其中 2 轮于

1948年9月投入沪渝航线，其余7艘则于1949年底前陆续竣工，驶抵香港。这9艘船只总吨达15084吨，相当于战时民生公司船吨的58%，虽造价高昂，但新船技术先进设备良好，是国内的一流船舶。当时看来，“门”字轮投放长江航运，成本利润不成正比，但是卢作孚认为这一举措是民生公司长期超越官办招商局的一个捷径，独秀长江，得比失多。

卢作孚在加拿大期间，抓住战后美军淘汰剩余军用物资的机会，以极为便宜的价格，分别在美国、加拿大和英国购得二手登陆艇、扫雷艇、运油船等10多艘，半成品驳船10只。轮船分别命名为“太湖”“宁远”“定远”“怀远”，“绥远”“资江”“乌江”“赣江”“渠江”“龙江”“怒江”“生黎”“生灵”“生民”等，这批船“其价甚廉”但“修改及驶回费用仍巨”。民生公司为筹集这批船舶的改造资金，不惜动用抗战期间的积累资金100万美元，又向金城银行借了200万美元，还出售了上海愚园路宿舍及大明染织厂、恒顺机器厂的股权，才算凑足所需外汇。由此可见，卢作孚为使中国人在海洋上扬眉吐气，为大力发展中国远洋运输业，目标明确，志在必得。这些军用船舶在美、加改造为民用轮船后驶回国内，其中多数可以航海，为民生公司扩展海运打下基础。

至此，民生公司已在卢作孚的带领下，将经营重点由川江逐渐发展到海洋，海运给民生公司带来巨大收益。尽管它在长江航线背负着沉重的公差负担，又受通货膨胀的严重冲击，但在1947年和1948年两年，民生公司账面出现多年未有的盈余，海运收益弥补了长江航线的部分亏损，使民生公司在经济十分困难的时刻能够支撑下去。

1948年3月，卢作孚携上海分公司经理宗之琥及副总麦乃登、秘书周仁贵等赴台湾、香港考察，为民生公司下一步发展做铺垫。这次考察使卢作孚有了以香港为中心，开展东南亚海运航线的打算。6月，上海分公司扩大为上海区公司，下辖沿海及外洋各分公司和办事处，为了适应业务发展，还在上海购买、租用了专用码头和仓库。民生公司完成了从专营内河航运到内河远洋航运兼而有之的转型，业务重心从重庆顺利移至上海。从河到海，卢作孚的海洋航运战略正迅猛推进。这年秋天，民生公司在加拿大订制的9艘新轮中，第一批2艘驶回国内，加入重庆至上海航线，其余7艘，陆续完工回国。

民生公司大举购船，扩展航线，到1949年已拥有江海轮船96艘，成为走出川江、争雄长江、伸向海洋的一大航业巨头，登上了其创办以来的顶峰。民生公司是20世纪30年代后民营航业中发展最快的一家，在短短20多年时间，船只增长147倍，总吨增长728倍，速度惊人，就是这样一家生机勃勃的企业，在内战期间也未能免于濒临停业的厄运。

民生公司除了面临民营航业公有的种种困难外，同时还要应付官僚资本沉重打击和身负重债的严峻局面。民生的资本总额，从账面反映的数额看并不是很大，1942年账面记载为700万元，法定公积金为35万元，二者合计，仅占当年负债总额的37.6%，可见民生公司的周转资金，主要来自借款，卢作孚亦承认"在……重庆的事业，民生算是负债最大的一桩事业"。这种情况从30年代初一直到解放，无根本性变化，尤其抗战以来更靠借款维持，国民政府需要这只川江上最大的船队为其政治服务，时时以巨额贷款给民生公司。产业资本利用借贷资本周转资金，有利于生产发展本是正常现象，但民生公司借入金额之多实属罕见。卢作孚善于经营，在百业不振的抗战时期利用借贷资本发展航运，固定资产增长迅速，流动资金全靠借贷，影响到正常经营，造成的结果就是一方面竭力谋求发展，一方面资金周转困难。对借贷资金的过分依赖，使企业经营危机四伏。

1947到1948年，民生公司面临的困难比以往任何时候都严

重。急剧的通货膨胀导致物价飞涨，今天到手的法币，明天就可能贬值一半，民生公司不可避免地遭受法币贬值所带来的损失，经营状况更加恶化。从 1947 年冬到 1948 年初，卢作孚频繁往返于重庆、上海、南京之间，为解决公司财政困难和数千名职工的生计奔波。此时，公司大部分职工仍继续保持着“民生精神”，为事业、为民族航业的发展努力工作，但内部少数中高层管理人员在战后复杂环境中变得腐化，只顾个人私利，违法贪污，更增加了民生公司的困难。

卢作孚觉察到“民生精神”在社会风气侵蚀下的衰退，几年前就曾发现，个别职员连正常上班时间都不能保证了。黄炎培、宗之琥曾予以提醒，介于抗战形势，卢作孚无暇顾及，直到船舶调度委员会解散后，才腾出手来处理这一问题。民生档案中记载：

> 本公司在战前，赖同仁悉具事业心，洁身自好，风纪严谨。公司业务，在最困难环境中，仍能异军突起，进而执川江航业界之牛耳——公司兴隆之主要因素，所谓谨严风纪者，至今已荡然无存。言念及此，不寒而栗。

1947 年，卢作孚次子卢国纪携妻女自南京回重庆，先后乘坐“民本”“民贵”两轮，目睹船上腐败现象触目惊心，随后将所见所闻反馈给卢作孚：

> 特等舱待客事务，已全部交于船上“管事”负责，而“管事”所用的茶房非公司任命，未经训练服务质量不能保证。“民本”轮过南京、汉口，有缉私检查人员上船，均见到特等舱茶房用衣服包裹大量金钱贿赂，原因不明。“民贵”轮日暮时分过早抛锚，停泊于小乡镇，是为便于船员上岸聚赌。一船船员中，参赌者竟有六七伙之多，连续两夜如此，以致大大延误行程。“民本”轮特等舱应出售之票，却故意

不卖，将空舱让与公司高级人员家属。这些家属或只买了统舱票，或根本没有买票，专事揩油。

卢作孚对民生公司内部管理中出现的一些问题专批彻查，这些与自己初衷背道而驰的现象，是在“集团生活”试验后期所不愿看到的。他预感到了国内局势的复杂及可能发生的变化，决定将业务重心南移，始终对民生公司的未来充满信心，认为只要挺过这三两年，一定可以在海洋运输方面大有作为，等形势稳定下来，再分出精力重振民生精神。总体而言，自抗战起民生公司虽危机四伏，一波三折，但管理层稳定及整个团队相对稳定，尚能共克时艰。

至 1949 年，民生公司花光了战时储备起来的 100 多万美元，卖出了一些投资企业的股票和房地产，仍有大量债务无力偿还，其中包括加拿大造船及其他贷款共 1535 万美元，借贷黄金 1600 两，港币 140 万元，以及每年支付加拿大贷款的利息加币 38 万余元。这些贷款若不能偿还，不仅影响公司信用再难借贷，甚至还面临船产被扣抵债导致公司破产的危险，公司只得移东补西以维持企业经营危局。经济危机加剧了民生公司的内部矛盾，过去建立起来的各种规章制度和精心培育的创业精神，无形瓦解，部分成员徇私舞弊生活腐化，严谨风纪荡然无存。卢作孚苦心经营 20 多年的民生公司，趋向衰落。

1949 年 1 月底，卢作孚回到上海，为确保民生公司轮船的安全，采取一系列行动。他命令在加拿大陆续建造完成，并驶回国内的新轮，不再进入已经被封锁的长江，驶向香港待命，还命令民生公司在长江上航行的所有轮船，除保留极少数应付运输的需要，继续在长江下游行驶外，其余绝大部分船只向长江上游集中，驶回四川。

这段时间，卢作孚一直留在上海，密切关注时局，为保护民生公司在沿海的轮船紧张工作。上海解放前夕，一向视船舶如生

命的卢作孚，频频召集公司有关人员研究应变措施，广大船员也认为“轮船就是家，保护了船就是保护了自己”，所以保全船舶成为大家一致的行动。当时的安排是：能出海的大船和加拿大造的新船，尽可能集中在香港，等待时变；能入川的尽可能集中在重庆，保存基础，迎接解放；既不能开进川江，又不能出海的中下游船只，则按具体情况周旋，避免破坏，保存自己。正在上海修理的“民权”“民万”两轮，则与厂家联系，延缓施工，暂不出厂。

上海临近解放，淞沪警备司令部下令所有船只立即驶出长江口外，否则就地炸毁。民生公司船员把停泊在黄浦江中的几艘轮船的海底阀打开，让船徐徐沉入水中，使之呈半沉状态，让外人看来好像沉了，到时候关上阀门将水泵出船身就会浮起，以此避开破坏。

1949 年 4 月 23 日，南京解放。此时，被围困在上海的数十万国民党军队收缩防线，向海上撤退，由于海路撤离需要运输工具，军队强行扣留了大批在沪的轮船，民生公司的“民本”“民丰”“民众”“渠江”“怒江”等轮船先后被扣，封锁在定海海面。此时，浙江省府已迁到这里的舟山岛，从战场败退的几十万溃兵集中于此，整个定海乱成一团，最要紧的是船上几百名船员无钱无粮无淡水，处于绝境之中。经过几番交涉，联勤部同意将民生公司的船员登记造册，配给粮食，船员又凑钱买了一些淡水。后来，“民本”“民俗”两轮以“内河客轮不宜出海”为由要求离开定海，但被挟至台湾。卢作孚考虑到他们留在定海前程未卜，安危莫测，同意先去台湾，随后再做周旋。两江轮到达台湾基隆，劫后余生的船员一片欢欣，卢作孚与当局反复交涉，为其办了“出口签证”方得平安抵达香港。“龙江”轮搁浅后，“渠江”和“怒江”轮于 1949 年底以同样的方式抵达香港，留在台湾维修的民生公司重量级客轮“民众”轮，在东海、黄海打兵差的“太湖”“宁远”“定远”等轮船也先后开到香港。1949 年春至 1950 年初，前后历时 9 个月，营救轮船的工作方告一段落，汇集香港的轮船 19 艘。

在此期间，卢作孚通过无线电台遥控指挥，依靠中高层骨干和一众船员的同心协力，使大部分轮船脱离险境。时人回忆：“在江南解放前，卢总经理对长江流域各埠我公司业务等即有一定安排，故申汉解放后，各埠劳资合作方面，情况都比较好。”“他说他断然实行分段接运，维持长江交通。他认为江运受阻，乃暂时现象，日后他将沟通整个长江航运，并扩大近海海运，见识之高，令人难忘。”

重庆解放前夕，卢作孚频繁往来于重庆和香港之间，召集骨干人员开会，部署应变之策。这段时期，他无暇顾及健康状况的恶化，不仅要保住船、码头和仓库，还得让职工有饭吃。事实证明，他主持制订的江轮向重庆集中、沿海轮船向香港集中策略是明智之举，全体船员和岸上职工机智勇敢，使绝大多数轮船得以安然无恙。

1949 年秋，中华人民共和国成立。

从此，中国人民把命运牢牢掌握在自己手中，更是从根本上改变了中国的发展方向和中国人民的命运，是中华民族古之以来的一个伟大里程碑。这一年，是中国开始从动荡走向长治久安的历史转折点，中国历史发展和中华民族进步从此开启新纪元，具有伟大的世界意义。

20 世纪的中国在离乱中摸索了将近 50 年，在这个转折点上，56 岁的卢作孚除了营救他视之如命的船只，还想些什么呢？做些什么？以他的智慧，对时局早已了然于胸。

1947 年底，卢作孚与张公权、何廉、熊式辉等谈起时事，他认为“今日挽救危局诚不易”。他提出，蒋介石若予各方面将领完全信任，付他们及地方政府大权，同时改组行政院为责任内

阁，比一人独裁更有力量，再允许美国直接支持各部队及地方，增加空运力量，或可有转机。卢作孚对战和两难之际的中国政治大势有绝对敏锐的认知："言和须有可和环境与能和准备，否则终将被消灭，且共党领导人即使有采取并存，造成平衡力量以防苏联以己为傀儡之心，未必能为苏联所容忍。"

当时，身在香港的卢作孚至少有四条路可以选择：一是去台湾，张群、叶公超等国民党政要一再劝说他走这条路，但他拒绝了；二是去美国写回忆录，安安静静地去总结二十几年来办民生公司和建设北碚的经验，挚友晏阳初承诺为他安排一切，但也被他谢绝了；三是留在香港，凭他掌握的那些轮船，依旧是响当当的"船王"；四是北上。那么，卢作孚所思所虑的是什么呢？他的最终决策及留给挚友晏阳初的信函，足以证明他心底的澄明，见识的高远，"台湾绝非可凭藉以与大陆作战之基地，最后结束似只有时间问题"，"如美国欲得全中国人之好感，最好设法结束台湾残余无望之争"。

最终，卢作孚选择了北上之路。1950 年 6 月 10 日，是他北归的日子，即使选择了回来，他可以留在北京，以工商界头面人物的身份担任风光的荣誉职务，这也是新政权求之不得的。然而，他心心念念的只是民生公司，那是他的事业，那里有他生死与共的同仁，他不愿甩下不管。他没有任何犹豫就选择了回重庆，回民生公司，回到生命和梦想的原点。

1952 年 2 月 8 日，卢作孚服安眠药辞世。

他在人间翻滚，看尽了时光，看淡了哀愁，生命与死为邻，此归处万千同一，不想再坚持了。他给夫人蒙淑仪留下 44 个字的叮嘱："民生公司股票交给国家。借用家具还给民生公司。西南军政委员会证章退还给军政委员会。今后生活依靠儿女。"

卢作孚做出北上的决定，内心并无太大挣扎，青年时大足遇险死里逃生，之后合川下狱，再一次险遭不测，冒洪水带"民生”轮回川，也是抱定了与轮船生死与共的决心。战时，他一次次临危受命，似乎早把自己的生命交给了如画江山。他对儿子说：“我对事业负有责任。”就是“责任”这个词，注定了他最后的命运。他的终身挚友黄炎培为他的辞世写下这样的哀词：

> ……君为一大事死乎！君应是为一大事而生，君以穷书生乎无寸金，乃大集有钱者之钱，以创“民生”。辛辛苦苦了卅年，长江几千里，内河几十道，平时载客载货，战时运械运兵。责在人先，利居人后！有罪归我！有功归人……识君之抱负，惊君之才，知君之心……几十百年后，有欲知君者，其问诸水滨。

据《民生公司史》记载，抗战后期，民生公司已拥有客货轮船 140 多艘，其中包括在加拿大建造的 9 艘新型客货轮，开辟了数千公里的内河航线，拓展了港澳和东南亚航线，最远抵达印度和非洲。到 1945 年，民生公司“崛起于长江，争雄于列强”，不仅在长江沿线和中国沿海港口，还在东南亚、美国、加拿大等地都设有分支机构，成为当时中国最大的民营航运企业，卢作孚也被海内外誉为“中国船王”。1949 年，民生巨轮已经巍然屹立于世，昭示中国的民族产业已涉出“积贫积弱”的滩涂。

国际航运发展的惯例大多遵循先易后难的原则，即先打通海洋港口后进入江河，依先发展下游再进入上游的顺序。卢作孚却偏偏相反，他选择先江河后海洋，先上游后下游的方式，一位美国的航业巨子对此曾感叹：“这是一个奇迹！”他曾说自己对数学特别感兴趣，那么民生公司应是他一生中解过最难的题，二十多年劈波斩浪，称雄川江，涉足海洋，但这样的奇迹，在他的生命中终究是“一桩惨淡经营的事业”。

当人们说起民生公司的时候，想到的是卢作孚。当人们说起卢作孚的时候，想到的是民生公司。其实，卢作孚不是民生公司

的老板，不是资本家，当然他也不是人们通常理解的职业经理人，而是企业创办人。他 32 岁投身实业，10 年间坐拥中国近代最大的民营航运公司，成为几十个公司的董事长，他 45 岁时成为交通部门要员，几乎以一个公司的力量完成了宜昌大撤退，保住了国家最后的工业命脉。在晚清、民国的企业史上，几位最具影响力的实业家同属这一类型，如张謇、范旭东等，他们本来没有资本，在企业的股份微不足道或几乎没有什么股份，却因为亲手创建企业，为企业发展付出了长期努力而成为企业的灵魂，与这个企业有着密不可分的血肉联系，甚至到了企业即他、他即企业的程度，这也许是中国企业史上一个独特的现象。

卢作孚，不仅仅是一位创建了声誉卓著的民生航运公司的“船王”，一个完成了挽救国家于危难之间的宜昌大撤退的英雄，一个在贫闭之地推行乡村社会建设实验的社会活动家，更为重要的是，他向世人展示了在那样一个混乱并且充满阻力的时代，一个人如何洋溢着热情和抱负，掏心掏肺想要改变国家的未来。他的经历、思想、情感和痛苦完整地印刻下对那个时代的所有记忆，他以微小的个体与历史洪流不断抗争、妥协，并完成融合。最终，他以他的精神超越了他所在的时代。

2020 年 7 月 21 日，习近平总书记在企业家座谈会上，称赞卢作孚是“爱国企业家的典范”。

六、北碚之父之存天下于一方

2021年2月25日，更确切说是当天下午4时，“国家乡村振兴局”的牌子正式挂出，“国务院扶贫开发领导小组办公室”牌子已于此前摘下。我国本年“1号”文件的主题是乡村振兴，“十四五”和2035远景目标纲要也要求“坚持农业农村优先发展，全面推进乡村振兴”。

这注定是一件载入史册的事。

当然，我们国家有着悠久的历史，大事盛事不胜枚举，比如对乡村的重视，亦不仅是今日之事，轻撩时光的帷幕，清晰可见我们的前辈在为振兴乡村披荆斩棘。他们怀抱着强国富民的理想，为乱世之国持灯，为乱世之民开路。转瞬百年，与他们隔世相望的故国山河，终将要“建设得像花园一样”。

近代中国，从鸦片战争以后百年，一直处在动荡之中。彼时中国，农业生产手段落后，生产水平低下，农民生活不能温饱，无法接受最基本的医疗和教育，身体病弱，文化落后。国家政治秩序动荡，军阀、匪患遍地，广大农村不断成为战场和土匪侵扰的对象，民不聊生。与之相伴而生的是文盲充斥、科学落后、卫生不良、陋习盛行、公德不修等社会现象。

20世纪20年代末，世界经济危机深度波及在世界经济体系中处于弱势地位的中国，因中国的进出口结构以出口农产品和工业原料、进口工业成品为特点，本来就不堪一击的小农经济雪上加霜。农村“破产”成为朝野上下及社会各界的共同结论，这种

“破产”表现为大量农业人口因战乱和灾荒而损失或流离失所；农产品滞销价跌导致地价下跌；农村金融枯竭，农民购买力下降，负债比例和幅度上升；农民离村率上升，土地抛荒现象严重；等等。20 世纪二三十年代的中国农村，水旱灾害频发，受灾面积广阔，受灾人口众多。一连串的天灾人祸使贫弱的东方大国内忧外患接连不断，无时无刻不处在崩溃的边缘。这样的现实背景下，“救济农村，改造农村”逐渐汇集成一股强大的时代潮流。

“救济农村即拯救国家”的普遍认识，是知识界投身“乡村建设”的强大动力。在当时知识界的普遍认知中，农村对国家的经济、政治、文化具有决定性的重要意义，认为“农村破产即国家破产，农村复兴即民族复兴”，关心“三农”问题更多的出于良知，解决“三农”问题更多的是为了防止其破坏性作用。

20 世纪 30 年代初，中国农业人口占总人口的 80%以上，国民生产总值中农业所占比重高达 61%，其中尚未包括农村手工业，在一般人的心目中农业所占比重达到 90%，因此认为“国民经济完全建筑在农村之上”，这是就经济而言。在文化上，认为乡村是中国文化之本，西方的可取之处“团体组织”“科学技术”要嫁接在乡村这棵老树上才能繁荣滋长。在政治上，新的政治习惯的养成、新的国家制度的建立，也须基于乡村民众的自觉。梁漱溟就认为民国以来的“政治改革之所以不成功，完全在新政治习惯的缺乏，而新政治习惯的培养，天然须从乡村小范围去作”。如果说，作为文化保守主义者的梁漱溟强调乡村的重要性属于顺理成章的话，那么，具有浓厚西方文化背景的晏阳初最终选择以农村为工作对象，就更能说明乡村在当时人心目中的分量。

一时，中国大地上掀起一场全国性的、持续时间长达十几年的“乡村建设运动”。同任何社会运动一样，“乡村建设运动”的产生和壮大有其深刻的社会背景，不仅是农村落后破败的现实促成的，也是知识界对农村重要性自觉体认的产物，两者的结合导致了领域广阔、面貌多样、时间持久、影响深远的“乡村建设运动”。他们鉴于中国农村在帝国主义与军阀统治下经济破产、民不聊生、阶级矛盾空前激化的现状，想用一套改良主义的办法来挽救国家的农村经济。

统计数据显示，至1934年全国从事“乡村建设运动”的团体和机构达600多个，在各地设立的实验区超过1000处，其中比较著名的有梁漱溟的“邹平实验”、晏阳初的“定县实验”、黄炎培的“昆山实验”、卢作孚的“北碚实验”。梁漱溟从20年代末开始，先在广东后来在河南，再之后在山东开展乡村建设实验。晏阳初则是留学回国在河北定县做乡村教育。卢作孚主持的嘉陵江三峡乡村建设试验，是民国时期中国众多乡村建设实验中惟一在中国西南部，且时间最长、成就最大的一个，时人把北碚称为“模范城”和“模范村”。卢作孚在他的《我们对于国家的责任》一文中写道：“我们的责任绝不是救亡，而是将一个国家经营到像一个国家，像一个现代的国家。”正是这样一种“局部改造以模范全局”的初衷，使山水之间崛起一道壮景。

梁漱溟、晏阳初、卢作孚被称为中国近代“乡建三杰”。“三杰”都是认识时代且有时代自觉的人，虽然政治立场各有不同但互为好友，对中国“乡村建设运动”影响颇深。卢作孚更是被称为“北碚之父”，他百年之前所缔造的试验区，惠于当时，荫及后世。

1925年夏，卢作孚辞去成都通俗教育馆馆长的职务，回到家乡合川。合川位于嘉陵江、渠江、涪江交汇处，是一个相对繁荣的商品交汇地，而当时它与风景秀丽、自然资源丰富的嘉陵江三峡，都处于千年不变的荒芜和落后之中。

卢作孚回到合川并非是漫无目的，他首先对合川县城和嘉陵江三峡地区的社会、自然状况进行了实地调查，依据调查写出了《两市村之建设》的小册子。这本小册子包含《合川县城南岸市村建设的意见》及《辅助渝合间三峡诸山经营采矿之意见》两部分内容，在小册子中，详细介绍了嘉陵江三峡地区丰富的煤矿和森林资源，并提出开发煤矿、森林资源，规划交通及治安，发展合川经济，改变城市面貌等种种想法，谋划着将来要把这一地区变为发达的工业区和游览区。

卢作孚的这一系列动作并非突发奇想，一时之兴。两年前，他就在《一个根本事业怎样着手经营的一个意见》中设想过：“我所希望于有志于当局着手让步，是集中精神在力所能及的区域以内，是更集中精神在力所能及的区域以内的二县或三县以内。指定两县或三县作为特别试验的区域，许多建设的事业和怎样建设的方法，都从这两县或三县的区域内开始试验。”他从制度、人才、机关、组织（各机关的组织）、团体（应帮助或指导的团体）、联络、事业（含教育、教育行政、实业、实业行政、交通、团练、司法、市政、综核）、经费等八大方面，条分缕析地阐述，面面俱到地规划，详尽谋划应该建设的种种事业及其落到实处的具体实现途径。以我的理解，他所提出的特别试验区，类似中国改革开放后设立的经济特区。

1922年，卢作孚第二次出川赴沪。在此期间第一次参观了一个完整的地方建设计划，张氏兄弟从经济、文化、社会、环境各个方面整体上经营一个地方的思路，深深触动了立志在教育和实业上寻求救国答案的卢作孚。张謇自19世纪末以状元身份投身实业，创办大生纱厂以来，近30年间他开办的一系列企业、学校、公益事业，直接把小城南通带进了近代，直接受惠人数数百万，影响遍及全国，给当时及后世提供了一个高山仰止的典范。卢作孚对张謇说：“你老人家经营的事业好呀！”这次出川参访的所得见闻启发着卢作孚，为他之后在北碚所展开的“新集团生活”试验奠定基础。

五年后，卢作孚与他梦寐以求的机会不期而遇。

1927年春，地方人士一致建议刘湘任命卢作孚为嘉陵江三峡峡防团务局局长，担负维护峡区安全、清除匪患的责任。峡防局全称是“江巴璧合特组峡防团务局”，“江”即江北县，“巴”即巴县，“璧”即璧山县，“合”即合川县，这是一个地方治安机构，管理以上四县的部分地方，其驻地在北碚。

嘉陵江三峡也称“小三峡”，嘉陵江流过华蓥山南段时切出的三个峡谷：沥鼻峡、温塘峡、观音峡，“小三峡”全长30多公里，跨越江北、巴县、璧山、合川四县，涵盖沿江近40个乡镇。辛亥革命失败后，直到20世纪30年代，四川长期处于军阀割据状态，不论是北洋政府还是国民政府，都未在这里实现过真正的统一。古今以来，四川就是中国最特殊的省份，它深处内地却最容易发生叛乱，原因在于它三面环山的地形，这种盆地地形使它非常的封闭，又使它易守难攻，再加上广阔的面积，使其非常容易自给自足。战乱不绝的大环境下，地处这四县之交的“峡区”，兵痞盗匪长年沿江据险啸聚峡中，行动致使河运梗塞，商贾难行。

1918年，当地人士为安定地方成立了峡防营，训练兵丁以防匪患，但兵匪勾结之事时有发生，一直以来效果并不如人意。1923年，杨森主政四川，因担心其他军事武装扰乱，改组成立江巴璧合峡防司令部接管地方团练事务，管理峡区治安。峡防司令部为军事建制，是为峡防局的前身，其驻地位于合川和重庆之间嘉陵江边的北碚乡。1924年，峡防司令部改为地方建制的峡防局。峡防局成立后，匪患虽有所收敛但未能绝迹，又因其位于各军阀防区的结合部，僵持局面造成真空地带，匪患死灰复燃之势加剧。

卢作孚基于自己先前已有的“经略一方到变革全局”的思路，考虑可借此推行“现代社会组织”的试验作为他“集团生活”的第二个试验，就毫不犹豫接受了推举。从这一年起，卢作

孚开始着手以北碚为中心的乡村建设实验，也是从这年起，他开启了政商两界多重身份叠加的传奇人生。

1927年春，卢作孚就任峡防局局长，这是他经略一方的天赐良机。“嘉陵山水，自昔称美。江入三峡，乃极为变幻之奇。群山奔赴，各拥形势……风景均优”，上任不久的第一个文告中，卢作孚以这样的开篇来描写他所要经略的小小峡区。这个让各路军阀都束手无策的地方，是他眼中美不胜收的山水名胜。卢作孚主导的乡村建设宗旨十分明确，“目的不只是乡村教育方面，如何去改善或推进这乡村的教育事业；也不只是在救济方面，如何去救济这乡村里的穷困或灾变”，而是要“赶快将这一个乡村现代化起来”以供中国“小至乡村，大至国家的经营参考”。

卢作孚是有理想且有大理想的人。

他在峡防局各机关全体职员及各队官长第一次会议上，以“一个团体的理想”为题发言，第一句话是：“理想是安慰人的，假若人没有理想，那就痛苦极了。”古人说“达则兼济天下，穷则独善其身”，而卢作孚这个麻布小贩的儿子，从17岁加入同盟会，从谢绝年俸4万元的夔关监督一职开始，便以赤子之心昭告众人“只有兼善，没有独善”：无论穷达都心系天下的初衷。他的理想，呼应先哲前贤们提出的天下大同：“大而言之，还要理想把峡区、四川、中国以至世界变成怎么样的好，我们就照着这理想去做，一直到死就完了，假若还生存一天，那我们还是要协同继续的努力，照着理想做下去。”

这一年，卢作孚34岁，他带着宏大的美好的理想上任。峡防局面对的是一个千余口人、贫穷落后、交通闭塞、盗匪横行的偏僻乡村，解决匪患问题，维持峡区治安、地方安宁是峡防局的基本责任。卢作孚经过细致调查、缜密思考，提出“以匪治匪，鼓励自新”“化匪为民，寓兵于工”的治政方案。首先以攻为守，“欲使地方安宁，乃必须使匪不安宁”，整顿训练士兵，组织发动群众起来参加清匪斗争。卢作孚亲自率领学生、士兵巡回各乡镇、山区追踪线索，禁其活动，或剿或抚，以感化分解之法化匪为民，凡自新者皆给出路。经过数十次清剿，一般匪徒纷纷自新，匪首逃之周边，峡区土匪帮派做流水之散。卢作孚清楚，地方武装也非善类，有匪时打匪，无匪时便压迫百姓，为根除其无所事事之忧，组织起来学文化、学技术，谋立身之本。

曾有人说，卢作孚及其言论是我们文明史上难得的“时间的玫瑰”，众人深以为是。中国传统文化精髓将寒门出身的卢作孚塑造出圣贤特质，使他有着超越常人的悲悯情怀，对社会、对他人皆秉持宽容的态度，即使对盗匪也给予理解和同情。

> 试溯盗匪之源，实皆为衣食所迫，无业可做，铤而走险，以冀生存，岂生性然哉？亦不得已也。
>
> 假定我们看清了离我们理想的社会的距离，那么，我们就不应该责备他人，形容他人，痛骂他人，我们应该像爱护无人照顾的小孩子一般爱惜他们、同情他们、帮助他们。
>
> 我们对人有两种美德，一是拯救人的危难，二是扶助人的事业。
>
> 人有不可容的事，世没有不可容的人。

很短时间内，卢作孚解除了峡区匪患困扰，使社会秩序逐渐安宁。1927 年 5 月 1 日，由刘湘、杨森等 24 名四川军政首脑联合署名的《建修嘉陵江温泉峡温泉公园募捐启》印发，这是卢作孚上任后撰写的第一篇文告。该文告除经费一节最后点出募捐主题外，其他文字则措辞讲究，行云流水如山水散文，把温泉峡的历史、现状、未来挥洒得淋漓尽致，内容且不论，24 位军政首脑的联合署名才是压阵脚的重点、亮点。战场上分毫不让的对手们，在建设温泉公园一事上有了共识，卢作孚合纵连横的才能初露峥嵘，小小峡区的建设从他上任伊始的这篇文告，开始闪烁耐

人寻味的光芒。在《建设中国的困难及其必循的道路》一文中，他这样描述自己的愿景：

> 始则造起一个理想，是要想将嘉陵江三峡布置成为一个生产的区域，文化的区域，游览的区域。因为这里有丰富的煤产，可以由土法开采进化而成机器开采；为了运煤可以建筑铁路；为了煤的用途可以产生炼焦厂；用低温蒸馏可以产生普通用焦、电厂用的瓦斯、各种油类及其他副产品；两个山脉的石灰岩石、山上山下的黄泥，加以低廉的煤炭，可以设立水泥厂；为了一个山脉产竹长亘百余里，可以设立造纸厂；为了许多矿业、工业、交通事业的需要，可以设立电厂；如果在那山间、水间有这许多生产事业，可以形成一个生产的区域。以职业的技能，新知识和群众兴趣的培育为中心，作民众教育的试验；以教生产方法和创造新的社会环境为中心，作新的学习教育的试验；以调查生物——地上的出产、调查地质——地下的出产，又从而分析试验，做科学应用的研究；并设博物馆、图书馆、植物园、动物园以供参考或游览。如果在那山间、水间有这许多文化事业，可以形成一个文化区域。凡有市场必有公园，凡有山水雄胜的地方必有公园，凡有茂林修竹的地方必有公园，凡有温泉或飞瀑的地方必有公园，在那山间、水间有这许多自然的美，如果加以人为的布置，可以形成一个游览的区域，这便是我们最初悬着的理想——一个社会的理想。

这是一个立足长远、打算细致且环环相扣的美好规划，他要在匪患横行、贫瘠无序的山水之间把“今天以前没有举办的事情，把它举办起来”，这就是他赋予“建设”的意义。

滔滔流过的嘉陵江旁，原始落后狭窄的石板街，低矮密集阴暗的房屋，阳沟内充斥着垃圾的臭水，还有恶臭难闻的若干个大尿缸，却没有工厂和作坊，没有一所公厕，仅有几家茶食酒馆伴着若干赌场、烟馆。卢作孚眼前的北碚——“第一是赌博，赌博愈多愈大便愈有希望。第二便是庙子，唱戏，酬客，一年大闹一两个月，是他们的面子。你要在场上去办一桩什么建设事业，绝对找不出一文钱来。他们却是每天可以有千块钱以上的输赢，每年可以有万块钱以上的戏钱、席钱的开支”。卢作孚面对的小小峡区，可以说是当时中国的缩影，物质和精神两方面都和现代社会生活绝缘，能够预见，前面的路绝非坦途。

卢作孚上任不足两个月，就为兴建温泉公园发出募捐文告，他首先提出：“打破苟安的现局，创造理想的社会。”温泉公园依南宋始建的温泉寺旧址整修，募款尚未到位时，卢作孚就安排施工，自己动手规划设计，督导工程。除开采石料砌温泉浴池使用少许经费雇人之外，其余工程则亲自带领峡防局职工及部分官兵，修路种树、植花栽草，仅仅数月便初具规模。社会各界人士的捐款到位后，又扩大公园规模，亭台池阁，餐厅商店也亦齐备，别墅洋房有数帆楼、竹楼、农庄（陈书农捐建）、琴庐（郑东琴捐建）、馨室（民生公司捐建）等。其中，数帆楼临江而建，十分别致，登之可望嘉陵江上帆影点点，颇有“数帆和雨下归舟”的意趣。温泉公园遂成为一处闻名的游玩胜地，抗战期间，蒋中正夫妇、周恩来夫妇、林森、冯玉祥、叶剑英、郭沫若等来北碚，多在数帆楼下榻。

疑惑么？一个穷乡僻壤的治安机构，新官上任先建一个温泉公园？“如果认为革命是一桩完整的事业，便不能把破坏与建设截成两段，必须且建设且破坏；而且必须以建设的力量作破坏的前锋，建设到何处，才破坏到何处……建设应从心理起，从公共理想起”，看了他这段话，还疑惑么？我们不妨把温泉公园的建设理解为卢作孚“革命”的一种方式，打破陈旧现状的一个手段。

卢作孚对北碚市政环境展开全方位立体式整理，开辟码头、建设市场、设立路牌、取缔土地祠、清理“九口缸”、成立民众自治会……依旧是亲力亲为，带领峡防局官兵及学生队栽花种草、清除垃圾，街道逐渐干净整洁。1930 年，卢作孚带考察团考察华东、东北和华北，深为青岛的建设所吸引，考察回来后仿照青岛在北碚建设了一个街心花园，街道两旁种下洋槐和法国梧桐，使北碚渐次有了花园城市的雏形。卢作孚的“造福民众”就是从美的启蒙开始，让耳目闭塞的人们看到，一切美好皆可亲手创造。关于嘉陵江三峡的乡村建设，卢作孚的理想是“将乡村现代化起来”“经营成一个灿烂美妙的乐土”：

> 我们要提倡的事业意义却不同，在消极方面是要减轻人民的痛苦，在积极方面是要增进人民的幸福。怎么样减轻痛苦呢？是要他们少些骚扰，少些病痛，少些天灾，少些强力的压迫，少些不应该有的负担。怎么样则更近幸福呢？是要他们多些收获，多些寿数，多些知识和能力，多些需要的供给，多些娱乐的机会。我们要做这样的事业，便要准备人，准备钱，准备地方，准备东西，尤其是准备办法。许多人分工合作，继续不断地去办。这便是我们要讲的建设的意义。

卢作孚因广博的知识积累，超越小我的人生格局，致使其认识事物总能直达本质，指出问题总能一语中的。他一针见血地指出，教育为世界文化的根源，事关一国国运兴衰。建设的问题首先应是教育的问题、人才的问题，因为一切事业都需要人去建设，人是需要教育培育的，所以建设方面第一步强调人的训练。卢作孚先后发表《乡村建设》《中国的根本问题是人的训练》《四川的问题》等文章，阐明建设的根本问题是人的训练，因为“现代是由现代的物质建设和社会组织形成的，而现代的物质建设和社会组织又都是由人们协力经营起来的，人都是训练起来的”。

当时，社会各类人才奇缺且多集中于大都市，人才从哪里来？以自己培养为主。1927 年夏开始，峡防局先后招收了中学文化程度的青年 500 余人，办了学生一队、二队、少年义勇军、警察学生队，还代民生公司办了护航队、茶房、水手、理货生等专业短期训练班多期，培训人数近千人。训练基地房屋的左右两侧题“忠实地做事，诚恳地对人”的醒目标语，作为学员们的学习宗旨。

争先复争先，争上山之巅。

上有金璧之云天，下有锦绣之田园，中有五千余年，神明华胄之少年。

嗟我少年不发愤，何以慰此美丽之山川？

嗟我少年不发愤，何以慰此锦绣之田园？

嗟我少年不发愤，何以慰我创业之先贤？

这是北碚少年先锋队队歌《争先少年》，殷殷期许，谆谆叮咛。卢作孚认为中国的未来在于少年、青年，他们是未来的主人和建设者，字字句句，用心良苦。卢作孚要求青年们明白世界的趋势，明白中国的困难，明白社会的理想，明白三峡是什么样，为此专门撰写了《怎么样做事——为社会做事》《如何为社会服务》等文章作为青年们的教材，要求他们艰苦朴素，吃苦耐劳，洁身自好，穿短装布衣，不染烟酒嫖赌，婚丧生日不请客不送礼，同时注重实践反对空谈，奋起革新。果然，几年后，这些 20 岁左右的青年都成为北碚各机关及民生公司的骨干力量。

卢作孚处处留心，从成都到上海，从四川各行业到国内各学术机构寻求人才，有不少支持他的学者、专家和社会实践中富有成就的人才，包括外国研究员和工程师为卢作孚的真诚打动，陆续追随他到此服务。如果说一个有理想人是一道光。那么，一群有共同理想的人集中在一起就是一束光。北碚，将要被这束深情的理想之光照亮。

“现在我们应该知道建设的根本问题在哪里？不在经济，也不在教育，也不在……却在秩序。无论何种事业，秩序建设不起来绝对不会有良好的结果”，外部秩序和人才条件都具备之后，就要解决根本上的问题。卢作孚认为，任何建设，不管是政治的还是文化的，皆应以经济建设为基础，这样的观点在他后来的文章中多次表述，北碚的建设也要从经济发展入手。

1927年8月，卢作孚上任仅仅半年，便促成合川与江北两县与煤业有关的人士，共同组建了川北铁路公司。请来丹麦籍工程师守尔慈任北川铁路总工程师，负责该项目的勘建。嘉陵江三峡一带，煤炭资源丰富，产煤的地方都在山间，沿江的小煤窑虽然不少但生产力低下，再囿于交通限制，运输全靠人力，翻山越岭始终难成规模。卢作孚要从解决运输困境入手，打破本地煤炭业发展的瓶颈。

1928年底，北川铁路动工。一年后，8.5公里的窄轨铁路在嘉陵江三峡的山峦间诞生，打破了四川省没有铁路的记录。几年后，北川铁路扩建延伸至18公里，整个产煤区都通了火车，它的建成促进了嘉陵江三峡一带煤炭生产的发展，减轻了人力运输的困难。1934年，北川铁路建成通车后，不仅孔祥熙、冯玉祥、刘湘等军政要人纷至沓来，且引起了英、美、加、澳等国使团和国内外报社记者关注。1944年，美国副总统华莱士到北碚，饶有兴趣地观看了滑翔机表演，还乘坐天府煤矿小火车观光，一时间，当地人以乘坐北碚小火车观光为时尚。德国人傅德利也不远万里而来，担任西部科学院的昆虫研究所主任。“自铸铁路惯运煤，山中十里走轻雷”，90年前，小火车的汽笛声带来的一切惊喜，作为一个时代的细节，意义非同寻常。

1933年秋，卢作孚策划促使北川铁路公司与沿线5个较大的煤厂联合组建天府煤矿公司，联合经营致其实力骤增，开始采用矿灯照明，绞车提升，产量也得到飞跃式的提高，天府煤矿公司成为抗战前四川省内最大的煤矿。之前一切，皆为序章。抗战开始后，卢作孚又果断决策天府煤矿与河南中福煤矿联袂改组成立天府矿业公司，天府煤矿获得了中福公司的机器、材料、技术的支持，这一步即使矿山完全机械化。天府矿业公司日产煤量超1000吨，供给战时首都所需燃料的三分之一强，供给民生公司所需燃料三分之一强。战时首都重庆所需的燃料四倍于战前，天府矿业的产量超过了战前重庆需要的总量。卢作孚以果断的决策力及卓越远见铺排事务，煤矿业是民生公司间接投资最早的行业，为战时民生公司及重庆解决了至关重要的燃料问题。

北碚建设之初，卢作孚就为其谋建一个棉织厂，寓兵于工，以解决峡防局士兵的出路问题，也可为无业贫民提供就业机会，工厂所得利润还能扶持北碚的教育、文化等其他公益事业。卢作孚利用北碚的关庙成立了峡防局工务股，添置织布机、织袜机等，培训峡防局的士兵织布、织袜技术。1930年，卢作孚率团考察华东、华北、东北时，特意带三个青年到上海学习织布和印染技术，并在上海购买新式纺织机器，聘请织袜技师。当年秋，工务股改组为三峡染织厂，卢作孚任董事长，职工来源就是士兵和贫民。三峡染织厂作为峡防局直接经营的企业，成为四川省第一家机械织布厂。后来，染织厂扩大规模，新建了现代化的工厂，生产也迅速扩大，民生公司的制服就是用三峡染织厂的布料制作的。

卢作孚组织学生和士兵在北碚架设电话线路，使之覆盖峡区各乡镇，接通重庆、合川，这在当时实属超前部署，重庆也尚未有市内电话线路。他利用人脉关系，促成友人建设“洪济造冰厂”“嘉陵煤球厂”“义瑞桐油公司”，分别从水、煤、桐林等方面多管齐下发展经济。他集资经营“北碚农村银行”，鼓励农民存款、贷款，支持农民购置新式农具改善生产方式，提高生产效率。短期内，北碚一系列事业发展如火如荼，从一个偏僻落后、

穷困脏乱的乡镇，变成了富有朝气的现代型试验区，面貌一新。在卢作孚心中，它们是几个现代的模型，是想将这一块地方变成一个现代的陈列馆。

卢作孚的“创造集团生活”试验，通过改善人心，进而改变北碚人的精神面貌，他主张将关帝庙、东岳庙、天上宫、禹王宫等庙宇内的菩萨搬走，将之腾空，变为博物馆、图书馆、川剧团等公益事业。此乃一举两得之事，节省建设资金的同时打破了民间旧俗陋规。北碚的文化事业方面，卢作孚同样投入大量精力和心血，围绕中国西部科学院、兼善中学、《嘉陵江》报等逐步展开。

1928 年 3 月，北碚创办了小小一个报馆，卢作孚希望“嘉陵江的命有好长，这个报的命也有好长”，所以为之取名《嘉陵江》。小报起初是双日刊，后改为日报，内容涉及国防、交通、产业、文化等各种新消息。卢作孚在发刊词中介绍：“这个小小的《嘉陵江》，身体虽小，肚皮却大，大到可以把五洲吞了，各位朋友，不要见笑，不信试看一看，简直可以从这个小小《嘉陵江》里，看穿四川、中国乃至五大洲全世界。”早年的记者、编辑生涯使得他熟谙报纸作为传播媒介所蕴含的巨大功能，峡防局将该报纸在一切公共的地方陈列、张贴，供人阅读，小小峡区的小小报馆成为宣传推介峡区建设的极好平台。“我们做些什么，做到什么程度，怎样做，各位朋友，都可以从《嘉陵江》上看出来啊”！

1928 年 9 月，具备足球场、篮球场、器械场、沙坑等设施的北碚公共运动场完工，当年 10 月，北碚举办了首次秋季运动会。次年 4 月，举办的嘉陵江运动会，成为近代四川体育史上规模最大、项目最多、动员最广的一次盛会。与此同时，卢作孚还主持在火焰山上修建了格调高雅的平民公园，扩大了北碚图书馆，以培育公民思想。在图书馆的借书袋上，印着书说的话：

1. 请勿用龌龊的手拿我。

2. 勿使我被日光晒着，雨点淋着，我同小孩子一样，那些都是容易使我受病的。

3. 请勿用笔在我身上批字，或作各种符号。

4. 勿将我的身体来垫你的手臂。

5. 你读我未完而停止的时候，可用书签夹在我身上（就是停止的篇页上），以为标记切不可将我折角。

6. 勿放我在不洁净的地方，望你时刻保持我的清洁。

7. 你不读我的时候，应立刻把我还给图书馆，因为我等着还要去会许多朋友，切不可把我幽囚在你的屋子里。

早在五四运动时期，卢作孚就受到“发展科学”的影响，对科学促进社会发展进步有着极大认同，但认同是一回事，现实是另外一回事。当时中国的现状是刚刚脱离清朝封建统治不久，就全国层面而言，中国科学社、中央研究院等一些科研机构也在发轫之初。卢作孚谋划着在四川发展科研事业，以开发西南地区丰富的自然资源，促进四川工农业发展。他就任峡防局局长后，这一梦想有了实现的可能，因为机会总是垂青有准备的人。

1928 年夏，国内的几个科研机构及一些中外学者，到四川进行科考及标本采集，卢作孚闻讯后，立即从正在北碚参加训练的学生队中抽出一部分青年，参与合作，陪同科考。这一积极回应，为四川第一个科研机构的成立奠定了最初的基础。更巧的是，次年，中国科学社组织一批动植物研究专家赴川科考，这次卢作孚派其弟卢子英亲自带领学生 30 名，陪同科研人员到峨眉山、大凉山、小凉山等地采集动植物标本，并进行社会调查。1930 年，卢作孚率团赴华东、华北、东北考察，在上海得到蔡元培、黄炎培等人的支持、赞助，成立了“中国西部科学院筹备处”。考察团一行于考察途中一路收集标本，采购科研试验用的仪器设备和药品，聘请化学、农业等方面的研究人员，派青年学

生到中国科学社学习，印刷“中国西部科学院”专属信笺、稿纸、信封等物资。徐崇林先生对卢作孚创办科学院一事，说过这样一段话：“而一位实业家能倡议办起了科学院，说明卢先生懂得科学技术与发展生产的关系，也说明卢先生经营企业，不只是想赚点钱供个人享受，而且抱有宏图大志。”1930 年 8 月，卢作孚带考察团考察结束回川，运筹已久的中国西部科学院正式创办，成为中国西部地区首创。

卢作孚作为中国西部科学院的创办人、院长，为科学院择地文星湾。很快，一幢灰色的实验楼在山头上建起来，这就是杨森捐建的“惠宇楼”，杨森字“子惠”，因之命名。除此之外还建了地质楼、地质测点碑、办公室、宿舍等房屋，配套建设如道路、草坪、水池、花圃等一应具备，并以各种花木点缀其间。至于建设科学院所需费用，除杨森捐建的“惠宇”楼外，其他或由民生公司、北川铁路公司、中华文化基金会、四川省教育厅等机构捐赠，或由各界同情支持这桩事业的人士捐赠，终于将它打造成为理想中的科研园地。卢作孚为科学院设定的方向是以社会需要为主，所以下设生物、理化、农林和地质四个研究所，皆为开发四川、促进四川的工农业发展服务。

卢作孚的又一理想，是在峡区创办一所推行新式教育的学校。一则卢作孚本就认为“教育为救国不二法门”，他在 1925 年之前的很长时间是教师身份，事实上他根本不是以一个实业家，而是以一个教育家开始他的一生的；二则峡区亟需一所中学，使青年勤奋学习。1930 年，卢作孚外出考察时刻意参观了清华大学、南开中学、中华职业学校、香山慈幼院等各类教育机构，在他的脑海里勾画着比之更完善的教育模式。是年秋，北碚兼善中学开始招生，最初校址设在东岳庙，只招收一个班共 23 名学生。后经募捐，卢作孚将学校建在环境优美的北碚火焰山上平民公园之侧，郁郁葱葱的林木之间，耸立起了一幢引人注目的“红楼”，与中国西部科学院遥相呼应。

“不爱利而爱名，名即自身之名，中国不需要此种人。吾人做好人，必须使周围都好。只有兼善，没有独善”。“兼善”是卢作孚为自己理想中的学校取的名字，任校董事会主席的他苦心孤诣为这所中学谋求博学能干的校长，每一任校长皆为当时才俊。他谋划理论与实践相结合的教育方法，打算着将这所学校从幼儿园、小学、中学一直办到大学，培养勤劳朴素且兼具理想、志气、能力的人才。

卢作孚是管理的天才。他接手北碚之时，整个峡区只有一所初小，另有零星几个规模极小的小学和若干私塾。到 1936 年底，即有 4 所完小、14 所初小，小学加私塾学生规模超过 2500 人。1949 年时，公私小学达 70 所，儿童入学率超过 80%。

抗战结束后，大批学校回迁。卢作孚担心川省人口众多，学生失学。1946 年 8 月初，他致函国民政府教育部：“以有限之学校何能容纳此众多之学子。远道而来此者多因升学失所而流落，且有因时久旅费耗尽而典质衣物，其状甚为可怜，其志实堪嘉许。如不设法予以救济，对于社会秩序实不无相当影响。”拟借用国立复旦大学北碚黄桷树旧址，借调东北大学代理校长许逢熙先生为校长，邀集社会贤达于右任、邵力子、钱新之、何北衡、杨成质等发起组织创建私立相辉学院，内设文史、英文、经济、会计、银行、农艺六系，实现了他在峡区办一所大学的梦想。1949 年，相辉学院农艺系招录了一位叫袁隆平的学生，对，就是“杂交水稻之父”，获得共和国勋章的袁隆平。

卢作孚计划办一座现代化医院，这个医院应该门诊楼、病房楼、新型医疗设备等齐全。他就职之时，北碚方圆百里无一医院，病人只有两条路——硬抗或等死。1927 年 7 月北碚地方医院创立，因资金不足只得在市场内一个小庙暂栖，虽硬件简陋但理念超前，卢作孚做出决定，医院经费全额拨付，患者就诊不要钱，每月所需费用600元由峡防局支付。经过后期一系列准备，卢作孚决定把医院建在嘉陵江边一个环境清幽的山头上，至于建设医院的费用，依然是募捐。1933年，在卢作孚和社会各界民众支持下，北碚地方医院大楼建成，开始接收病人。

卢作孚在《四川嘉陵江三峡的乡村运动》一文中，举这样一个例子：

> 北碚面临嘉陵江，高出江面八丈以上，然而是要被洪水淹没的。后面被一条溪流围绕着，中央高而周围低，被洪水淹没的时候，市场的人无法逃避。最好是将溪流填了起来与北碚一样平，作为人民逃避的道路，而且增加现在无法发展的市场一倍以上的地面。分头征集市民的意见，都很赞成。于是召集一次全体市民会议，决定全市总动员。除市集的日期以外，八百五十余家人，每家人皆担任运石运泥，每天由一挑以至五挑。各种营业的人，不管卖米的，卖肉的，都出钱，都由他们决定。尤其是私人厕所，由警察指定为公用。一向粪是肥料，年有收益，仍然是私人的。召集这许多私人会议之后，这许多收益让归公有了。以这许多钱来雇用筑堤的工人，加以每天数百市民在那里工作，欢呼唱歌，非常热闹。许多老年人亦常在那里欣赏他们的工作。尤其是被选出的二十位执行委员，必常常有人在那里照料、指挥并处理各种问题。每夜必开会一次，都出席，出席的人都发言。对于一个问题必提意见，必考虑批评他人的意见，必得一个共同承认的方案。我们偶然去参加两次会议，亦震惊他们勇往和紧张的精神。谁说中国人无办法？最有办法的乃是老百姓！谁说公众的事情做不好？你看这一群老百姓是何等做好他们公众的事情！

从建设北碚的第一天开始，卢作孚就极为重视发动民众和组织民众的工作，一方面通过营造的环境影响他们，以改变他们的行动；另一个方面引导民众自己解决公共问题，促使他们参与其中，不仅只做受益者还要以创造者、参与者的身份解决一个一个问题。在卢作孚的努力下，从码头、桥梁、道路、公共集会问题到预防水灾、火灾等公共卫生问题，民众不但出钱出力而且自己组织领导，使其拥有管理公共事务的能力，直至最后，他们能够管理全部公众事务，由此完成乡村的自治组织。在这块新填起来的地方，卢作孚仿照青岛的建设，设计了一个街心花园，真正做到了公众建设、公众受益。

北碚道路拓宽广植花草树木，城市得到建设，环境卫生得到整治，生态环境得到改善。资料显示，1927 年到 1935 年间，北碚有统计的植树量达 7 万余株，它周围种着从上海带回来的法国梧桐。“愿人人皆为园艺家，把世界造成花园一样”，这是卢作孚寄语后人的名言，大概也是从实践中得来的。至于为何说“把世界造成花园一样”，而不说是“把家乡造成花园一样”或“把中国造成花园一样”，“大处着眼，小处着手”的他胸怀天下，而此时他的天下就在此方。

卢作孚将北碚一切经济的公益事业逐步铺开，基于之前在成都做民众教育的经验，北碚的民众教育运动与经济、公益同时进行。为此，峡防局专门设了一个“民众教育办事处”，办事处联络各机关服务的十几个青年，白天各司其职，晚间共同进行民众教育。民众教育的渠道主要是通过十几个民众学校，在船夫休息的囤船上办“船夫学校”，在力夫休息的茶社里办“力夫学校”，为训练妇女的职业技能办“妇女学校”。同时也有派教师到家中去挨户教育，周围几家或十几家都集中在一家授课，今夜在这家，明晚在那家。他们通过设置报纸阅览处，在各茶社、酒店张贴关于国防、交通、产业、文化和生活常识的照片、图画，以及到集市繁荣的地方去做简单的报告等灵活的方式进行民众教育；

他们还与运动场、图书馆、博物馆、动物园以至于医院联络，利用每一个有人进出的地方实施民众教育。其中，“总动员”是利用民众会场放电影和幻灯，因为这里不仅集中市场上的人，还集中了四乡民众，将关于三峡事业、人们活动、四川风景影片等制作的电影，包含了实物、图书、书报、照片、显微镜下薄片等制作的幻灯片，每周两次由各机关青年排演的新剧和川剧，闭幕时做的报告，以无处不在地行动影响着民众思想。

卢作孚一向本着一种信念：“从小事做起。因为小事往往被别人忽略，同时小事比较容易做好。做好了，也就容易感应别人，这种感应，就是你的成功。”民众教育增进民众的谋生机会，使农民农闲时有副业增加收入，在商业上促进加深与都市的关系，在乡村里增加工厂，在工厂里增加工人。因此，又在北碚设置了民众问事处和职业介绍所。

“微生物”的力量才是无穷的，民众教育正以“微生物”的方式无孔不入地铺展开，现代文明的种种风气，潜移默化中影响居民生活的方方面面。北碚的变化很快波及邻乡，从璧山的夏溪口到宝源、遂川，从江北的黄桷树到文星场，民众自发组织起来管理公共事务，办起民众学校开展识字运动，民众教育进一步促进了社会秩序的安定，整个嘉陵江三峡地区的社会面貌焕然一新。

1932 年，卢作孚的好友、华西协合大学教务长毕启博士专程到北碚参观，他情不自禁地对卢作孚说：“朋友，你总是在用一种可怕的步伐前进!”而卢作孚凝视着奔腾的嘉陵江对毕启博士说：“你们美国人似乎始终处在一种安全感中，因此你创办华西协合大学计划用 30 年。事实是中国却处在不断的、急剧变化之中，所以我创办通俗教育馆和北碚市镇时，恨不得只用 3 个月。”

1933 年 8 月中旬，北碚迎来了西部科学盛会——中国科学社第 18 次年会，年会成员都是全国科学界精英，卢作孚则担任此次年会委员会会长。这是北碚、四川乃至整个中国西部地区的第一次科学盛会，全国一流的科学家同时到四川来，其振动不仅是对北碚，以至于对四川的经济推动及政治变化都不容小觑。

卢作孚以中国西部科学院院长的名义，力邀中国科学社的科学家到北碚开年会，并亲自组织参加，就是要以科学的力量推动四川的建设。卢作孚给科学社的科学家们以极高的礼遇，他派当时民生公司最大、最好的“民贵”轮作为专轮到上海去迎接科学家上船，出席这次年会的科学社社员 118 人中有 72 人是乘“民贵”专轮入川的。“民贵”轮经武汉时，卢作孚专程从南京赶到武汉，看望“民贵”轮上的客人，介绍四川和北碚的情况及这次年会的安排。

这次年会盛况空前，科学家们演讲的《生活健康与财富》《植物与人生》《四川农村经济复兴问题之讨论》《生物科学教育》听者如云。年会的主会场设在北温泉公园，选举出了翁文灏、赵元任、任鸿隽、竺可桢等七位科学家为本届理事，讨论通过了“建议四川当局组织四川资源调查委员会案”，提出“成渝铁路计划书拟请中国科学社建议川省当局采择修筑案”两个社员提案。8 月 20 日，科学社社员们参观了中国西部科学院、博物馆、图书馆、兼善中学、地方医院、嘉陵江日报社、民众办事处、平民公园、三峡染织厂、北川铁路等北碚新建起来的各项科学文化事业。还有科学家在北碚露天会场做公开演讲的《由中国化学肥料说到民族复兴》《改进中国棉业的重要》《农业改良》等，把与国家民族、农时农事有关的现代科学知识课题直接和北碚民众交流。北碚这个不断出现奇迹的小镇，被一种从未有过的科学气氛笼罩，熠熠生辉。

著名科学家们通过这次年会在北碚和四川考察访问，对北碚和四川有了深入了解。之后，他们开会研究并一致同意帮助四川调查地上地下的各种资源，调查出的资源如果需要开发，派人帮

助做计划，帮助介绍专门人才，协助四川联系外部等若干件事。这正是卢作孚行动的初衷和想要的结果，但行动并非仅局限于这次年会，他在峡防局的报告中讲：“现在我们正在用力做这几个运动，就是用力运动省外人以及国外的人都到四川来：把科学家运动到四川来帮助我们探查地上和地下的出产；把工程师运动到四川来，利用四川所有的出产，帮助我们确订生产的计划；把金融界有力量的人运动到四川来，帮助我们的钱去经营或开发各种事业。如像这种种的运动，有没有成功的希望？都有！只要我们肯去做，努力去做，不放手地去做。”卢作孚对在北碚召开的这次年会做了高度评价，他认为不仅改变了外省人对四川的观念，也促起了四川人对科学的兴趣，将会对四川的经济建设和社会建设产生长远的积极影响。

卢作孚对人才的重视渴求及对现代科学的认知，远超同时代人的水平。据蔡崇林回忆，1932 年 8 月他持一著名科学家的推荐信到民生公司拜访卢作孚，尽管当时等候见他的还有十余人，但事关西部科学院，他见信后即出来迎接，又立即任命蔡崇林为中国西部科学院理化研究所研究员。卢作孚以开放的态度吸纳各路才俊为北碚和四川服务、为大西南服务，与眼下各地各级政府的“招才引智”异曲同工。当后人以各种自以为是的条款招揽人才为地方建设出力增色时，殊不知，这道题已是前辈做过的，且在这方面格局宏阔，诚意方殷。

植物学家胡先骕说：“川省执政者有若卢君者五人而四川治，中央执政者有若卢君者十人而中国治。”卢作孚不仅是峡区管理者、建设者，还是集资人，他将自己为数不菲的车马费全部捐给了北碚的社会公益事业。梁漱溟说他“公而忘私，为而不有”。民生公司每年提取盈利的 5%作为文化基金补助费，其中大部分用于支持嘉陵江三峡的乡村运动和民生公司文化教育基地的建设。

1930年到1933年间，是卢作孚一生中最为繁忙的时期。1932年开始，他名义上虽仍在峡防局局长任上，但已将日常事务交由其弟卢子英等负责，特别是“九一八”事变发生后，需要更多的时间和精力投入反日反战活动中，投入民生公司内部组织建设、职工教育工作中。直到1936年，峡防局改组为嘉陵江三峡乡村建设试验区区署，他方真正卸任。卢作孚与北碚的密切关联并未因职务的改变而改变，北碚的一切建设和改革，完全在他的继续指导中发展，卢子英作为一个执行者的角色，也是在卢作孚的指导下工作的。

20世纪30年代初，黄炎培在《蜀游日记》中写道：

> 诸君从普通地图上找北碚两字，怕找遍四川全省还找不到。可见这小小地方，还没有资格接受地图编辑家的注意呀！可是到了现在，北碚两字名满天下，几乎说到四川，别的地名很少知道，就知道有北碚。……在八九年前，（北碚）满地是土匪，劫物掳人，唤做家常便饭，简直是一片土匪世界。现在鼎鼎大名公认为建设健将的卢作孚先生，施展他的全身本领，联合他的同志，把杀人放火的匪巢变成安居乐业的福地……把地方所有文化、教育、经济、卫生各项事业，建设得应有尽有。

1937年11月20日，国民政府通电迁都重庆。

战争打乱了原本的生活秩序，四川成为整个国家的大后方。此时的北碚备受瞩目，抗战爆发后先后有100多个机关、学校、科学文化事业单位从省外迁入北碚。1939年1月，在中国科学社理化研究所迁入北碚之后，中央研究院的动物研究所和植物研究所迁进中国西部科学院；2月，经济部中央地质调查所迁到北碚鱼塘湾；5月，军政部陆军制药研究所迁到了北碚温泉公园益寿楼。1940年3月，经济部矿冶研究所在天府煤矿创建炼焦厂；5

月，中央研究院气象研究所迁到北碚金刚碑……相继到北碚的科研机构有 20 多个，分布在中国西部科学院周围，科学院的全部实验室、仪器、设备都无条件提供给这些科研机构使用，大批著名的科学家都在这个相对良好的环境中从事科研工作。

1938 年 2 月，复旦大学师生和教研设备一起，迁至北碚复课。继复旦大学之后，1939 年 4 月，江苏医学院迁到北碚牌坊湾；是年春，中华平民教育促进会迁到北碚歇马场；同年，教育家陶行知在北温泉创办育才学校。次年秋，以晏阳初为院长的中国乡村建设学院也在北碚歇马场成立；1942 年，教育家梁漱溟创办的勉仁中学、财会教育家潘序伦的立信会计学校迁到北碚。抗战期间，迁到北碚的大学、中学等有 15 所之多，北碚地方、图书馆、西部科学院和兼善中学都无条件为他们提供帮助，让这些学校和教育家在相对良好的环境下办学育人。1942 年北碚有 1 所大学、6 所独立学院、8 所中学，还有一些短期训练学校。

国民政府立法院、司法院、财政部税务署、中华教育电影制片厂、国立编译馆、中国词典馆等一大批政府机构、工矿企业、文化机构、出版单位、卫生、体育、社会福利事业迁到北碚，都得到北碚地方当局和北碚各个事业、团体的无私帮助，使之在此开展工作。蒋介石、宋美龄、林森等政界要人，马寅初、竺可桢等学界泰斗，冰心、梁实秋、郭沫若、曹禺、叶圣陶等文化精英云集北碚。卢作孚帮助内迁的科研机构、学校和经济事业的愿望都实现了。

在整个抗日战争中，卢作孚虽然万分紧张忙碌，但是并没有放松对北碚的地方建设、社会组织建设等工作的指导。1940 年日寇飞机对北碚的轰炸并没有毁掉它，相反，战火让它变得更加美丽，街道平整，楼房整齐，各具特色的房屋形成了新的街道。法国梧桐的绿荫和芳草相映生辉，北碚不仅市容变了，社会组织进步了，城市的地位也改变了，变成战时后方一个重要的科学、文化和教育中心。北碚这个小小的城市，曾经是土匪出没之地，卢作孚从 1927 年开始建设，三年闻名全川，四年闻名全国，抗战时期闻名全世界，来自国内外的官员、学者、文化名人都对它赞叹不已。

峡防局虽然是一个治安联防机构，但卢作孚不仅仅赋予它保一方平安的使命，他要的是“打破苟安的现局，创造理想的社会”。北碚乡村建设与同时期其他乡村建设实验不同，卢作孚明确提出“要将这一个国家现代化起来”，就要“赶快将这一个乡村现代化起来”。为此，他精心设计了北碚的乡村现代化蓝图，“以嘉陵江三峡为范围，以北碚为中心，要将嘉陵江三峡布置成一个生产的区域、文化的区域、游览的区域”，以供中国“小至乡村，大至国家的经营参考”。一番努力之后，这个昔日贫穷落后、偏僻闭塞、盗匪横行的小乡镇，终于建设成为生产发展、文教事业发达、环境优美的重庆市郊重要城镇。陶行知先生参观北碚后说，北碚的建设“可谓将来如何建设新中国的缩影”。

> 于是乎先后经营各种事业了：温泉有公园，北碚有公园，运河有公园，凡有隙地必有园林；峡防区则有各特务队，驻在北碚市镇，北川铁路沿线，夏溪口以至于矿山；他们有团练的任务，有警察的任务，有民众教育的任务，有帮助地方建设的任务；有手枪队，有事帮助周围捕匪，无事则帮助各机关服务；有民众教育办事处，在办事处领导之下有民众学校，依职业的种类和集中的便利而有不同的教育，有挨户教育，有场期教育，有力夫学校，有船夫学校，有民众问事处，有职业介绍所，有书报阅览室；在各茶社酒店有各种通俗图画、照片和新闻简报，有新知识广播，有民众娱乐场——娱乐事项有新剧、川剧、电影、幻灯、跳舞、唱歌；此外有地方医院，为乡民免费治疗疾病，每年春秋两季必指导各机关乃至各队队员为纵横百里间的小孩以至于成年人点

种牛痘；有公共运动场，一方面联络各学校，一方面联络各事业，一方面联络市乡中之青年，使都参加运动，并参加运动的比赛；有《嘉陵江》报，由周刊进化而为三日刊，再进化而为间日刊，再进化而为日刊，最后更由石印进化而为铅印。其材料只重在积极方面，只以现代的国防、交通、产业、文化四大问题为中心，使读《嘉陵江》报的朋友都逐渐能够认识现代是一个什么样的世界；中国西部科学院有理化研究所，目前正以分析燃料为主要工作，欲帮四川解决燃料问题；有生物研究所、地质研究所，目前正以调查、采集整理为重要工作，欲帮助四川解决一切自然开发问题；有农林研究所，目前正做造林和改良农作的试验，欲解决当前社会急切需要的粮食和木材问题；附设有一个植物园、一个动物园，附设有一个博物馆，附设有一个中学校、一个小学校，附设有一个染织厂；此外还有一个农村银行是要求小小帮助农民借贷和各种合作运动的，常从各方面帮助这一个区域里边新的经济事业，例如北川铁路公司、天府煤铁公司、洪济造冰厂、嘉陵煤球厂……只要它们有帮助的需要。

北碚在卢作孚的治理下，成为乡村建设的“模范区”，成为战时绝无仅有的“世外桃源”。这里聚集了近 20 家国内一流的科研机构，3000 多位专家学者，成为“陪都的陪都”。卢作孚在北碚开展的乡村建设试验成就，在当时就备受赞誉。1943 年，英国著名科学史家李约瑟参观北碚，不无感慨地说：“最大科学中心无疑地是在一座小镇，北碚……这里的科学和教育机关不下 18 所，大多数都很具重要性。”孙恩三在《卢作孚和他的长江船队》一文中，把北碚称为“平地涌现出来的现代市镇”，是“迄今为止中国城市规划最杰出的例子”。周俊元称北碚为“重庆的一颗明珠”。抗战时期内迁并在北碚居住的梁漱溟、晏阳初、陶行知等人，在不同的场合都高度评价了卢作孚的北碚乡村建设试验。

卢作孚的北碚乡村试验理论上也颇有建树，《两市村之建设》《乡村建设》《四川人的大梦其醒》《向民众身上做民众运动》《四川嘉陵江三峡的乡村运动》等文章，是卢作孚乡村建设理论的重要著作。“我对北碚事业之关切，超过我对民生公司经营的兴趣”。

卢作孚以经济建设为中心，以交通运输为纽带在北碚开展了大规模的经济建设。十几年间，他主持修建铁路、开发矿业、兴建工厂、治理河滩、疏浚河道、开办银行、建设电站、开通邮电、建立农场、发展贸易、组织科技服务等，北碚的综合经济实力迅速增长。同时，卢作孚又极为重视文化、教育、卫生、市容市貌的建设，致使北碚在短短的 20 年间，就从一个穷乡僻壤变成一个具有现代化雏形的城市，他更“希望未来的北碚，遍地是公园”。

卢作孚是一个坚定的开拓者，往往能在种种看似无望的环境里拨云见日，似有神助，“利坚贞，晦而明”。首先，他具备完全无私、脚踏实地、亲力亲为的道德品质，更重要的是敢想敢干，敢于突破，带着富强国家的爱国热情和良好愿望，有着中华民族自救自强的探索和献身精神。

卢作孚从长远着眼，投身乡村规划与建设，注重乡村发展的整体设计，在所有的规划设计之中，无不渗透着他的精神追求、社会理想和乡村情怀，以建立一个心目中的理想社会。在具体的规划设计和实验内容上有一个综合的整体谋划，即从乡村社会的整体改造出发，从乡村社会的长远发展着眼，使不同领域的实验相互配合，协同并进。也就是说，当时推动乡村建设的目标不是单一的，考量的是乡村乃至中国社会的整体发展，体现出综合试验的性质。卢作孚在《我们要变，要不断的变》一文中写道：“我们要造成一种信仰，凡做一桩事情不做则已，一做一定做好，做得顶好。如栽花就要栽的好看，修路一定要修的好走，植树一

定要植的活，增加人民富力一定要有可计的数字。若能日日确实负责，则各方面尝试办的事情，就可以放心委托我们，帮助我们以人力或物力，于我们整个计划秩序之下，自己做起来，这样才更可使一般地方效仿。”

卢作孚在乡村建设的实践上和理论上，均强调中国传统文化以及中国的国情和特色，反对生搬硬套外国模式，重视农村的教育。他的理想、信念及对民族的大爱，深深渗透在他的规划和建设过程之中。卢作孚既是试验的规划设计者，又是实验的实际参与者，而其他众多投身于这场实验的人，也不是以局外人或者旁观者的身份参与其中的。“干道要简单，小道不妨多”，“建筑要由建筑师设计”，“布置则请园艺家设计”，不只是设计一张图纸、制订一种方案而让别人去施工，当成一桩任务或一个工程，在他的内心深处充满了改造乡村的情怀，充满着深切的人文关怀，最终目的是希望通过乡村改造实现整个社会的总体改造。这些可贵的精神，无不为今日美丽乡村的规划者、建设者提供了宝贵借鉴和启示。

“假定我们看清了离我们理想社会的距离，那么，我们就不应该责备他人、痛骂他人，我们应该像爱护无人照顾的孩子一般的爱惜他们、同情他们、帮助他们。”卢作孚、晏阳初等前辈的实验告诉我们，一个个乡村就是一个个小社会，合起来形成了广袤的乡村大社会，这个社会就是无数农民休养生息的地方，与城市社会一样，乡村社会不只需要物质生活，不只需要物质生活质量的提高，他们也需要丰富而健康的精神文化生活。只有在人和乡村文化都有了真正的改变时，乡村社会才能有真正的生机和活力，乡村的政治、经济、科技、文化等才有望发生根本的改变，乡村也会因此而成为能使人深切感受到幸福安宁的宜居之地。卢作孚的乡村建设试验在普及乡村教育、发展乡村经济、培养农业人才、推进科技下乡、改变农村社会风气等方面做了大量工作，如此等等，对于今天建设现代化的社会主义新农村，仍有着重要的借鉴意义。

乡村建设的出路，其实当今政府，从上到下各部门都在做乡村振兴，大力支持建设美丽乡村，更需要从根本上了解乡村，才能做好指导、引导、实践的工作，不能一味的以口号和所谓的业绩为主。诸多投入乡村建设运动的有智识的人，不能以自己的自知而强加于乡村，任何乡村都有其优势和脆弱性，并不是所有的乡村都适合做开发以博取经济效益为总目的。我们现在要做的，依旧是扭转以单项的经济利益为出发点的当下的乡村建设运动。立意高远，让每个个人充分认识到这个世界的本质，以提升幸福指数为基准点，不要像过去 30 年走的城市建设之路和改革之路。未来 30 年乃至更久远，中国看乡村，这是必然。

中国随着城镇化与农业现代化进程的不断推进，乡村产业结构进一步变化与重组，今后的乡村居民将不再是传统意义上的农民，他们中的大多数将不再仅以种植养殖为生，他们可能成为现代化的农业工人，也可能成为第二、第三产业的从业者。与这种变化相适应，他们不仅需要具备与所从事的产业相应的知识和技能，更需要在政治、文化、道德、科技等综合素质上有大幅度的提升，即成为高素质的公民。他们需要懂得自己的权利和义务，且具备行使权利与履行义务的能力，需要知道自己应当担负的责任，并自觉去承担这种责任。而这一切，都有赖于前期的科学规划，有赖于乡村社会功能的整体提升，也有赖于乡村教育的改进，当然，更有赖于所有村民整体素质的提高。美丽乡村不只是外表美，更应是一种内在美。生活在这个世界上的人不仅需要有丰裕的物质生活，也要有丰富的精神文化生活，从而获得发自内心的真正的幸福感。果能如此，乡村就不只是农民们生活的乐园，它也是整个社会的乐园，是整个社会的有机组成部分，从而才能真正形成城乡互补、共建和谐社会的理想境界。而这也应是今天我们规划和建设美丽乡村实践的出发点和立足点。

七、 仕途生涯之辞官之路

实业家杜重远印象中的卢作孚是这个样子——卢公年四十许，思想缜密，眼光敏锐，处事勤奋，持身俭约，虽时至今日，仍短服布衣，出门不用车轿。

时人多迷惑，为什么身为民生公司总经理、国民政府交通部次长和全国粮食局局长的卢作孚会没有钱？更令人迷惑的是说他不做官吧，他做了官，还做了高官；说他做官吧，他做官的时间又那么短，一旦问题解决就立即辞官而去。1942 年底，卢作孚请辞交通部次长职务，决计回民生公司挽救危局，次年 4 月中旬，国民政府准其辞职。此后，卢作孚终身再未担任政府公职。总的来看，其仕途生涯就是一条辞官之路，也正因此，他成为“不容易被理解的人”。

卢作孚先后于“革命救国”“教育救国”“实业救国”“乡村建设”几大领域做出了不凡成就。他色彩斑斓的一生坦荡厚重、月白风清，没有诗人的风雅却有圣人的风骨。

从卢作孚辞谢夔关监督之职算起，几十年间，他由教师、记者、地方政商人物，进而成为国民政府要员，任职也好辞职也罢，初心未改。他搞企业不是为了想当资本家，一生没有土地，没有私人投资，私人没有银行往来，没有回扣，没有受礼物，对公司有时有点欠支但立即扣还。本节着重梳理卢作孚历任公职，从这个角度走近他，仰望他让人感叹、赞叹的一生。

如果说卢作孚 18 岁那年辞谢夔关监督之职，尚且不能算是他仕途生涯的开端的话，那么就从他 28 岁时算起。

1921 年初，时任川军第 2 军第 9 师师长杨森接任泸永镇守使，兼任永宁道尹，在泸县推行新政，邀请卢作孚出任道尹公署教育科长。卢作孚辞去《川报》的职务赶往成都，次年 3 月，擢升永宁道教育行政，夏末离开泸县。

1924 年 2 月，杨森任四川军务督理，发起成都新政，请卢作孚担任四川省教育厅厅长，卢作孚辞而不就。卢作孚答应杨森，助其办通俗教育馆，遂辞去教职，到成都办通俗教育馆并任馆长。次年 7 月，他辞去通俗教育馆馆长职务。

1926 年，卢作孚到宜昌接民生公司第一条船前夕，兼任万县市政督办的杨森邀请他担任市政佐办代行督办职务，月薪 500 元，卢作孚婉言谢绝。他去宜昌接船时路过万县，杨森又坚持留他："一只小船有何稀奇，可由万县派人去帮助接回。"卢作孚再次谢绝。

若把以上诸事作为卢作孚走进政坛的序幕，那么，他从 34 岁的那个春天开始，足跨政商两界的事业正式开始了。卢作孚的成功离不开朋友圈中的贵人，黄炎培是一个，他把卢作孚拉进全国性文化大圈子，杨森可算一个，是他把卢作孚拉进了川省政坛的大圈子。机会来得恰到好处，一个能实践自己理想的机会从天而降，而他已为此做足了准备。这与他长期辗转于内陆与沿海多重世界，出入媒体学会、地方政治等多个领域是分不开的，历经泸县新政、成都通俗教育馆两次夭折之后，他决定改变从经略一方到改变全局的思路和想法，他思考的结果之一是创办民生公司，而在北碚的乡村建设试验是更具体的实践。

1927 年 2 月 15 日，卢作孚担任嘉陵江三峡峡防团务局局长，直至 1936 年卸任，即便卸任也未放手不顾，他对北碚的建设、发展诸事关注贯穿始终。1927 年春，地方人士出面请求刘湘任命卢作孚为峡防团务局局长，担负维护峡区安全的责任，清除匪

患，其实，这也是平衡各方势力的结果。卢作孚任职峡防局局长，使他有了将自己理想变成现实的难得机遇，因此不顾民生公司正面临的困难，毫不犹豫地接受了这一职务。

卢作孚决定将嘉陵江三峡作为基地，进行“新集团生活”为中心的社会改革的试验，推行一种全新的乡村建设运动，在北碚开展了大规模经济建设。1930 年初，卢作孚在北碚的《嘉陵江》报连载《乡村建设》一文，从政治、教育、经济等方面论述乡村建设的重要性。十几年间，他修建铁路、开发矿业、兴建工厂、治理河滩、疏浚河道、开办银行、建设电站、开通邮电、建立农场、发展贸易、组织科技服务等。北碚的综合经济实力迅速增长的同时，他又很重视文化、教育、卫生、市容市貌的建设，使北碚在短时间内就从穷乡僻壤变成了一个具有现代化雏形的城市，成为当时的“模范城”。正当他着力发展民生公司，为北碚建设谋划未来之时，又有一重任将要落在他肩上。

1929 年秋，时任四川善后督办的刘湘坐镇重庆，控制着四川惟一的出海通道。川江扼四川内外咽喉，管理好川江航运有利于货物流通，征收捐税以资粮饷，于统一全川政局巩固实力地位关系重大，因此，刘湘一直舍成都而重庆。此时外国轮船公司势力膨胀，严重影响华轮公司的运营甚至生存，以致华轮公司不断改组或破产倒闭，危及辖区内的经济秩序，最典型的例子是 1926 年 9 月的“万县惨案”。

面对长江航运乱象，刘湘意识到整顿川江航务秩序乃当务之急，决定成立川江航运管理处总揽川江航务，将川江航运统一掌握。外国轮船根本不把川江航运管理处当回事儿，如建立航运秩序，查禁偷运军火、鸦片，限制外轮公司特权，维护华轮公司利益等分内业务，管理处既不愿管也不敢管，成为一个典型的“废物衙门”。于是刘湘力邀卢作孚出任川江航务管理处处长一职，进而通过卢作孚和民生公司来实现统一川江的愿望。这时卢作孚已身兼民生公司总经理、北碚峡防局局长两项职务，这两项事业卢作孚都相当看重，且均刚刚起步，千头万绪，困难重重，精力有限，分身乏术。

刘湘名元勋，字甫澄，四川大邑人，在川军首脑中，富于雄才大略者刘湘居首。他性格内敛持身严谨，军事政治均有建树，在长达 17 年的四川军阀混战中，不断扩充自己的实力，最后力克群雄。1935 年，刘湘就任四川省政府主席，着手统一四川的行政、财政、军政。卢沟桥事变后，7 月 10 日和 13 日，刘湘两次请缨抗战，通电呼吁："全国上下，同德一心，共赴国难。"并亲率川军 30 万，带病出征。1938 年元月，刘湘在武汉一病不起，吐血而亡，去世前他给整个川军留下遗嘱："……今后惟希我全国军民，继续抗战到底。尤望我川中袍泽，一本此志，始终不渝，即敌人一日不退出国境，川军一日誓不还乡，以争取抗战最后之胜利，以求达我中华民族独立自由之目的。"清理遗物时，发现他亲录古人诗句："出师未捷身先死，长使英雄泪满襟"，"思亲泪落吴江冷，望帝魂归蜀道难。"在场之人无不唏嘘落泪。刘湘一生充满着矛盾和传奇色彩，但在国难当头之时，民族大义面前，显示出一个爱国将领的本色，无愧为华夏子孙。当然，这些都是后话，行文至此是想说明一个问题，刘湘和卢作孚的共通之处在于他们的生命都有大格局。

刘湘与卢作孚先后商量两个月，最后从更加有利于民生公司的发展出发，卢作孚提出出任新职的条件：第一，约期半年，一旦统一川江航业有成，半年期满，便不再兼顾航务处的工作，任命自己的挚友何北衡为副处长，以便在自己去任后接替他的处长职务。第二，为加强中外轮船及运输秩序的管理，调用他亲自训练的峡防局军队，执行航务管理和检查。第三，由民生公司用合作、代理和购置等方式，逐渐统一川江航业，所需款项由四川督办公署先行垫付，再由民生公司陆续归还。刘湘一一同意，并亲

笔批示“照办”。

1930年春，卢作孚出任川江航务管理处处长。他上任后，首先整顿川江航务管理处的衙门作风，要求航务处所有职员必须努力做事，认真负责，不可懈怠不可敷衍塞责，以短服替代长袍，出门以步行替代轿子。与此同时，卢作孚在极短时间内对整个川江航业进行了深入调查，发现“中国籍轮船公司无不危在旦夕”，具体原因内外皆有。于外是外国轮船公司凭借内河航运特权和强大的经济实力，肆意排挤打击中国轮船公司；于内是军阀欺压，“防区”时代，各自割据一方的军阀相互争夺，战祸不止，中国籍轮船被迫“义务”为其运粮运兵，而外籍轮船无此忧扰。外挤内压，中国轮船公司于夹缝中生存，举步维艰。

卢作孚看透痼疾病因后，开始对症下药，果断出手解决根本问题。他四处奔走，与各路军阀交涉，晓以利害，陈明大义，解决中国轮船被迫打兵差造成的损失补偿问题。1929年8月22日，重庆《商务日报》在《航商兵差问题急待解决》中这样报道：“自卢作孚接任川江航务管理处长以来，对整顿及维持航务诸办法，已着手进行。顷鉴于中国商轮失败之重要原因多系受兵差影响，现拟从本月二十六日召集航商解决此项问题。”在会议上，卢作孚向各军方提出要求，军队征用商船时必须给煤交费，不能白运；如果船舱上面装兵，必须允许轮船公司船舱下面装货，不能让货仓空着；军人搭船必须购票并严格遵守秩序。因有刘湘支持，此事顺利办成。此后，中国籍轮船公司的兵差之苦大减，达到货主、船主双赢的目的。

紧接着，川江航务管理处向各中外轮船公司发出命令，要求所有进出重庆港的中外轮船必须向川江航务处结关，装卸货物、上下旅客须经航务处检查才能放行。为此，卢作孚从峡防局抽调了自己亲手训练的纪律严明的士兵，到重庆川江航务管理处专职检查轮船工作。经过据理力争，傲慢惯了的外轮公司执行了这些规定，惟有日商日清公司的“云阳丸”无视川江航务管理处的命令，拒绝遵照执行，拒绝中国人上船检查。卢作孚提前宣传、布置，驳船和码头工人都同仇敌忾，拒绝为他们装卸货物。几天后，停在江心的日商船只终于屈服，同意向川江航务管理处结关，同意川江航务管理处的士兵上船检查。

无规矩不成方圆。卢作孚主持川江航务管理处始即为参与川江航运的中外轮船公司定出规矩：轮船运价，由中外公司协商，不得任意抬价和杀价；轮船行驶必须遵守航行规则，如果违章造成生命财产损失，必须承担责任赔偿损失；华轮承担兵差事，外轮必须在增加运费的收入中拨出一部分弥补承担兵差的船只损失。一顿操作下来，抑制了外商轮船公司的嚣张气焰。

卢作孚担任川江航务管理处处长期间，利用 1930 年初的枯水季节，组织技术力量对川江中险要河段进行勘察整治，清除礁石，改善航道。首次有计划地训练中国自己的驾引人员，开办训练班，培训一批有文化有技术的船员。

半年任期，既定目标大部分达成。“盼望军事机关帮助轮船公司的，完全办到了；盼望外轮帮助华轮的，亦相当办到了；华轮本身究太散漫，各公司各有其特殊困难，盼望其联合帮助自己，却不容易办到”。约期既满，刘湘对卢作孚更加刮目相看，对其辞职之请坚持不允。卢作孚将川江航务处的工作交代于副处长何北衡，他则带领由民生公司、北碚峡防局及北川铁路公司等一众人员组成的联合考察组飘然而去，这一去就是小半年。

卢作孚在川江航务管理处处长短短任期之内，以他的才智和毅力整顿了川江航业的秩序，表现了他为捍卫国家主权敢于同外国侵略势力进行斗争的民族气节。随之而来的声名使他成为川江航业界的领袖人物，为不久后民生公司化零为整统一川江航业奠定了基础。

从 1930 年秋，民生公司倡议川江同业“化零为整，合并经

营”，到 1935 年 6 月，民生公司完成对捷江船产的收购，基本上把外轮势力排挤出了川江，在长江上游航线已占绝对优势地位。卢作孚终于实现了自己统一川江航业的宏愿，在四川声望日隆，人人皆知他有才干且心底无私，川军将领刘湘、杨森、刘文辉等对他很是敬服。

民生公司摆脱外国轮船公司围攻的危机后，为发展长江航运，满足四川建设需要，应付时局，1935 年 8 月，卢作孚前往上海订造新轮。同年 10 月，四川省政府实行改组，宣布省政统一，废除防区制，刘湘任省政府主席，在成都组建省政府及各组成职能机构。卢作孚在上海接到好友何北衡的成都来电，国民政府即将委任他为四川省政府委员兼建设厅厅长，刘湘还委托何北衡带话，劝其千万不要推辞。

卢作孚事务繁重，立即回电何北衡，请他向刘湘说明现状。当时，卢作孚固辞刘湘电召是认为建设一区（北碚）对国家的贡献，比建设一省的效力来得更大。“所以近年来，本人提出一种主义，就是‘一人一事主义’。每一个人，无论在一个空间或一个时间，集中心力专做一种事业。”多年后，卢作孚在交通部讲习班上这样回忆往事。

1935 年 10 月 8 日，国民政府正式公开发表任命文告，此时，卢作孚应李宗仁、白崇禧、黄绍竑之邀，正在广西考察。他得到国民政府任命自己为四川省建设厅厅长的消息，并无过多理会，继续按原定行程在广西各地参观，10 月中旬，一行人离开梧州转赴香港。卢作孚考察结束回重庆之前，专程去南京面见时任行政院院长汪精卫，请求撤销建设厅厅长的任命，以集中精力经营民生公司。回到重庆，他依旧坚持不担任建设厅厅长职务，也未去成都，11 月初他再次前往南京，请求撤销任命。返回重庆后，拖至 11 月 19 日才与何北衡一起面见刘湘，当面辞谢。

这次卢、刘二人谈话进行了 16 个小时，卢作孚对人观察很敏锐，他不说闲话，言必有物，用字精当，从容不迫，有条有理，就像他做事一样：很沉着，有组织，有思想。他知道对怎样的人应该说怎样的话，虽然外人无法猜测 16 个小时的谈话内容，但结果是刘湘坚持不肯让步，认为人才难得成命难收，不顾其反对，执意启用。

卢作孚迫不得已，只得接受现实，他的身影再一次从江湖转至庙堂。1935 年 12 月 12 日，卢作孚到成都履职。既然已同意担任建设厅厅长，遂辞去民生公司总经理职务，民生公司事务则由总务处经理宋师度兼任代总经理负责，再之后又由魏文翰任代总经理，但民生公司重大事项仍由卢作孚决策。

卢作孚在任建设厅厅长之前，对四川的统一和建设颇多关注，先后写了《四川的新生命》《四川人的大梦其醒》《四川的问题》《整个四川的五个要求》等长文，观点新颖，切中时弊，对四川的统一和建设提出许多重要建议，为四川的建设整理出了不少新思路。

卢作孚深知建设对于四川和中国的意义，接受任命就决意为建设四川倾注自己的全力。作为一个善于建设秩序的领导者，他认为任何工作必须有一群能承担这一工作的能干的人，还要有足以担当这一工作任务的强有力的机构。第一步就是建立新的工作秩序，建设厅全体人员的服饰，由过去的长袍马褂改而穿三峡染织厂出产的麻布制服；录用人员必须考试；设立图书馆，每月拨专款购买工作所需图书；工作人员写工作日记，每天必须读书两小时并写读书心得等等。其次就是努力组织一批有理想有才能（含外国专家）的人参加四川的建设工作，对人才的延揽不拘一格。

当时，四川各防区之间刚刚结束内耗，长期的征战杀伐导致其凋敝不堪，百废待兴。卢作孚对四川建设的长期思考结合人、财、物实际情况，短时间内制定了与人民生活紧密关联的建设施

政纲领，开始实施几项重大建设任务。百废待兴的局面下，从具体执行情况看，完全以一种务实的精神，毫无个人好恶地推进四川建设，非常适合当时四川的省情和全国时局发展。

首先，民以食为天，粮食生产是头等大事，所以农业排在首位。改善农业的核心问题是兴修水利，卢作孚邀请丹麦籍铁路工程师守尔慈协助，对都江堰内外江进行测绘，并请美国顾问福德里歇考察水利。他除了以建设厅厅长的身份着眼整个四川水系的治理外，作为一个杰出的实业家当然想得更远，整理河道疏通航运，进一步改善川西平原的灌溉网，分别在灌县、千佛崖、合川、青滩设立各条河流的区域水文观测站，在各县设立气象的四等测候所，在产棉区设立观测气象的三等测候所。同时，与四川大学农学院合作，进行水稻小麦的育种栽培、防治病虫害等试验，开办农技士训练班。卢作孚主持成立省粮食管理委员会管理全川的粮食生产，这一做法为他日后担任全国粮食局长，紧急征集军粮支援抗战奠定了基础。其次是穿的问题，棉花的生产是关键，卢作孚任建设厅厅长后立马作为大事提上日程。1936 年 3 月，为提高棉花产量在产棉中心遂宁设立了棉作试验场，利用美国优质棉种和中国棉种进行新品种杂交，并自办纱厂以减少棉纱进口，解决四川人民的穿衣问题。

吃和穿的问题有解之后，重点解决交通问题。交通问题的重点是规划成渝铁路，卢作孚就任建设厅厅长后即组建官商合营的川黔铁路公司。1936 年 9 月，成渝铁路的线路勘测完成，与此同时积极寻求筑路器材准备动工，却因日本发动全面侵华战争搁置。当然，卢作孚还主持对四川全省的公路建设作了全面规划，对各地的公路网进行扩充、翻新和裁弯取直工作也已部分施工。1936 年初，派工程组到四川各县调查整理乡村电话，普遍安设收音机。

卢作孚在加紧解决四川人民吃穿行问题的同时，开始着手发展地方工业。联合华侨在四川产蔗中心资中，合办四川第一家用机器制糖的现代工厂——第一制糖厂。为适应世界市场对桐油的需要，扩大桐油出口，推广优良品种扩大种植面积，创建中国植物油厂。为发展桑蚕业设立桑蚕改良场，试验新品种，将改良的白蚕茧种和外地买回的秋蚕茧种，免费提供给蚕农试养，引进良种桑秧，在北碚设立蚕种制造厂，成立蚕丝管理局和四川生丝贸易公司。1935 年和 1936 年，分别对川西和川北一带的森林资源进行调查，筹办中国木材公司、嘉乐造纸厂。1935 年秋，由四川建设厅会同重庆大学和中国西部科学院联合组成地矿调查队，先四个后增至七个，先后奔赴全省各地调查煤炭、石油、铁矿、铜矿等资源，绘制全省矿产分布图，将之划分为几个矿区和重工业区，为开发四川的地矿资源积极准备。

1935 年 12 月至 1937 年 8 月，卢作孚任四川建设厅厅长一年半左右的时间内，以极高的效率为四川建设做出了巨大贡献。农业方面的稻、麦、棉、甘蔗大幅度增产，工业和交通飞速前进，各种矿产资源有了重大发现。这一番行云流水的操作，改善了人民生活，增加了人民收入，为四川的开发和建设奠定了基础，也冥冥之中为不久之后的全面抗战提供了可供依凭的大后方。

卢作孚在四川建设厅厅长任上，全力推进四川各项建设事业，奠定了四川近代工农业发展格局。这一时期，日本帝国主义的侵略步伐也在加快，东北沦丧，华北岌岌可危，日寇吞并中国的野心昭然于世，一场全民族抵御外侮的大仗迫在眉睫。

卢作孚高瞻远瞩，未雨绸缪，他早早为抗日战争做长江航运的准备，加紧在上海订造新船。自 1935 年秋之后的一年半中，民生公司在上海订制的新船达 21 艘，以取代那些从其他轮船公司并购过来的不合用的旧船。1937 年夏，全面抗战爆发，民生公司已有 14 艘新船编入航行。这批新船本是他为建设四川，尤其是运输修建成渝铁路的大型物资而定制，设计的新船长度都在

140 英尺以上，都配备了重型起重机，拥有宽大的船舱，其中一部分船的货仓底部还铺设钢轨。成渝铁路修建计划虽被迫中断，但正是这批轮船，使民生公司在全面抗战开始后，拥有充足的运力承担艰巨的运输任务，在民族危亡的关键时刻，把许多重要物资及成千上万的人员从险境中抢运到四川大后方，同时又把数百万军队运往前线，抗击敌人。卢作孚为四川交通建设和工农业建设所付出的努力及所取得的成果，很快在战争中得到彰显，为前线将士和后方人民提供了宝贵支持。

1937 年 6 月 10 日，卢作孚正式向四川省政府提出辞呈，请辞四川建设厅厅长之职。

有一插曲在此说明，1936 年 12 月西安事变发生后，国共两党经过谈判就停止内战一致抗日达成共识，西安事变得以和平解决。宋子文提议筹建一个过渡政府，过渡政府共设八个部，双方共同认可了一份部长名单。这份相当于内阁成员名单的拟定原则是首先排除亲日派，其次是要坚持国民党的某些基本原则和利益，当然也需要共产党的认可接受。名单中其他七个部的部长均有两位候选人，惟实业部长一职仅卢作孚一人。虽然之后时局变化，过渡政府筹建计划未能实施，但是足见卢作孚在实业界的声望。他办事诚恳，一心为国家为事业，不计较个人得失的圣贤情怀，为各方政治势力所钦敬。无怪乎胡先骕先生说：“川省执政者有若卢君者五人而四川治，中央执政者有若卢君者十人而中国治。”

1937 年 7 月 17 日，也就是七七事变发生后第十天，蒋介石发表庐山谈话表示：“……我们知道全面应战以后之局势，就只有牺牲到底，无丝毫侥幸求免之理，如果战端一开，就是地无分南北，年无分老幼，无论何人，皆有守土抗战之责任，皆应抱定牺牲一切之决心……”8 月，日军在上海登陆，向闸北守军发起猛攻，张治中率部奋起抵抗，即惨烈的八一三淞沪战役。全面抗战由此开始。

国家局势危机四伏，国民政府改组向战时体制转变，成立抗战大本营指挥全国抗战（不久，即以国民政府军事委员会为战时最高指挥机构代替之），该机构下设六个部，卢作孚为第二部政略部和第五部国际宣传部副部长。中华民族生死存亡之际，卢作孚坚守在南京抗战大本营，以其惯有的沉着冷静、过人精力和组织才能，白天在抗战大本营第二部位于中山陵附近的一处地下室办公，参与起草抗战总动员计划，与部长等人研究部署外交、政治、社会、发动民众、组织民众抗战，帮助抗战大本营制定抗战大政方针、实施方案，处理各项战争事务。晚上则在借住的莫干路 11 号继续紧张工作，打电话、看电报及信件、回复电文及信件等，指挥民生公司迅速转入战时运营，组织船只实施战时运输，保证出川军队及时奔赴抗日前线，保证工厂、学校、机关等数以万计的人员能及时撤离。

1938 年 1 月 1 日，国民政府任命卢作孚为交通部次长，他有理想，懂航运，爱国，实干，在民族抗战的至暗时刻临危受命。相对而言，卢作孚在交通部次长任上时间最久，从 1942 年底请辞交通部次长职务，到 1943 年 4 月获准辞职，在职计四年有余，在此任上指挥并胜利完成了著名的宜昌大撤退。

卢作孚肩上艰巨的任务接二连三，宜昌撤退运输刚结束，疲惫不堪的他就赶回重庆，这里已然成为战时中国的政治经济中心，重庆的对外交通需要重新定位和规划布置，以解决大后方运输问题。当时，以四川为主要抗战基地的大后方，航运和公路运输都面临着巨大困难，严重威胁着全国抗日战争的进行。

首先是要解决航运问题。我国不能生产柴油，全部依靠进口，进口线路被日本侵略者切断后，油料来源断绝。此时，长江上游 90％的运输由民生公司的轮船承担，而民生公司 70％船只以柴油为燃料。卢作孚对战略物资储备问题早有预见，早在南京、

武汉撤退之时，已经命令民生公司尽力搜购柴油，但总量有限，在武汉抢运和宜昌撤退时用去一半，剩余的一半最多能够支撑半年，半年之后，长江上游维持生存的交通大动脉将瘫痪。柴油的问题基本无解，他早已决定造一批烧煤的船来替代烧油的船，因此早早安排民生公司尽力收购造船必须的五金器材，即便如此，也不过买到 2000 多吨，根本无法满足民生公司建造新船的需要。卢作孚当然有自己的办法，钢材问题被他通过收购、拆改旧船解决了。1938 年 9 月武汉告急之时，长江中下游轮船纷纷撤往上游，其中撤至宜昌 208 艘、长沙 80 艘、常德 20 艘，其后继续西上入川者 150 艘。长江中下游大部分轮船马力小、吃水深，无法行驶川江，为避免其落入敌手，同时也可利用钢板，民生公司收购了此类船只 60 多艘。

1938 年底，民生公司开始大规模改造旧船。民生机器厂自五年前打捞改造“万流”轮后，又改造过不少旧船，积累了丰富的经验。以“民生精神”武装起来的民生职工有充沛的爱国热情，敢想敢干，不畏艰难，利用简陋的设备将购来的 60 多艘船进行彻底改造，将其中 20 多艘完全不适合川江航行的船拆毁，将它们的钢板、锅炉、机器等相互拼补，短时间改造为适合川江航行的烧煤的船，燃料不足的问题迎刃而解。改造旧船的同时也在建造新船，卢作孚为了保障后方运输通畅，决定再造 15 艘以煤炭为燃料的中型新轮和以柴油为燃料的浅水小轮 2 只。钢板奇缺，辗转从香港、昆明购买，最后还是不足，只得以角钢为筋，木材为船壳，锅炉则由民生机器厂或恒顺机器厂生产，直到 1941 年这部分新造的轮船才陆续完工。修造船只期间卢作孚心急如焚，没有航运，大后方就不能支援前线；没有航运，城市难以运转，人民难以生存；没有航运，抗战更加艰苦。1942 年，后方一半的航线靠新船行驶了，他才稍稍放心。

开辟四川省内短途航线，建设航运网络，突破金沙江、嘉陵江、岷江等长江支流的航行禁区，结束这些河道不能行驶轮船的历史。这些航线的开辟，对当时沟通西南和西北的交通，保证重庆粮食供给，支援抗战，推动后方经济、文化建设发挥了极为重要的作用。不久，卢作孚再次临危受命，任全国粮食局局长。他制订了粮食运输“几何计划”，而这些新开辟的航道成为运粮主力航道。

其次是解决公路运输问题。宜昌陷落后，四川通往湖南的交通线被切断，抗战前线所需的兵员、军火、粮食等无法补充，严重威胁正在长沙与日寇进行殊死战斗的第六战区的将士命运。四川东部山重水复，为解决军运问题，决定以三斗坪为起点修一条公路——经湖北西部山区进入湖南，使之与长江上游航运相衔接，形成一条水陆联运线。广州沦陷后，大后方通往出海口的交通线被切断，抗日战争必需的许多由外国供应的军民物资无法运入大后方，惟一的通道是经缅甸转运云南，而云南到重庆没有公路。经过精心选择，决定从四川南部的长江港口泸县修一条公路，使之穿过贵州西部直达云南省境内连接滇缅公路。由于动员了沿线所有力量抢修，短时间内建成了一条泸县与长江上游航运相衔接的另一条水陆联运线。川东、川南这两条水陆联运线，成为大后方极为重要的运输线，抗战必需的各种物资，通过它们源源不断地运进来，大后方生产的武器弹药、粮食、军队源源不断地运到前线去，成为支撑抗日战争的生命线。

卢作孚主持大后方航运、公路运输艰难开展的时候，仍然进行了其他重要公路的建设，使之成为一个完整的公路网。水陆运输相结合，支撑后方运转的同时也支撑着抗战的进行。

恰在此时，又一危机在酝酿之中，卢作孚不得不再一次临危受命。需要我们了解的是，这一时期，卢作孚在国民党中央机构还担任以下职务：第五届中央执行委员会训练委员会委员、第五届中央政治委员会经济专门委员会委员、第五届国防最高委员会物价审查委员会委员、三民主义青年团中央干事会干事、社会服务处处长以及三民主义青年团第一届、第二届中央干事会评议员。卢作孚正集中精力解决战时运输问题，为大后方公路建设奔忙之时，一个消息突然传来，国民政府决定成立全国粮食管理局，以统筹全国粮食产储运销，调剂省与省或省与直辖市之间粮食供给，指挥监督各省市粮食管理事宜，管理国有粮食事业，令卢作孚兼任全国粮食局长。

1940 年 7 月，卢作孚兼任全国粮食管理局局长。此时，大后方粮食问题非常严重，战时首都重庆和其他重要城市粮食供应不上，库存减少，即将告罄。前线，尤其是湖南抗日前线，由于粮食供应不上已到了断粮的地步。兵临城下，战火四起，城市和军队都面临着粮食危机，缺粮问题关乎军民生存和抗战命运，一朝缺粮引发混乱局面将不可收拾。卢作孚深知责任之重，再一次选择挺身而出。

全国粮食管理局是新成立的机构，一切必须从头开始。卢作孚在四川建设厅任上时，应对粮食问题有一套较为成熟的经验，他认为只需将粮食的分配、囤积、运输工作部署得当，将仓库位置与谷价稳定问题解决好：“一切管理适当，售卖以时，计划周详，不管是平年、丰年或歉收，一定可以使民无饥荒之虞，政府也无须用大款救灾。”

卢作孚在不到一个月时间，主持组建了大后方的粮食管理体系，1940 年的 9 月上旬，《全国粮食管理局粮食管理纲要》发布，从上到下分级负责，各有侧重，加强执行力，以最快的速度对四川粮食供应情况进行了全面调查。调查结果发现“粮荒”仅是表象，农村并不缺粮，粮食供应不上的根本原因是分散在广大偏远农村的粮食无法及时运出，缺粮的症结在于运输。原先负责粮食供应的官员多热衷参与囤积居奇，从流通环节捞钱，至于如何保证粮食供应则无人关心。11 月下旬，《粮食管理治本治标办法》

颁布。

卢作孚细致深入地研究粮食存量和交通情况，提出了著名的“运粮几何计划”，为制订完善运粮计划，他彻夜不休地研究地图、召集会议，还亲赴川东、川北几县实地考察，将全省分类划区，确定运粮路线，选定粮食集中点。先用人力将粮食从偏僻的地方运到邻近的公路或水路边上的特定点集中，再将这些集中起来的粮食用汽车、板车、船只等转运到重庆周围以及各交通要道上的政府粮仓。这样一来，零星分散在各地的粮食便可以集中于几个点，方便管理调运，复杂的粮食运输问题就变得简单易行。卢作孚说过，他对数学特别感兴趣，解决问题的好多方式如解数学题一样，通过分析，一步一步找到答案。短短几个月时间，调动广大勤劳的农民用肩挑、背扛、手推、车推的方式将成千上万吨稻米，从无数偏僻的乡村运到公路或航运线上的指定地点，然后又被迅速运到几个重要城市和战场前线。

全国粮食管理局成立后，在成都专门设置了运送军粮的直属机构——四川粮食购运处，以加强四川省内军粮运输。每个行政区、每个县均设有分支机构，用以监督地方粮库运送军粮，粮食购运处还与四川省船舶总队共同征调船只，组织运输军粮。当湖南前线粮食告急时，第六战区司令陈诚亲自致电卢作孚，一日数电，敦促调运军粮。卢作孚亲自指挥，利用三斗坪水陆联运枢纽向前线运粮，一周之内，悉数完成军粮调集任务。几个月内，充足的粮食已经集中在一些公家的粮仓，就这样，“粮荒”造成的燃眉之急缓解了。

这一时期，日寇对大后方实施疯狂的频繁轰炸，1940 年后轰炸变本加厉，昼夜不停。居民区、文化设施、工厂、港口等均成为轰炸目标，粮食运输在敌机轰炸的巨大危险之下进行。卢作孚完全不顾个人安危，于危险的工作环境中镇定自如，防空警报拉响时，城内居民纷纷跑往郊外或防空洞，而他却在办公室坚持到

敌机飞临的最后时刻，才去地下室躲避。

几年后，有人评价卢作孚任全国粮食局局长时的工作：“其在战时的意义，至少与宜昌的奇迹相等，并且是以同样引人注目和激动人心的机敏来完成的。”

十几年后，台湾史学家简笙簧先生对卢作孚在重庆大轰炸期间应对粮食问题这样评价：“卢作孚局长首先面对的如何将原先自由买卖的粮食市场，纳入全国粮食管理局建立的管理机制，为此卢局长和全国粮食管理局人员，可以说殚精竭虑，马不停蹄，召开会议，拟定种种管理办法，从产区农村粮食调查、都市消费区市场管理，及建立产区、消费区运销网络等三方面着手进行，来解决川粮问题，不到一个月时间即将四川高涨的粮价稳定下来，获得初步成效。”

1941 年 7 月 1 日，国民政府成立粮食部取代全国粮食管理局职权。卢作孚完成了最困难的粮食运输任务后，辞去了全国粮食管理局局长的职务，回到交通部继续集中力量处理战时运输事宜。然而，此时卢作孚的健康出现了严重问题，长期身兼数职超负荷高强度的紧张工作，致使他身体日渐衰弱，心脏病越来越严重。他几乎将所有的时间都用于处理公务，日夜不停地到各地区视察、检查、指导，即便躲空袭也不肯放下手头的事，把文件带到防空洞，坐在小凳上借助幽微的灯光审阅。

1941 年夏，卢作孚因过度劳累导致健康状况恶化，不仅心脏问题严重，活动性肺结核侵袭了双肺，肺膜也有破裂。医生建议他务必停止工作，居家休养，但此时遵医嘱养病的他又把家里变成了办公室，经常召集相关人员在病榻前开会，待病情稍微好转便照常办公。这年的年底，病情再度恶化。医生无奈之下和亲友商议，将他送到无法过问工作的地方休养和治疗。于是，卢作孚在医生与家人的坚持下，住进了民生公司向金城银行借来的位于歌乐山上的房子，疗养身体。这一欲工作而不能时期，卢作孚开始思考中国战后的建设与航运发展问题，并下决心自学英文。

“卢先生不得不被迫卧床休息，并且同意将他在病房里召开的工作会议限制在每天不超过一次。余下的时间他就转向自学英语……当他两年前刚开始学习时，他所掌握的英语词汇只相当于一个二年级学生的水平。而今天，他却很轻松地阅读英文报纸和一些英美刊物。”49 岁的卢作孚，在将近知天命之年时再次开启自学生涯，猜他当时心境，一定会想到自己 30 多年前徒步成都的自学经历，还有在上海的阁楼上，饿过三天出来不能走路的事，弹指间，时过境迁。少年华发，读书不辍，一如当年。

1943 年 4 月，卢作孚获准辞去交通部次长职务，回归民生公司。

1945 年 8 月 15 日，日本宣布无条件投降。艰苦卓绝的抗日战争结束，胜利终于到来。

1945 年 10 月 10 日，国民政府授予卢作孚胜利勋章。

1945 年 10 月 30 日，由交通部成立全国船舶调配委员会，统一调配全国船只。卢作孚被任命为船舶调配委员会副主任委员，负责重庆的船舶调配，实际上整个复员运输的责任都由他一人承担，整个复员运输的担子都由民生公司承担。人民用激动的热泪期盼祖国永远和平，接下来，成百万从沦陷区撤退到后方来的人们开始谋求返回久别的家乡，找寻失散的亲人。整个复员准备工作在人们还没有想到之前，卢作孚就已开始筹划预备，他制订宏大的长江复航规划，分配人员，调配船只，全体职工行动起来，所有轮船整装待发。

因为千千万万的人民和众多的单位急切盼望回乡，所以复员运输较之战时撤退运输，任务同样繁重。好在卢作孚早有准备，整个长江的航运体系两个月内便有效地组织建立起来，运输工作迅速开展。9 月 2 日，“民来”轮由重庆抵宜昌，9 月 15 日，“民熙”轮由重庆抵南京，10 月 16 日，“民联”轮直接从重庆开往上

海。至此，民生公司长江航线全部恢复。

卢作孚自 18 岁进入社会，从一个小地方的底层知识分子直至国民政府中央机构要员，以过人的智慧自由出入政商之间，几次临危受命，于国家危难之际力挽狂澜，于人民风雨之中独当一面。卢作孚本人作为历经辛亥革命和五四新文化运动的知识分子，不论哪个行业哪个职位都以强国富民为初衷，他首先是个爱国者，然其次才是卢作孚，一个一心一意为社会和国家献身的人。

八、公而忘私天下士

后人给卢作孚贴上太多标签：民族资本家、近代企业家、爱国实业家、经济学家、经济管理学家、政论家、学者、革命实干家、船王、北碚之父、教育家、思想家、乡建先驱等等。以上罗列，似乎每一个身份都能贴合，又似乎每一个都只能反映一个侧面，卢作孚，很难用一个标签来定义他色彩斑斓、复杂多元的一生。

2003 年，重庆市评选十大历史人物的活动中，卢作孚名列榜首。评语认为，他留下的“民生公司、北碚实验区、《卢作孚文集》，其中任一项都足以改变历史”。卢作孚 17 岁参加同盟会，18 岁参加辛亥革命，59 岁逝世，短短 41 年却在革命救国、教育救国、实业救国三大领域都建立了不朽的功勋。

卢作孚在世时，郭沫若曾表示想给他写传，他婉言辞谢：“我的传记只能由我自己来写”。虽然我们看不到卢作孚本人为自己写的传记，但是他留下了上百万文字的丰富著述、电报、信函、挽联、批示等文字资料。所谓文如其人，透过卷帙浩繁的文章、电报、信函等不难追寻一个奔忙于乱世的人影，也不难勾勒一个引领时代的民族精英。

卢作孚的好友晏阳初曾在文章中写道：“他是个绝顶聪明的人。”这句话里的这个“他”，指卢作孚。

民生公司总经理室工作人员周仁贵在文章中写到卢作孚时，这样描述他：“头脑清晰细致，记忆力特别强，过去若干年的人

和事，他都记得清清楚楚；尤其是某些有关数字，哪怕是小数点以后的若干位数字，他都记得很清楚。”周仁贵记忆中的卢作孚“能文能讲，口笔两利”。

卢作孚留有很多讲话文稿，他或在官场或在商界，都有很多场合和机会需要他出席、讲话，文稿或长或短，无官气无贵气却接地气，旁征博引，语重心长，就算呈送当政者的意见书，也毫无客套之语，不折不绕直奔主题，真诚坦荡，可谓“只知有国，不知其他”。浩瀚中华文明史，先贤圣哲灿若星河，一个人如何能经受时光的淘洗和历史的沉淀而不被遗忘？翻来覆去追索，卢作孚之所以成为卢作孚，原因是什么？

纵观卢作孚一生，他从不囿于某一种理论学说，不带任何偏见，善于协调，长于转化，深深得益于博大精深的中华文化精髓。卢作孚天资聪颖，悟思敏捷，酷爱读书，一生都在学习，少年辍学的他为扩充自己的基础知识自修数学，锻炼了极为精明的逻辑思维头脑。他 17 岁起，对社会科学和自然科学产生了浓厚兴趣，继而又博览卢梭的《民约论》、达尔文的《进化论》、赫胥黎的《天演论》等古今中外名著，倾注全力学习古文、历史、地理、物理和化学，特别是对各国的发展历史进行了深入系统研究，自学让他储备了丰富的知识。他 49 岁时，于养病之余开始忙中抽暇学习英文，虽说有的方面困难些，但能轻易地阅读英文报纸和英美刊物，并且很少漏听罗斯福和丘吉尔的广播演讲，外文秘书为他拟的函电稿，还能提笔修改。身逢世变的卢作孚，传统经典启蒙了心智，根植于优秀传统文化使他心地淳良，情怀高尚，接着近代的西方文明之光突然照了进来，中、外，新、旧文化精华的滋养，使他极具超越世俗的理想。这一切，成就其“以天下为己任”的非凡胆识，并赋予使他实现理想的能力。这是一个奇才，一个独特的个体生命。

卢作孚特别喜欢韩愈的文章，欣赏韩愈的人品，曾花了三年时间研究韩愈的著作，并逐段逐章做了批注，可以说颇得韩愈文章的精义奥妙。他也酷爱古诗词，凭着罕有的记忆力，能把许多古代诗词一字不差地背诵出来，并且通晓作者的生平、写作时间、背景及其历史上的地位、评价，一生不忘，所有这些为卢作孚全方位探索新知识打下良好的基础。

既提到韩愈，就说说韩愈这位我国唐代著名的思想家、文学家。韩愈的文章继承了先秦两汉散文的传统，反对六朝以来骈偶之风，气势雄伟，说理透彻，逻辑性强。韩愈领导了唐代反骈文的古文运动，开辟了唐朝以来古文的发展道路，被尊为唐宋八大家之首，在中国文坛上有重要地位。我相信，喜欢读韩愈文章的人不在少数，卢作孚作为欣赏他的读者之一，当然再正常不过。卢作孚仅仅只是喜欢韩愈的文章吗？20 岁时平生第一次遇险，过堂时是背诵韩愈的《祭十二郎文》，后被一乡绅保释得以活命，就这点而言，卢作孚和韩愈算是隔着千年的生死之交。

韩愈自幼聪慧，孤贫刻苦，具有超凡的天赋和文化素养，25 岁进士及第，开始在政坛施展抱负。政治上他反对藩镇割据，维护唐王朝统一，思想上提倡儒家正统，批判佛老。“文起八代之衰，道济天下之溺”，韩愈一生始终以天下为己任，关心人民疾苦，敢为天下先，敢于直言进谏，拥有顶天立地的大丈夫伟岸气节。他一生为实现自己的理想而奋斗不止，奉行“达则兼济天下”，也从未“穷则独善其身”，政治上屡遭贬谪却从不灰心，报国之念久而弥坚。

是否能从以上关于韩愈的这段文字里，看到卢作孚的影子？韩愈的政治品德、教育思想以及文学和哲学上的成就，成为后世的宝贵精神财富，根深蒂固地影响了卢作孚的一生。比照韩愈细品卢作孚，除去自幼聪慧、孤贫刻苦、天赋非凡这些外在的相似，卢作孚是否也是一生始终以天下为己任，关心人民疾苦，敢为天下先，敢于直言进谏，拥有顶天立地的大丈夫的伟岸气节？

他是否也是一生为实现自己的理想而奋斗不止，奉行“达则兼济天下”，也从未“穷则独善其身”，报国之志，久而弥坚？答案不言自明，卢作孚身上的太多特质，完美折射出韩愈的影子。

德国哲学家卡尔·雅斯贝尔斯说，教育的本质是：一棵树摇动另一棵树，一朵云推动另一朵云，一个灵魂唤醒另一个灵魂。如果，韩愈是一千年前的那棵树、那朵云、那个灵魂，那么卢作孚就是另一棵树、另一朵云、另一个灵魂。更何况，年轻时的卢作孚处在一个风起云涌的巨变时代，唤醒他灵魂的还有达尔文、卢梭、赫胥黎、罗素等一众国外学界名人的学说。

卢作孚的文章笔墨真诚，条理清晰，开门见山，直指文意，幽默不失风趣。追根溯源，透过卢作孚可看到韩愈的影子，通过韩愈也恍惚可见卢作孚的形象，他们共同的、共通的地方实在很多。他在《华东、东北考察归来在民生公司欢迎会上的讲话》开篇就这样写道：“这几天话说得太多，把声音都说嘶了，此次我们四个团体，十几位人，一同出去鬼混了五个月十三天……”

辛亥革命后，卢作孚先后担任过中学教师、报社记者和编辑，广泛地结识了社会各方面人士，其中包括恽代英、萧楚女。五四运动给他深刻的影响，使他成为少年中国学会的首批会员。他还得到黄炎培的帮助，考察了许多文化教育和实业设施，这些经历有助于他加深对中国社会的了解和对帝国主义的认识。在各种思潮的影响下，逐渐形成他的社会观和事业观以及政治思想和经济思想。

卢作孚糅合洋务运动以来的资产阶级改良主义以及西方19世纪早期空想社会主义思想，融“实业救国”和“教育救国”为一体，把物质建设和社会组织的“现代化”联系起来，提出“新集团生活”和“现代化”的设想。本于良知理性“为生民请命”，本于“区区之诚，只知有国，不知其他”挺身而出。卢作孚希望改良中国的现状，认为中国现代化的根本问题在于改变建立在农业自然经济基础上“以家庭为中心”的“集团生活”，建立起以“新的互相倚赖关系”为基础的“新的集团生活”。他认为：“中国人只有两重社会生活——第一重是家庭，第二重是亲戚邻里朋友”，“为了家庭可以披星戴月，可以手胼足胝，可以蝇营狗苟，可以贪赃枉法，可以鼠窃狗盗，可以杀人越货；为了家庭牺牲了家庭以外的一切，亦可牺牲了你自己”。“我们必须打破这以家庭为中心的集团生活，扩大为以国家、民族为中心的集团生活，然后中国才有办法”。为此，他亲自主持开展了“成都通俗教育馆”“民生实业股份有限公司”“北碚现代化乡村建设”三大“新的集团生活”的试验。这三个试验相互关联，相互促进。

卢作孚还认为，复兴中国的根本办法是“需要建立一个成功的现代的国家”，“从国防上建设现代的海陆空军，从交通上建设现代的铁路、汽车路、轮船、飞机、电报、电话”，“促使中国完成现代化的物质建设和现代的社会组织”，而“建设现代化的集团生活”更是建设这一切的根本和需要同时解决的问题。有学者指出：“在旧中国，提倡教育救国、实业救国者，早有人在，但没有提到实现国家现代化的高度。孙中山的民生主义、建国大纲及实业计划，已有明白的现代化思想，可在此后，更明确提出‘现代化’口号，并对其具体内容和目标做了明确规定的人，卢作孚还是第一个。”

卢作孚一直主张现代化建设既包括经济建设，也包括政治建设与文化建设，但一切应以经济建设为中心。他说：“政府机关是用以管理经济建设的，法律是用以保障经济建设的，教育是用以培养经济建设人才的，科学研究是用以克服经济建设所遇到的困难的。”“政治，应为最大多数人，谋最大福利的政治。”

作为卓越的思想者，卢作孚以坚忍不拔的毅力苦读苦思，片刻不停。他的文集中很早就提到了列宁和他的新经济政策，表示赞赏和崇敬。他的经济思想中，也是力主实行计划经济的，目的

之一是为了加速国家现代化建设，尽快赶上发达资本主义国家；目的之二是为了避免资本主义的痼疾，竞争的无政府状态及其带来的危机。卢作孚并不主张照搬苏联计划经济的模式，因为他认为中国不需要像苏联那样，中国应该保留私有制，以激发民间资本的最大活力。通过计划经济的控制，防止私人资本的无限扩展和垄断，防止贫富严重分化。“国家只须控制两个武器：第一是法律；第二是计划。两者都是维持秩序，法律从消极方面规定了人民行动的范围，计划更从积极方面规定了人们行动的方向和途程”。并以极其宏阔的格局提出设想，只要计划定了，何必一定政府来做？人民也可以做，中国人可以做，外国人还可以做。

卢作孚抗战前完成的《四川人的大梦其醒》《从四个运动做到中国统一》《建设中国的困难及其必循的道路》等若干重要著作，都从不同角度阐述了自己的经济思想和社会理想。抗战胜利后，他又发表《战后中国究应如何建设》的长文，在此文中，他依然坚持自己的社会变革理想。胜利之后是希望建设；建设应以经济为中心；经济必须有计划；如何做成整个配合的计划，计划究应广泛到何种程度，倡导以国家为范围的最强有力的集体生活。从文章的题目和内容分析，这完全是一部经济的治国方略。

他做人委婉谦恭，曲尽其诚，做事斩钉截铁，堂堂正正，在任何领域都“忠实地做事，诚恳地对人”。

《易经》十分重视谦德，六十四卦中只有谦卦是六爻全吉：“大足以守天下，中足以守其国家，近足以守其身，谦之谓也”，“谦谦君子，卑以自牧。”“牧”是守的意思，“卑以自牧”就是以谦卑自守，以谦卑的姿态守住低处。老子说：“上善若水。”水性趋下与物无争，向低处流。为人处世也要如此，低调平静，谦下自处，时刻保持谦虚卑下的态度。水看似柔弱，但是“滴水穿石”；谦退看似柔弱，其实是以退为进，以柔克刚。

《中庸》：“诚者，天之道。”“诚”的形式可以多种多样，忠是对国家的诚，孝是对父母的诚，慈是对子女的诚……修养的最高境界是“至诚”，而“诚”是天道，也就是人先天的本性。“诚者自成也。”“诚”也是“成”，古文中这两个字是通用的，而“成”就是自我实现。“诚”首先可以作为自我的选择，就是说一个人可以出于自己的意志，选择做一个诚实的人；其次“诚”的实现还需要后天的自我努力，也就是通常说的“修身”。

从卢作孚一生来看，他的至谦至诚，从来是目的而非手段。

他牢记并始终坚持少年中国学会“奋斗、实践、坚忍、俭朴”的八字信条。

卢作孚在《什么叫做自私自利》中说过这样一段话：“你的生路会沉溺在这强烈的社会要求当中，如醉如痴，如火如荼，比较沉溺在漂亮的衣服，高大的房屋，名贵的陈设，富有的财产，出人头地的地位，其要求人的力气和生命，更深刻而浓厚。只要社会变更了要求，人就会变更了行动。”

有文章这样描述卢作孚：“今天，作为一个创造了令人眼花缭乱的成就的全国闻名人物，他已将他童年时期的许多事物忘记，然而他却从未抛弃他在普通人民中艰苦一生所形成的个人简朴习惯和谦逊品德，尽管他目前的工作和生活状况看起来多少有点儿不协调。在他新船上的头等舱里，他不惜从谢菲尔德进口刀叉餐具，从柏林进口瓷器，从布拉格进口玻璃器皿。但是在他自己的饭桌上却放着几只普通的碗和筷子。甚至这些船上的三等舱中也有瓷浴盆、电器设备和带垫子的沙发椅，但成为强烈对照的是，他那被称为家的六间改修过的农民小屋中，围着破旧桌子放的，却是一些跛脚的旧式木椅。”他自己却说：“一个聪明的人的最聪明的方法亦是最快乐的方法，就是凭自己的力量做出一桩事来让人看，让人欣赏，让人享受，也曾让人学习，能一样的创造起来，这就是人生最得意的事。”还说：“人生的快慰不在享受幸福，而在创造幸福。不在创造个人幸福或个人享受，而在创造公

众幸福与公众一同享受。”

卢作孚一生实现了他的人生信念，和他相熟的人都知道，去他家做客，如果人多一点就得站着吃饭。一位卢作孚当时的友人这样描述他的居室：“又闷，又潮，低低的天花板下挂着一只没有灯罩的灯泡，漆黑的衣柜年代久远，没铺桌布的写字台，竹制的书架，外加两把旧藤椅，这就是房中仅有的一切。”而当时他是全国最大的民营航运公司——民生公司的总经理，并兼任几十家企业的董事长。

卢作孚与其妻子蒙淑仪一直都穿粗布衣服，在创办民生公司前是如此，在创办民生公司以后也是如此，担任交通部次长和全国粮食局局长以后依旧如此。常年穿一套中山装，人长得很小，又瘦，为了节省梳头的时间，剃光头。张群有一次跟他开玩笑：“你的跟班都比你穿得漂亮。”他的子女在如此家风熏陶中，都养成了艰苦朴素的习惯。卢家伙食向来简单，粗茶淡饭而已，偶尔买一点点肉做菜。抗战开始后，肉极少吃了，夏天是炒泡豇豆、糖胡豆下饭，冬天是土豆泥、炒莴苣下饭。晏阳初在《敬怀至友作孚兄》中这样写着：“他自己并不想赚钱，忘我忘家，绝对无私。抗战时，他有一次生病了，他的家人想买一只鸡给他吃，连这钱都没有。由此可见他人格的高尚。”

卢作孚的收入并不限于工资，他先后兼任数十个单位的董事或董事长，享有为数可观的舆马费，这些费用他分文不取，全部捐给中国西部科学院、兼善中学、瑞山小学等科研、文化单位。他自己的工资除供养家人生活、子女读书外还要资助兄弟，以致生活拮据，捉襟见肘。卢作孚不为财不积财更不敛财，他说自己留给儿女的除了做事的本领，没有准备任何财产。

卢作孚人虽在名利中，却似站在名利外，他始终坚守少年中国学会的八字信条，身无分文，心怀天下。无论何种境遇，始终以天下为己任，把自己变成乱世一团火，暗夜一道光。

1936年3月，四川省建设厅直属的家畜保育所开业，请卢作孚前去参观指导，他见庭院中有一新建的石桥上刻着“作孚桥”三字，十分不悦，既然建成，拆掉可惜，便要求所长马上用水泥把字盖上。因不放心，次日上午又专程去一趟，亲眼看见桥栏上的字被掩盖才放心离去。卢作孚不容许为他歌功颂德。

1934年春，北碚地方民众为表达对卢作孚母亲的爱戴之情，捐款3000元，准备为老太太建造一座别墅。卢作孚无法推辞，遂决定在平民公园东北山顶修建一个亭阁，供游人登临后纳凉休憩。众人请书法名家题名为“慈寿阁”，以祝卢母花甲之寿。卢作孚很快将匾摘下，直到抗战爆发，国民政府西迁重庆，时任国民政府主席林森到北碚游览，卢作孚请林森题写“清凉亭”三字，做成匾额挂于亭阁。1939年，著名教育家陶行知夫妇在此长住，创办育才学校和晓庄研究所，为“清凉亭”再添一段佳话。事实上，卢作孚和陶行知颇多相通、相似之处，他们作为同时代的好友，都坚持教育救国的理想，短暂的一生走过了相同又不尽相同的爱国之路。

著名爱国人士杜重远讲：“在上海，我曾向张公权先生讲到作孚先生的成绩，他很起敬，定要一见。后来，作孚先生到上海，择一个星期日到野外长谈，选在公权先生的别墅，谈了四个小时才分开。当时公权先生对我说，作孚先生人确实好，但似乎还不似你说的那么好。后来公权先生来重庆，看到作孚先生的实地工作之后，他说：在中国，平日看一般人的劣习太多，以为中国是无望了。但看北碚，看当日欢迎的干部群众，人人精神振奋，热情洋溢，男男女女没有一个人有恶习，真让我感动得流泪，是以真正地钦佩了。”

著名学者姜铎先生曾在《论卢作孚先生的伟大人格》中，对卢作孚的生平这样概括：“卢先生既不是一般的民族资本家，一般的近代企业家，一般的爱国实业家；也不是一般的经济学家，

一般的经济管理学家，一般的政论家或学者；而是一个中国近代史上英雄人物中，一个具有伟大人格的革命实干家！卢先生的伟大人格，既来源于他爱国家、爱社会、爱人民的拳拳赤诚；又来源于中华民族五千年来的优秀传统和世界现代文明的精华。卢先生的伟大人格，具有巨大魅力、凝聚力和吸引力，所到之处，金石为开，成为卢先生事业赖以成功的基石。”

梁漱溟先生说：“作孚先生胸怀高旷，公而忘私，为而不有，庶几乎可比于古之贤哲焉。”

经叔平先生说：“卢作孚先生是一位具有强烈爱国主义精神的实业家。他以国家的强盛、民族的复兴为己任，追随孙中山先生的民生主义，实现其‘实业救国’的主张。为改变旧中国的教育落后经济落后而奋斗终生。”

黄炎培说：“把他精神分析起来，是耐苦耐劳的，是大公无私的，是谦和周到的，是明觉爽快的，是虚心求前进的，是富于理想而又勇于实行的。”

卢作孚出身寒门，天资聪颖却少年失学，天性淳厚，幼有大志。因为爱国，他参与革命、办教育、创实业、统军队、做高官。因为爱国，他白手起家收复长江航运，成为一代船王，合纵连横斡旋于军阀之间，助消蜀中战火。因为爱国，他于民族危亡之际临危受命，主持交通、粮政，护国护民于水火。因为爱国，他主持乡村建设，苦心经营十余年，将北碚建设成“新中国的缩影”。他做官不为官，功成即退，他做实业不为钱，布衣本色。卢作孚的理想是“愿人人皆为园艺家，将世界造成花园一样”，他一生“公而忘私，为而不有”，所作所为绝非商贾之事，体现了以天下为己任的士人本色。

习近平总书记在对“中国梦”的阐述中指出，实现“中国梦”必须走中国道路，这就是中国特色社会主义道路。“中国梦”归根到底是人民的梦，必须紧紧依靠人民来实现，必须不断为人民造福。而今观之，卢作孚正是为“中国梦”的实现而努力奋斗的践行者。

传统文化的滋养和外来文化的碰撞，出入政商，游走于庙堂和江湖之间的经历，造就了与众不同的格局宏阔的卢作孚。他一生追着光，靠近光，成为光，散发光。一生创造奇迹，一生爱国，寻求救国兴国之路。作为教育家，卢作孚教育救国的理念，教育统治人心的思想影响深远。作为思想家，他的“国家现代化”“乡村现代化”“人的现代化”“以经济建设为中心”等思想，无不闪烁着睿智的开拓者的光辉。作为社会改革家，他一生都在探索救国道路，主持嘉陵江三峡乡村建设运动，探索解决“三农问题”取得举世瞩目的成就。作为实业家，为发展民族航业，他缔造中国最大民营航运企业民生公司，重视企业文化，改革管理方法，崛起于长江，争雄于列强。他是以“爱国、敬业、无私”精神，以实际行动为“中国梦”奉献一生的人。

余世存说：“卢作孚从一个穷苦孩子自学成才，在人生道路上一路打拼，横跨政界、商界、学界，立功、立德、立言之不朽都可赞可叹可颂，被人称为圣贤。实际上，这种圣贤，在我的研究而言，并非什么高不可攀的超人，而是一个深得自由真义的心灵和行藏极度自由的精神个体，因此，他的话语才那样契合大众的心理。所谓千古圣贤的一点真骨血传承，其实就是这种珍贵的自由精神。其立言之明心见性，之与普通人相通，远非当代成功人士一类的企业家的言行可以望其项背。”

这是一位思考者、奋斗者、先驱者，他的一生是爱国的一生。与他有关的人物，上自国家领袖，下至平民百姓；与他相关的事件涉及中外政治、经济、实业、军事、科学、文化、教育、党派、帮会。面对这样传奇而伟大的人生，我们除了赞叹他的丰功伟绩，还需要学习发扬他爱国、敬业、无私的崇高精神。

九、名人评述

1955年5月，毛泽东在一次会议中提到：中国近代工业，不能忘记四个人：搞重工业的张之洞，搞轻工业的张謇，搞交通运输业的卢作孚，搞化学工业的范旭东。

——《青年一代》

作孚先生胸怀高旷，公而忘私，为而不有，庶几乎可比于古之贤哲焉。

——梁漱溟

把他精神分析起来，是耐苦耐劳的，是大公无私的，是谦和周到的，是明决爽快的，是虚心求前进的，是富于理想而又勇于实行的。

——黄炎培

他极富创造力，具有实现理想的才干和毅力。

——晏阳初

我一生奔走东西，相交者可谓不少；但惟有作孚兄是我最敬佩的至友。

——晏阳初

他是个绝顶聪明的人。

——晏阳初

像作孚这样一位正人君子，爱国志士，了不起的实业家，国人应当敬重。然而，他的结局竟是如此悲惨。我为国家伤心，我为至友哀痛。

——晏阳初

对于有如此服务成绩的人物，美国的群众也许会在下届总统选举中喊出："举卢作孚做总统!"在中国，让我们喊："请卢作孚做行政院长!"照我个人的成见，中国需要一个做事的政府，需要一个有许多卢作孚式人物的内阁，这样的阁员是以他办事的才能而入阁的。

——林语堂

川省执政者有若卢君者五人而四川治，中央执政者有若卢君者十人而中国治。

——胡先骕

哲人云亡，精神不死，作孚先生的事业载在史册，昭兹来者，启迪后人。

——孙越崎

一个没有受过学校教育的学者，一个没有现代个人享受要求的现代企业家，一个没有钱的大亨。

——张群

卢作孚的一生是爱国的，是杰出的实业家。

——古耕虞

我认为卢作孚为人心胸慈善，办事诚恳。

——古耕虞

卢作孚是我国著名的爱国实业家；躬行实践的教育家；才华卓越的社会活动家。

——葛向荣

幼即天资聪颖，悟思敏捷，秉性纯朴，习尚勤俭。

——葛向荣

卢作孚先生创办中国西部科学院，本身就说明他是一个不平凡的人物。

——徐崇林

而一位实业家能倡议办起了科学院，说明卢先生懂得科学技术与发展生产的关系，也说明卢先生经营企业，不只是想赚点钱供个人享受，而且抱有宏图大志。

——徐崇林

卢作孚先生很重视知识分子，且知人善任。

——徐崇林

一心为事业，为国家，不计较个人得失。

——周仁贵

能文能讲，口笔两利。

——周仁贵

头脑清晰细致，记忆力特别强，过去若干年的人和事，他都记得清清楚楚；尤其是某些有关数字，哪怕是小数点以后的若干位数字，他都记得很清楚。

——周仁贵

卢公实川中之人杰也。

——杜重远

在我的朋友当中，最敬佩的有两位：一位卢作孚先生，一位邹韬奋先生。这两个人，至少对我个人的关系很大。一位是影响我的事业，一位是影响我的思想。

——杜重远

没有卢作孚，没有民生公司；没有民生公司，没有这些牺牲，也没有这些创造，也许不能造成战时那些局面。

——徐盈

卢作孚先生是一位具有强烈爱国主义精神的实业家。他以国家的强盛、民族的复兴为己任，追随孙中山先生的民生主义，实现其“实业救国”的主张。为改变旧中国的教育落后经济落后而奋斗终生。

——经叔平

卢作孚先生对中国航运事业的贡献，人们是不会忘记的。他的爱国主义精神，刻苦学习和艰苦奋斗的作风，以及著述中所反映的社会化思想，都是值得我们借鉴的宝贵历史教材。

——经叔平

1925 年 10 月，当他筹建民生公司时，四川政局混乱，经济凋敝，民不聊生。他本着实业救国和造福乡里的热忱，奔走于成都、重庆、上海之间，为川江航运业的发展而煞费苦心。1937 年全面抗战爆发后，他竭尽全力集中全部可用船只，抢运人员与物资进川。这一非常时期的非常行动，根植于他对国家命运的关心。卢作孚先生的创业精神同他的爱国主义思想是紧密地结合在一起的。

——厉以宁

卢作孚从一个穷苦孩子自学成才，在人生道路上一路打拼，横跨政界、商界、学界，立功、立德、立言之不朽都可赞可叹可颂，被人称为圣贤。实际上，这种圣贤，在我的研究而言，并非什么高不可攀的超人，而是一个深得自由真义的心灵和行藏极度自由的精神个体，因此，他的话语才那样契合大众的心理。所谓千古圣贤的一点真骨血传承，其实就是这种珍贵的自由精神。其立言之明心见性，之与普通人相通，远非当代成功人士一类的企业家的言行可以望其项背。当代人与其看成功人士的训导，不如回到卢作孚去。

——余世存

卢作孚先生在我心目中可谓是高山仰止。他于兵荒马乱的年代竟然不可思议地创办出了卓越一流的企业；但在民族危难之际，他却拼上倾注着自己心血的企业，谱写了一曲中国版敦刻尔克的救亡曲；而在巨富面前他的那种“生而不有，为而不持”的淡定超然，又无人企及。

——张瑞敏

卢作孚是我特别敬佩的人，但我绝不敢跟他比。抗日时期，他让员工为国家运送物资，损失很大，之后他又一心做建设。

——柳传志

卢先生既不是一般的民族资本家，一般的近代实业家，一般的爱国实业家；也不是一般的经济学家，一般的经济管理学家，一般的政论家或学者；而是中国近代史上英雄人物中一个具有伟大人格的革命实干家！卢先生的伟大人格，既来源于他爱国家、爱社会、爱人民的拳拳赤诚；又来源于中华民族五千年来的优秀传统和世界现代文明的精华。卢先生的伟大人格，具有巨大魅力、凝聚力和吸引力，所到之处，金石为开，成为卢先生事业赖以成功的基石。

——姜铎

十、卢作孚箴言辑录

●自一方面观之，人人皆有天赋之本能，即人人皆应有受教育之机会。自他方面观之，吾人所处欲得良好之社会，必其社会中皆受有良好教育之人。是今后受教育者，应为人类之全体，不应复为少数。

……

一切病象，皆缘于人，须教育救治之；一切事业，皆待于人，须教育兴举之。

——卢作孚：《教育经费与教育进行》(1922.1)

●不受现行各种制度的束缚，依于地方上或事业上的需要，而更依于审慎的计划和完密的手续，可以变更现行各种制度。(这一层是在现行制度下面应该容许的，且不可误把统一认为划一，分歧认为分裂。就一方面说，国家须统一，制度却不须划一；就他方面说，国家不可分裂，制度却可分歧。)

——卢作孚：《一个根本的事业怎样着手经营的一个意见》(1923)

●提倡分食：① 每人分配菜一碟或一小碗；② 如有公共的菜，须有公共的箸、调羹，不得用自己吃过的箸和调羹插进去。

……

饮食问题：① 提倡不用酒，不用纸烟；② 提倡分食，素食；③ 提倡在大食堂会食，以便饭招待客人。

——卢作孚：《四川的新生命》(1924)

●苟安是成功的大敌，应该做的事情，每因苟安终于不做，应该除的嗜好，每因苟安终于不除。

——卢作孚：《怎么样做事　为社会做事》(1929.4)

●做事应在进行上求兴趣，成绩上求快慰，不应以得报酬为鹄的，争地位为能事。

——卢作孚：《怎么样做事　为社会做事》(1929.4)

●天下事都艰难，我们如能战胜艰难，天下便无艰难事。

人生真味在困难中，不在安泰中。最有味的是一种困难问题的解决，困难工作的完成。

做事不应怕人反对，但应设法引起人的信心同情，减少人的反对。

我们为社会努力，莫因事坏而不管，效缓而不为；事惟其坏更应设法弄好，效惟其缓，更应设法提前。

我们应一致反对的是空谈，应一致努力的是实践。

我们要随时随地转移社会，不为社会所转移。我们要改造社会环境，应从我们一身的周围改造起。

事应着手做的，便应立刻着手，不可今天推到明天，今年推到明年。

人应当爱惜时间，所以应当不辍的做事，尤应当爱惜经验，所以应当不辍的做一桩事。

——卢作孚：《怎么样做事　为社会做事》(1929.4)

●事业的失败不为病，只病不求失败的原因，不受失败的教训。

不失败的人，就是不甘失败的人。

但愿人都为园艺家，把社会布置成花园一样美丽，都为建筑

家，把社会上一切事业都建筑完成。

——卢作孚：《怎么样做事　为社会做事》(1929.4)

●无论解决一个什么问题，都须先把那问题分析清楚，把那问题里边的事情调查清楚

——卢作孚：《乡村建设》(1930.1)

●如果认为革命是一桩完整的事业，便不能把破坏与建设截成两段，必须且建设且破坏；而且必须以建设的力量作破坏的前锋，建设到何处，才破坏到何处。

大家应该知道：破坏的实力是建设，绝不是枪炮，亦不是军队。

就令目的为了破坏，手段亦当采自建设方面。建设应从心理起，从建设公共理想起。

——卢作孚：《四川人的大梦其醒》(1930.1)

●人生的快慰不在享受幸福，而在创造幸福；不在创造个人的幸福，供给个人享受，而在创造公众幸福，与公众一同享受。最快慰的是且创造，且欣赏，且看公众欣赏。这种滋味，不去经验，不能尝到。平常人都以为替自己培植一个花园或建筑一间房子，自己享受，是快乐；不知道替公众培植一个公园或建筑一间房子，看看公众很快乐地去享受，或自己亦在其中，更快乐。一个朋友说："人们建筑一间美丽的房子在一个极大的公共猪圈里面，何如建筑一间小小的草房在一个极大的公共花园里面!"

这便是一个顶好的盘算，最大的快乐，最大的幸福，都在公共的经营里面。

我们如果不汲汲于个人幸福的享受，便不求有所取得，便用不着互相争夺了。

大家要扩充爱的对象，变更爱的方法。

我们爱一个人，便须得望一个人好，便须得把一个人训练好。现在社会上需要的好人，不但是消极地不妨害社会而已，还须积极地为社会做事，为社会做一桩有益的事体。

大家应该觉得，无论对人、对物施其爱的感情，都是精神上非常感觉快乐的。

——卢作孚：《四川人的大梦其醒》（1930.1）

●有了具体的办法，便要试验，便要实施，便要定出程序。譬如政治上首先要使人安定，次则要使人有饭吃，再次则使人聪明，最后乃使人快乐。如果这是应有的程序，不幸而颠倒转来，首先使人享乐，人是不会有资格享乐的。事有缓急，什么时间应做什么亦有步骤，什么时间应做到什么程序，都须事前有一种决定，事后还有一种整理。

……

尊重秩序，从领导者本身起，才实现了领导的意义。中国许多问题不能解决，问题都不在问题身上的，而是在人身上的。所以四川的政治问题，应从训练人解决起。

一个严整的组织下面，无论其为首长，或为从属，每个人，都有权，而权都有限，不容人在权限以外做坏事，亦不容人在权限以外做好事，全局乃不致紊乱。即在各权限内的，亦并不是不让人自由活动，而是处处要顾到全局的，要遵守公共规律的，这是组织的精神，亦即法治的精神。

今天以后的中国，应靠法治不能靠人治。所需于人的，亦重在造法的训练和守法的训练。

——卢作孚：《四川的问题》（1931.6）

●有人说，中国人肯闹意见，其实中国人最缺乏意见，最缺

乏公共的意见，只会闹个人的利害，在政治上争攘不已的，有几个曾经提出政治上的具体办法来？

虽然我们的生活常常在世界的震撼当中，甚至因金价的变动，而我们的家屋都已打了折扣，然而还在闭起眼睛做我们的酣梦。

——卢作孚：《四川的问题》(1931.6)

●搜寻人的坏处，不但无由望人好，倒把自己的思想引向坏处了。

——卢作孚：《怎么样做事　为社会做事》(1934.2)

●人要在饿的时候，才知道饭的滋味，在累的时候，才知道睡的滋味；做一人生的快乐，不贵有太丰的享用，贵在极感需要的时候才享用。

——卢作孚：《怎么样做事　为社会做事》(1934.2)

●一群努力的朋友，无时不在惊涛骇浪中挣扎前进，悬心吊胆，绝未容有瞬息之苟安，此是痛苦，亦是快乐。天下事业之成，必有一批人披肝沥胆，推心置腹，相纠其短，相携于义。此种精神正待吾辈倡之。

——卢作孚：《什么叫做自私自利》(1934.2)

●你的生路会沉溺在这强烈的社会要求当中，如醉如痴，如火如荼，比较沉溺在漂亮的衣服，高大的房屋，名贵的陈设，富有的财产，出人头地的地位，其要求人的力气和生命，更深刻而浓厚。只要社会变更了要求，人就会变更了行动。

——卢作孚：《什么叫做自私自利》(1934.2)

●我们做事应取得利益，但应得自帮助他人，不应得自他人损失。

我们对人有两种美德：一是拯救人的危难，二是辅助人的事业。

人对人的行为，宜找出好处，对自己的行为，宜找出错处。

忠实地做事，诚恳地对人。

人有不可容的事，事没有不可容的人。

消灭社会上的罪恶，不是消灭在罪恶里面的人，是要拯救出他们。

——卢作孚：《怎么样做事　为社会做事》(1934.2)

●最好的报酬是求仁得仁，建筑一个美好的公园，便报酬你一个美好的公园，建设一个完整的国家，便报酬你一个完整的国家。

这是何等伟大而且可靠的报酬！它可以安慰你的灵魂，它可以沉溺你的终身，它可以感动无数人心，它可以变更一个社会，乃至于社会的风气。这是何等伟大而且可爱的报酬！一点儿月薪、地位……算得了什么！月薪、地位……决不是你的工作报酬，只是你的工作的帮助。帮助只需要到最小限度，工作乃需要到最大限度。

——卢作孚：《工作的报酬》(1934.3)

●尤其是明白现代意义的贤者，应明白选择地位是促起纷争的一个大原因，你要是于地位无所择，于道路之开辟成绩之表现则绝不让人，你终会得着人的信任和同情，得着人的帮助，至少亦得着人的容许的。你要集中你的全力于创新的集团生活，你应得避免一切纷争。不问地位就是避免纷争最紧要的法门。

——卢作孚：《建设中国的困难及其必循的道路》(1934.8)

●民众教育主要的意义是在增进人们谋生的机会。

——卢作孚：《四川嘉陵江三峡的乡村运动》(1934.10)

●将来到一乡村，就把一乡村弄好；到一县就把一县弄好；到一省也把一省弄好；扩而大之，中华民国也弄好了，那是很有把握的。

——卢作孚：《社会的动力与青年的出路（下）》(1935.10)

●读书是为什么？而读书又到哪个时候，才算成功？“成功”是什么东西？读书之后，个人得了功名，家庭收入很丰，这是你成功了？除此之外，没有成功可言。中国就是因为每个人都想成功，因此国家的事、社会的事，什么都失败！如果长此以往，中国的一切，也就永远失败！……

我们今天举行这个国耻纪念，每个人都晓得痛骂曹汝霖、陆宗舆、章宗祥的卖国；可是我们要晓得，他们几个人做学生的时候，是最优秀的分子，当时他们只求自己的成功，因此读书之后，只顾自己的出路，不惜卖国！假如今天各位还不认清楚，而专求自己成功，那将来危害，怕比这三个卖国贼更甚！

故每个青年中学生，都应该认清学校培养人才，是盼望社会成功，而不是盼望个人成功；盼望为社会谋出路，不是为自己谋出路。

——卢作孚：《社会的动力与青年的出路（下）》(1935.10)

●中国人最缺乏的是群的信赖。因此，宁肯损群利己，没有法子结合成功三人以上的团体。如果有之，不是纷争，便无实际。

——卢作孚：《十周年纪念日》(1935.11)

●一群努力的朋友，无时不在惊风骇浪中挣扎前进、悬心吊胆，绝未容有瞬息之苟安。此是痛苦，却亦是快乐。

——卢作孚：《十周年纪念日》(1935.11)

●人的成功不是要当经理、总经理，或变成拥有百万、千万的富翁，成功自己；而是盼望每一个人都有工作能力，都能成功所做的事业，使事业能切实帮助社会。许多人都把这个意义弄不清楚，往往败坏事业，成功自己；自己虽说是成功，社会却失败了。因为自己这种成功，是从剥削社会得来的。

历史上已给予了我们不少证明，极须由成功自己改变到成功一个事业，乃至成功一个社会。

外面的原因使我们事业失败了，我们毫不畏惧，因为里面的人是成功的，可以救济，把它恢复起来。就令恢复不起来，因为人是成功的，亦可产生新的事业。如果人是失败的，则虽无外面的原因，亦会失败的。

我们在任何一桩事业上工作，兴趣都应在你所工作的事业上，事业才得成功，自己亦才得成功。

——卢作孚：《超个人成功的事业　超赚钱主义的生意》(1936.1)

●一切管理适当，售卖以时，计划周详，不管是平年、丰年或歉收，一定可以使民无饥荒之虞，政府也无须用大款救灾。

——卢作孚：《四川建设施政纲领》(1936.7)

●我们要鼓起勇气，坚定信心！凡白种人做得来的，黄种人都做得来；凡日本人做得来的，中国人都做得来！只要学会了他们的技术与管理，便能做出他们的事业。今天以前一切事业的失败诚在我们手里，今天以后的成功要在我们手里！只要先从先进的事业、先进的国家学会一切技术与管理。

——卢作孚：《一桩事业的几个要求》(1936.11)

●我们要努力于民生公司，有如努力于自己的家庭一样！要忠实于民生公司，有如忠实于自己的家庭一样！扩大起来说，我们努力于国家，忠实于国家，也如努力于家庭，忠实于家庭一样！要我们依赖国家，也要国家依赖我们！这样，我们才有进步，才能与旁的国家比赛。

——卢作孚：《我们的一切都要有计划和预算》(1936.9)

●“不失败的民族，是不甘心失败的民族，是拼命的民族。”民生公司的朋友要这样的报效国家，这样的自负。

——卢作孚：《要解决当前的问题》(1938.2.28)

●民国十一年在川南工作时，曾邀一个川外人来演讲，他说：“请大家认识我，我是一颗炸弹。”我解释说：“炸弹力量小，不足以毁灭对方；你应当是微生物，微生物的力量才特别大，才使人无法抵抗。”看见的不是力量，看不见的才是力量。

——卢作孚：《这才是伟大的力量》(1938.4)

●严格地管束自己，同时原谅社会，因为它是几千年造成的。除埋怨自己外，不要埋怨他人。自己改变态度，不要责备别人态度不好。对周围绝对原谅，因为他们都是旧社会的产物。

严责己，宽待人，改造社会行动，培养起这种运动，这是我们行动的要求。

——卢作孚：《这才是伟大的力量》(1938.4)

●最进化的国家，是没有一个人不读书的了。所以读书的时候，必须读书。每天工作之后的休闲时间，务必抽一部分时间出来读书。学龄期间应该读书，工作之余也应该读书。世界最发达的图书馆，每天终有几个钟头开放着，有很多人在里面读书。我也盼望我们的图书馆，和外国一样的发达，尤其要像电影院、戏院一样的发达。

——卢作孚：《怎样唤起我们的精神》(1939. 1. 1)

●中国人的缺乏理想，也可以想见了。要知道一个现代的人是富于理想的。就国家生活，有整个国家伟大的将来的理想。就事业说，参加某种事业，亦必须有对于某种事业的理想。

——卢作孚《怎样唤起我们的精神》(1939. 1. 1)

●我们已经讲过了精神的基础，第一是物质，第二是技术，第三是组织，最后就是要有最高的理想去支配物质、技术和组织，然后可以经营好一桩事业，建设好一个国家。

——卢作孚：《怎样唤起我们的精神》(1939. 1. 1)

●美国有一个钢铁大王，他说：我要不做事则已，要做就要做出世界上第一的好。人人做事，都要确立这种理想。一个人在事业里，一个事业在国家里，一个国家在世界里，均应要求做到第一的好。我们应该有具体的好的理想，而且控制着我们的行动，在一个秩序上去实现它。

——卢作孚：《怎样唤起我们的精神》(1939. 1. 1)

●本人曾遇一船中管机器者，彼谓“平常胆子小，有事胆子大”。在平常开机器之前，处处细心检查，决不苟安，且胆子极小，一旦有事，则绝对要能应付困难，胆子要大。个人之生活，亦应如此。

——卢作孚：《精神之改造》(1939. 8. 14)

●在今天以前，中国坏人固不论。即所谓好人者，亦大有不

妥处。我人所称之好人，往往即指不做坏事者之谓。不做坏事，亦即为己，因彼所为者，为一己成好人而已。不爱利而爱名，名即自身之名，中国不需要此种人。吾人做好人，必须使周围都好。只有兼善，没有独善。本人对自私自利，有新的解释。以为狭义之自私自利，仅为求一己衣食住行欲望之满足。由此解释，则破衣足以御寒，粗食足以果腹。但今日之衣服必求华丽，食物必求珍馐者，盖因流俗嗜好，故争趋之。由是相衍成风，而自私自利之欲望，乃无满足之境。所以我人必须变更此种倾向，改为欣赏他人良好之行动，及其对于国家社会之功绩，而对于自己的生活，应尽力俭省。

——卢作孚：《精神之改造》(1939. 8. 14)

●我人能思想，则不必选择思想，必能对中国之问题，作清楚之分析，故我人时时刻刻应有思想。

——卢作孚：《精神之改造》(1939. 8. 14)

●一个理想的青年，第一必须具有的便是理想。每个青年，都要求有理想，理想是他行动的指示者，意志的支持者，情感的抚慰者，是一幅图画，是一整套可以实现的计划，是大众盼望和大家欣赏的，是社会的，整个民族国家的，而非个人的。是可以实现的，可以与行动联系起来的，而非空想的。一个青年的最高理想，就是全国青年的共同理想。

——卢作孚：《一个理想的现代青年》(1940. 1. 1)

●中国需要的建设事业，千端百端，无有一端不需要建设秩序。

——卢作孚：《一个理想的现代青年》(1940. 1. 1)

●第一代的人是牛，只工作不享有。第二代的人是猪，专享有不工作。第三代的人是鸡，吃了还要抓乱掉，所以争夺紊乱，无有止境。如今要反转过来过合理的生活，就是要大家做牛，社会才有办法，民族才能复兴，所以今天需要由享有生活变到创造生活。

——卢作孚：《新生活运动是一种什么运动》（1940.1.1）

●做事莫嫌小，愈小愈做得好。

——卢作孚：《一段错误的经历》（1940.2.15）

●教国文犹如教说话，说话通畅，写下就是好文章。我认为教几十年国文，使学生说话不通，责任应在教师身上。

——卢作孚：《一段错误的经历》（1940.2.15）

●做教师时代，是先教数学，后教国文。本人对于数学，极感兴趣。以为数学，不仅是数目字的学问，同时可以训练我们的思想，使紊乱的思想变为有条理、有次序、有系统的思想。所以惟一的施教方法，就是教学生如何思想，并且如何把思想活用到数学上去。

——卢作孚：《一段错误的经历》（1940.2.15）

●平时有许多人怕想不好的方面，而专从好的方面着想，就好的方面存着种种希望，以为由此希望，便可成功，等于买彩票的人，总以为自己会得彩的，再有一般人以为敌机来的时候，炸弹不一定掉在自己头上，存着侥幸之心，而不去躲避，这是错误的心理。

——卢作孚：《准备节约生产以挽救当前危机》（1940.6.3）

●我常说：“困难来了，我就来了。”困难愈大，我们的力量愈大，有力量就没有困难。

——卢作孚：《民生公司成立18周年纪念会报告》(1943.10.10)

●凡做一种事情，必有一种报酬。然而我们的报酬不是金钱，而是事功，而是我们对国家直接间接的贡献。

——卢作孚：《民生公司成立18周年纪念会报告》(1943.10.10)

●一个聪明的人最聪明的方法亦是最快乐的方法，就是凭自己的力量做出一桩事来让人看，让人欣赏，让人享受，也曾让人学习，能一样的创造起来，这就是人生最得意的事。

——卢作孚：《我们要变，要不断地变》(1943.10.4)

●世界政治，亦可承认有能力有实力的国家，要么你变好，要么就治你。今天利害相同，就加帮助，明天利害不同就走开。把我们自己的命运，放在人家手上，总是非常危险。一定要自力更生，不仅能自在、自主地存在，即使任何力量来侵犯我们，也能坚强地存在。

——卢作孚：《我们要变，要不断地变》(1943.10.4)

●实行几个口号：“个人为事业服务，事业为社会服务。”“个人的工作是超报酬的，事业的任务是超利益的。”“站在轮船的地位，一方面为客人服务，使一切客人感受舒服，一方面为货物服务，使一切货物得着保护，因此必须为船服务，使轮船健全，航行安全。”

——卢作孚：《一桩惨淡经营的事业——民生实业公司》(1943.9)

●一部分杞忧的人们认为：国家对外战争开始了，民生公司的生命就完结了；我的感觉，却恰恰相反，认定：“国家对外的战争开始了，民生公司的任务也就开始了。”那时自己正在南京帮助中央研究总动员计划草案的时候，告诉民生公司的人员：“民生公司应该首先动员起来参加战争。”这个期望，公司实践了。

——卢作孚：《一桩惨淡经营的事业——民生实业公司》(1943.9)

●每晨宜昌总得开出五只、六只、七只轮船，下午总得有几只轮船回来，当着轮船刚要抵达码头的时候，舱口盖子早已揭开，窗门早已拉开，起动机的长臂早已举起，两岸的器材早已装在驳船上，拖头已靠近驳船。轮船刚抛了锚，驳船即已被拖到轮船边，开始紧张地装货了。两岸照耀着下货的灯光，船上照耀着装货的灯光，彻夜明在江上。岸上每数人或数十人一队抬着沉重的机器，不断的歌唱，拖头往来的汽笛不断的鸣叫，轮船上起重机的牙齿不断的呼号，汇成了一支极其悲壮的交响曲，写出了中国人动员起来反抗敌人的力量。

——卢作孚：《一桩惨淡经营的事业——民生实业公司》(1943.9)

●贤明的管理者不应处理纷乱的事务，陷自己入纷乱中，而应整理纷乱的事务，纳事务入秩序中，不应核定人如何活动，但应要求人如何活动。不应待人询问：“事应如何办理?”而应问人：“事正如何办理?”明了事的动态，乃能控制事的动态。不仅在消极方面防止弊端，尤应在积极方面建设秩序。

——卢作孚：《工商管理》(1944.1)

●如不能建造秩序或不能坚强执行既经建造的秩序，即非良好的管理者；即令其为人才，亦非良好的管理人才。

——卢作孚：《工商管理》(1944.1)

●一个国家的安全，必须掌握在自己手上。过去曾有若干年间，希望国家苟且偷安于国际均势之下，以希望为判断，外患未发，即以为无外患，其结果均势局面一失，准备无素，外患骤至，应付无术。此为永远不可或忘的教训。吾人可以仰赖国际力量维持国际和平，不可仰赖国际力量维持自己的生存。自己必须对自己的安全，负起绝对责任，必须自己支配自己的命运，必须装备自己，训练自己，使其强力足够维持自己的生活，自己力能抵御强敌的侵略，乃能遏止强敌侵略的野心。

——卢作孚：《论中国战后建设》（1944.8）

●惟有从根本上建设国家，以机器替代人力，以科学方法替代迷信与积习，使农业增产，矿产开发，工业发达，陆有火车、汽车，水有轮船，空中有飞机，可资转运；人人皆有智慧，皆有工作技术，皆有职业的机会，皆有服务公众的兴趣……

——卢作孚：《论中国战后建设》（1944.8）

●建设应以经济为中心，更当集中一切力量于经济建设。

——卢作孚：《论中国战后建设》（1944.8）

●整个国家的经济建设，经纬万端，里面包含有无数事业，无数工程，更经过若干调查，若干探测，若干研讨，乃能确定计划。

——卢作孚：《论中国战后建设》（1944.8）

●要知世界上绝无便宜的事，也绝无便宜可得。任何国家，第一总算是先顾自己，第二才是帮助自己以外的友国，绝没有例外。

——卢作孚：《国际交往与中国建设》（1944.10.1）

●所以，四川人需要认识四川，中国人尤需要认识中国，万不可鄙薄自己，只批评自己的短处，而不去发扬自己的长处，更不去改善自己的短处。我这次出去，虽然积极的保证没有，便消极的保证却是有的，就是：“绝不说自己的坏话。”

——卢作孚：《国际交往与中国建设》（1944. 10. 1）

●我们希望中国能够建设起来，先曾以北碚这个小小的地方作一度经营的实验，悬出了一个理想，叫作“将来的三峡”。最初进行起来颇困难，但毕竟能建设成功一个这样的局面。尤以迁建事业机关的帮助，两三年内完全实现了原来的理想，甚至超越了原来的理想。

——卢作孚：《国际交往与中国建设》（1944. 10. 1）

●世界上要永远地和平下去，必得要没有侵略的国家，同时更得要没有可能被侵略的国家。

——卢作孚：《国际交往与中国建设》（1944. 10. 1）

●战后除恢复原有铁路外，建设应有全局的打算，应求其打通四隅，顾到国际铁路的联络。长江以南的横断铁路应一直通到西南边界与越南缅甸印度相连，长江以北的横断铁路，应一直通到西北与苏联相连；应在平汉粤汉以西再完成一条纵断铁路，由广西通过贵州四川，并由云南通过四川以达陕西。

——卢作孚：《战后的交通运输》（1945. 7. 15）

●任何开发计划，只有使人们生活得到改善，才是有意义的。我的心中强烈地铭刻着一九三六年四川遭受的那一次近代史上最严重的旱灾之一的情景。从低空飞行的飞机上望去，数百里范围内，只能见到干枯的田野由于缺水而开裂，覆盖着大地的不是新生作物的碧绿，而是头一年留下来的枯死的残梗。一星期以后，我又一次飞过那片农村，景色却完全改变了！代替旱灾劫掠的是一里又一里新生稻谷的美丽秧苗。雨已经下过，人们已经开始播种。迅速改变的景色使我留下一个信念：人的力量等同于大自然的力量。

——卢作孚：《中国中心的伟大基地》（1945.4）

●塘沽既成，犍乐又成，不朽清辉光史乘；为建国惜，为人群惜，岂仅私痛哭先生。

——卢作孚：《挽范旭东》（1945.10.21）

●我们对北碚市区的建设，应有一整个理想，如今后的住宅区、文化区、工业区等，如何发展、如何布置等，均应有具体的设计，并一一在地图上标明出来，使每一个北碚的人都知道而且都努力来完成这理想。

——卢作孚：《新北碚的建设》（1947.11.2）

●北碚的事业，是一个整体，有的性质相近的工作，应该归作一个机构管理。如北碚的公园、动物园以及市街的园艺布置，统交由科学院经营，希望未来的北碚，遍地是公园。

——卢作孚：《新北碚的建设》（1947.11.2）

●本人由美归来，乘飞机越过纽约城，见道路纵横，环绕该城，配合高楼大厦，而感其建筑之伟大，但今年返江南时，亦见河川密布，林木青翠，江南风景尤较美国为优，因此感美国之TVA灌溉工程繁荣之美国西部，而中国之RVA应当积极兴建，以救济中国农村繁荣国民经济啊！

——卢作孚：《游美观感》（1947.4.18）

●我曾教省二女师第六班的国文，完全是让学生自己选文读，自己讲，我来听，我来问，教师、学生的教与学的关系简直把他颠倒过来了。学生真比先生讲得好，因为先生是马马虎虎，学生是用过一番功夫。至于学生作文，从不由先生出题，甚至把文字作好了，才来请我最后加上题目的。大家须知道富有天才的好文章，就是一个人自己想说的话，自己有深刻的体会或感动，然后才能写得出很深刻、很生动的文章。

……

每一个人都是天才，只需要教育去发展他。但是过去的教育，往往反把天才淹没了，受教育愈深，即淹没的愈深，只有小学生是活泼的。

——卢作孚：《如何改革小学教育》(1948.4)

●我们建设国家，就要从立脚处起，立脚在什么地方，就从什么地方建设起，在工厂，就从工厂建设起，在小学，就要从小学建设起，就要从小学生的生活秩序及其一切环境建设起。

——卢作孚：《如何改革小学教育》(1948.4)

●我们从小孩子有兴趣的实际生活中，去求知识，去找教材，去建设秩序，这便是很好的课程。

——卢作孚：《如何改革小学教育》(1948.4)

●日本有一种纪念的东西，那树木的横断面截下做圆形，或斜断面截下做椭圆形，在这些圆形或椭圆形薄片上画些山水花鸟之类，卖给游客，以做纪念。图画并不高明，但游客人人都买一点，以记游踪。

刚才看见兼善公寓的棕垫，不整齐，做得很不好。假如把它改善一下，民生公司就需要得很多。这一项手工业，是极可推

广的。

江安出竹器，但是江安并不产竹。假如在竹器上面刻以名人书画，它就是另外一层意义了。在北碚这也是可以做的。

生活要顾虑到每一个人，尤其是每一个人，这不是很好的教育吗？

——卢作孚：《在北碚座谈会上谈教育与建设》(1948.9.28)

●中国今天的教育，只能做到一个教育“士”，没有做到教育“士农工商”，与如何做“士农工商”。因此他认为，教育如果不教人谋生，就是肤浅。故他主张要为农村的贫苦儿童和成人筹划出一种崭新的教育，这教育要教导他们如何去谋生的技术，去找寻出这一条该走的道路。

——卢作孚：《教育就是建设》(1948.9.26)

●从小事做起，因为小事往往容易被别人忽略，同时小事比较容易做好。做好了，也就容易感应别人，这种感应，就是你的成功。

——卢作孚：《在北碚儿童福利区茶话会上的谈话》

●自己现在是办实业的，但实际上是一个办教育的，几乎前半生的时间都花在办教育上，而现在所办的实业，也等于是在办教育，是想把事业当中全部工作人员培养起来，提高他们的技术和管理能力。

——卢作孚：《如何彻底改革教育》(1948.4.22)

●脚已缠小了，不容易再放大，不比今天大家都是天然脚，不放就大了。所以我们希望教育从小学做起，把如一张白纸的儿童一直教好下去，不要教成死人，甚或教成坏人。

——卢作孚：《如何彻底改革教育》(1948.4.22)

●大家须知道富有天才的好文章，就是一个人自己想说的话，恰如分际地写出来。必须自己有想说的话，自己有深刻的体会或感动，然后才能写出来很深刻、很生动的文章。

——卢作孚：《如何彻底改革教育》(1948.4.22)

●有一次带瑞山校一批学生去参观一家火柴厂，许多学生看到火柴头上药的部门，一口锅烧滚了药液，一个人拿着很整齐的一排火柴，在锅上轻点着，偶一不慎，落了一根下去便燃起来了。一个小朋友很感兴趣，也拿了一根丢下去，第二个，第三个，都各拿一根丢下去。过后又走到一个烘灶前面，看着一个工人抱了一把火柴丢进灶去，轰的一声就燃起来了，那些小孩又觉得这很好玩，于是又争相各抱一把火柴丢进去，看它轰的一声燃起来。一位老师不安地说："你看小孩子这样顽皮，见啥搞啥，怎好管。"我说："好办，只要厂主乐意，我们把学生排成行列，一个个去丢，让他们每个都有丢的经验和机会。"……我们从小孩子有兴趣的实际生活中，去求知识，去找教材，去建设秩序，这便是很好的课程。教学生是麻烦的，乃是教师自己还无经验的关系。

——卢作孚：《如何彻底改革教育》(1948.4.22)

●船的航行，第一是安全，第二是安全，第三还是安全。

——卢作孚：《公司的任务》(1950.7.8)

●我自问不是想当资本家来搞企业的。

——卢作孚：《自述》(1952.2.6)

●那时民生公司的职员的刻苦是不能想象的，我不做集聚资金的想法，完全以社会关系来运用资金，我穿得像叫花子一样，

赤脚戴竹笠，走到朋友家里，以为是乞丐进门，人家问我为什么这样子，我说我本来是这样子。

——卢作孚：《自述》(1952.2.6)

●我一生没有土地，没有私人投资，私人没有银行往来，没有回扣，没有受礼物，对公司有时有点欠支但立即扣还。

——卢作孚：《自述》(1952.2.6)

十一、卢作孚大事录

1893 年

4 月 14 日（农历二月二十八日），出生于四川省合川县北门外杨柳街。祖父卢仲义，务农。父亲卢茂林，贩卖麻布为生，人称“卢麻布”。

1900 年

7 岁，入合川北门外李氏私塾读书。

1901 年

8 岁，进入瑞山书院读书。在此读书期间，因病误食草药，失语辍学 2 年余。

1907 年

14 岁，从瑞山学堂毕业，结束短短的学校生涯。从此再没有进过任何正规学校。在此期间，合川籍史学名家张森楷曾辅导卢作孚古文，为其将来自学打下坚实根底，新开历史课程对其影响甚深。这段经历使其获得了新知及良好的学习方法，于同辈中颇有威望，为日后民生公司的开办积累了人脉。

1908 年

15 岁，离开合川前往成都。住合川会馆，进补习学校。后自学代数、几何、三角，收教中学补习生，编著《代数》《三角》《解析几何》《应用数题新解》等书稿。1914 年《应用数题新解》正式发行。此阶段，先后考取四川优级师范学校、测绘学校、军医学校、藏文学校，但是均放弃入学。

1910 年

17 岁，此年开始，进入自学的重要阶段，开始深入研读国内外一切进步的社会科学和自然科学理论，包括卢梭的《民约论》、达尔文的《进化论》、赫胥黎的《天演论》等名著，尤其是孙中山的民主革命学说。他研究了世界各国的政治、经济、军事、社会、教育、科学、文化等各方面的状况，特别是他们的历史发展情况，还研究了我国历代的政治演变及社会机构状况，尤其是近代帝国主义侵略我国的情况。他十分赞同孙中山的“三民主义”革命理想，加入同盟会，时年不足 18 岁。

1911 年

参加四川保路运动、辛亥革命。

革命胜利后，委任其到川东奉节任夔关监督，年俸 4 万元。卢作孚谢绝任命，继续留在成都补习学校教书，从事爱国革命活动。

1913 年

四川都督胡文澜在成都大肆搜捕和杀害革命党人。卢作孚被迫离开成都回合川避难，再遇搜捕，被扣审。侥幸脱险后打消回合川念头，折身而去重庆，在江安县县立中学任数学教师。

1914 年

夏，辞去江安中学教职，搭乘“蜀通”轮赴沪，21 岁的卢作孚首次出川。

在上海期间结识著名职业教育家、民建创始人黄炎培，商务印书馆的黄警顽、赵连成等人。在沪期间，学习中国和世界的各种新知识，此阶段学习内容主要集中在时政、教育、哲学和社会科学上，尤其关注教育方面的新闻报道和帝国主义对中国的经济掠夺状况。通过一年的学习观察，对救国道路有了新想法，认为必须使广大民众觉醒，要广开教育，萌发了“教育救国”的思想。离沪回川前，短暂到北京。

1915 年

是年秋，卢作孚由上海回四川。因路费不足，归程迁延，失去本已聘定的教职。后，长兄卢志林为其谋职福音堂小学。

1916 年

是年春，福音堂小学教算术。

3 月，被陷入狱。在狱中写《告合川全县人民书》自救，名震合川。得其小学老师陈伯遵、耿布成、李佐成等士绅联保，得以无虞，出狱之后离开合川。

6 月，由其兄卢志林推荐到成都《群报》担任记者兼编辑，月薪 14 元。

1917 年

年初，辞去《群报》工作。

由成都回合川，受合川县立中学校长杨鹤皋之邀，任合川县立中学监学兼数学教师。合川县知事郑东琴对其十分赏识。

秋，娶妻蒙淑仪。

1918 年

夏秋起，卢作孚作为张森楷助手，教学之余参与编写《合川县志》。

1919 年

年初，郑东琴任重庆警察厅长，邀卢作孚任科员。志趣不投，数月后辞职。

五四运动前夕，国势飘摇。春，受成都最大民间报纸《川报》社长李劼人之邀，任《川报》编辑、记者。同去成都的有妻子蒙淑仪及 14 岁的弟弟卢子英。

秋，李劼人留学欧洲，卢作孚任社长之职。

冬，长子卢国维出生。

1920 年

继续在《川报》任职。

1921 年

年初，受杨森之邀，到泸县担任永宁道尹公署教育科科长，协助杨森建设“新川南”。卢作孚辞去《川报》工作，离开成都赶往泸县。

4 月，长女卢国懿出生。

在泸县同时着手两件事：1. 以开展民众教育为中心创办通俗教育会，继续推进五四运动开始的爱国运动和新文化运动。2. 整顿川南师范学堂，彻底改变川南地区的教育制度，进行新教育的试验。

是年暑假，卢作孚从泸州至重庆，与时任川东道尹公署秘书长的陈愚生商议川南师范学堂领导骨干和师资人选问题。

是年，加入少年中国学会。

1922 年

3 月，擢升永宁道教育行政。

夏末，泸县事业因军阀混战遭遇挫折。杨森败北退出泸县，卢作孚离开泸县前往重庆。

年末，二次临沪。会晤黄炎培、黄警顽，考察教育和实业。卢作孚在南通拜访了张謇，张謇的实业救国思想及南通建设模式，对卢作孚日后建设北碚启发很大。

1923 年

8 月，次子卢国纪出生。

9 月，离沪回渝，任重庆二女师国文教师，与萧楚女交往密切。

秋末，家中遭军阀洗劫，送家人回合川后，只身回重庆，继续二女师教职。

父亲卢茂林去世。

1924 年

1 月，萧楚女离开重庆去武汉。

2 月，杨森东山再起后任四川军务督理。卢作孚受杨森之邀，辞去教职，到成都办通俗教育馆并任馆长。

是年秋及次年春，动员力量为全市中小学生普种牛痘。

1925 年

7 月，辞去通俗教育馆馆长职务。

8 月，同朋友赵瑞清、彭瑞成等一起离开成都回合川。

本年是卢作孚一生活动的重要分界线。之前，他是一个纯粹的教育工作者，无论是做教师还是当记者，从事民众教育或社会实验改革，他始终没有离开教育。之后，从一个纯粹的教育工作者成为一个兴办实业和从事乡村建设运动的实践者。

9月，在合川通俗教育馆召开陈伯遵、黄云龙、彭瑞成等十余人参加的发起人会议，为兴办实业和成立航运公司进行募集资金工作。10月11日召开筹备会。决定把航运公司取名为“民生实业股份有限公司”。在合川成立筹备处，卢作孚任筹备处主任。

卢作孚携同黄云龙，动身赴沪订购轮船。

1926年

初夏，新订轮船完工出厂，6月10日在重庆召开公司创立会，确定公司宗旨：服务社会，便利人群，开发产业，富强国家。卢作孚任总经理，郑东琴任董事长，陈伯遵、黄云龙任协理。公司事务所设在合川城内药王庙。

创立会后，前往宜昌迎接民生公司第一艘轮船。

7月中旬，“民生”轮到达重庆。

7月23日，民生公司第一只轮船从重庆起航，溯江而上前往合川。

1927年

1月，“民生”轮首航重庆至涪陵航线。

年初，民生公司股额由5万增至10万。并派人到上海打造新的浅水轮。

2月15日，出任江北、巴县、璧山、合川特组峡防局局长职务，负责4县39个乡镇的团练剿匪事宜。决心将嘉陵江三峡建设成一个“生产的区域，文化的区域，游览的区域”。先后招收了中学程度的青年500余人，训练纪律、政治、思想品德和业务知识。

8 月，组建北川铁路公司。一年后，8.5 公里窄轨铁路正式通车运煤。

1927 年起，先后办起石印社、织布厂，架设乡村电话线等。

创办北碚地方医院。建立饮水消毒站，普种牛痘到方圆百里的乡村。秋，修建温泉公园。

是年，于上海订购英国蒸汽锅炉一台、德国西门子 120 马力的蒸汽机、100 千瓦的交流发电机和水泵，除为电厂供水外，向全城居民供应自来水，正式成立合川电水厂。

次女卢国仪出生。

1928 年

春末，载重 34 吨、吃水更浅的小轮在上海完工，取名“新民”，开回重庆，参加重庆至合川航线。

是年，与商人谭谦禄合作组建“长江轮船公司”代管其载重 125 吨的“顺庆”轮，后改名为“长江”轮。一年后，谭抽走其投资，将轮船卖给民生公司，“长江”更名为“民望”，成为民生公司第三只轮船，航行在重庆至涪陵航线。

整理北碚市政，开辟码头、整齐街道、建设市场、设立路牌、取缔淫祠、清理尿缸、成立市民自治会，北碚面貌焕然一新。

在重庆成立的民生机器厂正式投入生产。

是年，新的电水厂开始向合川全城供电供水。

1929 年

夏，卢作孚除担任民生公司总经理、北碚峡防局局长两项职务外，又担任了川江航务管理处处长，整顿川江航务。

8 月 5 日，爆发日轮“云阳丸”事件。智斗外国商船。

9 月，美国捷江公司“宜都”轮偷运鸦片，人赃俱获，此后外国轮船不敢随意横行。后，与军阀交涉，解决中国轮船被迫打兵差造成损失的补偿问题。

担任川江航务管理处处长期间，组织对川江航道的整治，收回长江部分利权，有计划地训练自己的驾引人员，培训船员、引航员。

1930 年

发表《四川人的大梦其醒》和《乡村建设》两篇重要文章。

年初，按约定辞川江航务管理处处长之职，未获准允。

请假率领民生公司、北碚峡防局和北川铁路公司的有关人员组成考察团，到华东、东北和华北等地考察。3 月 8 日乘轮赴沪，见蔡元培、黄炎培等。前往南通、扬州、镇江、南京、无锡、苏州等地，全部行程 21 天。在蔡元培、黄炎培、秉农山、翁文灏等人赞助下成立“中国西部科学院筹备处”。秋，在北碚创办中国西部科学院，是为四川省第一个科学研究院。于 6 月下旬离沪，前往东北和华北……8 月上旬返川，8 月 20 日抵达重庆。历时五个月十三天之久。归来，发表《东北游记》。

至重庆后，辞去川江航务管理处处长一职，倾力发展民族航运事业和北碚地方建设事业。是年夏，“民望”轮由宜宾开往乐山，开辟了岷江航线。

9 月，中国西部科学院在北碚成立，卢作孚任院长。

10 月，民生公司“化零为整，统一川江”计划开始进行。福川公司首先与民生公司合并。福川公司的“福全”轮改“民福”轮，成为民生公司第四只轮船。

秋，兼善中学开始招收学生。峡防局公务股改组为三峡染织厂。

1931 年

民生公司事务所从合川迁到长江上游航运中心的重庆，建立指挥中心。准备资金迅速地由 30 万增加到 70 万，同时准备人才。是年，是民生公司化零为整最为迅速的一年，先后 7 家公司与之合并，10 只轮船加入了民生公司，民生公司轮船增至 12 只，轮船总吨位由 500 吨增加到 1500 吨，职工人数由前一年的 164 人猛增到 518 人。

2 月 17 日“民福”轮首次由重庆开往宜昌。参加重庆以下航线的航行。

9 月，九一八事变发生，发起成立东北问题研究会，呼吁民族团结抗战。

1931 年 12 月，杜重远到重庆，与之结识。

幼子卢国纶出生。

1932 年

年初开始，民生公司展开了与重庆下游各个轮船公司的联合行动，进展迅猛。仅半年就合并了 4 家中国轮船公司，接收了 1 家英国轮船公司，增加了 7 只轮船，最大的“蜀享”轮吨位达 986 吨，改名“民贵”。

民生公司轮船增加到 19 只，总吨位增加到 7000 吨，职工人数增加到 1071 人。与诞生之初相比，轮船总吨位增长 100 倍，职工人数增长 80 倍。

6 月 2 日，“民主”轮首航上海。

一二八事变后，组织“北碚抗日救国义勇军”，派 75 名学生和青年代表，奔赴前线救国杀敌，召开“收回内河航运权大会”，抵制日货的群众运动风起云涌。

1933 年

1 月 1 日，重庆民生公司总事务所改称总公司，在叙州、上海设分公司。

建设北碚地方新医院。

3 月 8 日，买下英国太古公司触礁沉没的“万流”轮，5 月 18 日打捞出水。

3 月 21 日，民生公司执行制服制度。

8 月 16 至 21 日，中国科学社第 18 次年会在北碚举行。卢作孚任年会会长，刘湘任年会名誉会长。

10 月，民生公司举行第一次成立纪念活动。

1934 年

重庆上游至宜宾一线所有的中国轮船公司已并入民生公司。

7 月 2 日，“民法”轮第一次由乐山溯岷江而上，直抵成都。

发表《从四个运动做到中国统一》《中国的根本问题是人的训练》《建设中国的困难及其必循的道路》《四川嘉陵江三峡的乡村运动》等文。

1935 年

收购美国捷江公司 7 只轮船。年底，长江上游的中外轮船几乎一半属于民生公司，统一川江大业基本告成。

8 月，赴沪，为民生公司订造新船。

10 月，赴广西考察，与白崇禧、李宗仁有过长谈。考察结束前往南京，在南京期间与晏阳初初见。

10 月 8 日被任命为四川建设厅长，坚辞无果，12 月 14 日就任。

是年秋，以后一年半中，民生公司订造新轮 21 只之多。

1936 年

1 月，拟改组峡防团务局为实验区署的计划，初步确定实验目标。

3 月，陪同黄炎培到北碚参观。

是年 7 月，“民宁”轮由泸州首航邓井关，开辟了沱江航线。至此，民生公司拥有 46 只轮船，资产达 700 余万元，股本 120 万元。

12 月 23 日，宋子文在西安与周恩来、张学良等谈判中提议组织过渡政府，卢作孚为实业部长。

1937 年

1 月，组织考察制订枯水期三段航行方案，1 月下旬执行。

7 月上旬面见蒋介石。

7 月 25 日，卢作孚母亲病逝。取消出国考察计划。

8 月在南京，任抗战大本营第二部副部长，参与草拟南京国民政府抗战总动员计划，研究部署外交、政治、社会、发动民众和组织民众等重大工作。当月起，组织民生公司增加船只、囤积燃料，以芜湖、镇江为基地，组织大规模运输计划，抢运大批军工、生产设备入川。

1938 年

1 月，国民政府改组，卢作孚被任命为交通部次长，主管战时水陆运输事务。

3 月，天府煤矿公司、北川铁路公司与中福公司正式合并为天府矿业股份有限公司。

5 月，加入国民党。辞去四川省政府委员之职。年底，撤退任务完成后回重庆。

年底，陪同晏阳初考察北碚。

1939 年

1 月，打破孔祥熙、宋子文吞并民生公司的阴谋。

2 月 7 日，国民政府军事委员会传令嘉奖民生公司参与宜昌大撤退的 30 余只轮船。

三峡染织厂与常州大成纺织厂合组大明纺织厂。

9 月，日寇犯长沙。湘桂兵工厂的一、二、四十一厂 3 万吨器材和兵工署 2 万吨器材紧急撤到宜昌，由民生公司轮船运往大后方。

10 月 10 日，国民政府授予卢作孚三等采玉勋章。

1940 年

6 月 12 日，宜昌沦陷。是年之后，空袭频繁。

7 月 30 日，国民政府在重庆设立全国粮食管理局，卢作孚兼任全国粮食管理局局长。

年末，卢作孚健康状况日益恶化。

1941 年

7 月 1 日，辞去全国粮食管理局局长职务，回交通部，继续集中精力处理当时最为重要的战时运输问题。

夏，病情恶化。8 月，被迫养病。8 月 22 日，“民俗”轮被炸沉。

冬，治疗疾病，疗养身体。

1942 年

3 月，三峡乡村实验区署正式改组为北碚管理局。

本年，民生公司全部资产达到 1.3 亿元。

1943 年

4 月 17 日，正式辞去交通部次长一职。

7 月，中国科学社等六大全国性学术团体在北碚举行联合年会，卢作孚任大会筹委会主任。

9 月 13 日，长兄卢志林去世。

发表《一桩惨淡经营的事业——民生实业公司》。

1944 年

5 月 5 日，被授予二等卿云勋章。

10 月出访，次年 4 月回国。11 月去美国纽约参加国际通商会议，在美国发表《中国中心的伟大基地——四川》。转赴加拿大考察。

写《论中国战后建设》(1946 发表)。

1945 年

考察结束经印度回国，5 月 1 日抵重庆。

8 月 14 日，日本宣布无条件投降。

10 月，卢作孚赴沪。

10 月 10 日，被授予胜利勋章。

10 月 30 日，成立全国船舶调配委员会，卢作孚任副主任委员。

11 月，成立北碚图书馆。藏书达 24 万册。

1946 年

4 月 9 日，赴加拿大订购船只。

5 月 16 日，赴美国纽约。18 日，出席第 28 届国际劳工大会。

6 月 3 日，在纽约成立民生公司办事处。

6 月 6 日出席国际航海大会。

6 月 28 日回国。

9 月 9 日，由沪赴旧金山

8 月 28 日，“民众”轮首航基隆，开辟了上海至基隆航线。

11 月，在蒙特利尔与加拿大 3 家银行正式签订借款协议，建造 9 艘轮船。同月，低价收购美加军用舰船。

12 月 16 日，民生公司成立广州办事处。12 月 17 日，成立基隆、香港、天津办事处。

1947 年

3 月 27 日，卢作孚回国。6 月，离沪回渝。

10 月，全面内战爆发。11 月回北碚指导工作。

是年末，考察台湾，绕道香港回南京。计划开辟海洋航线。

1948 年

5 月，第 4 次赴加拿大。

8 月末，经日本东京回上海。

1949 年

4 月，南京解放。卢作孚由香港飞抵上海，而后抵重庆。

5 月 7 日，与晏阳初、蒋梦麟等人由重庆飞抵广州，拒绝阎锡山内阁交通部长一职，离开广州赴香港。

5 月至次年 2 月，频繁往返于香港、重庆之间，营救民生公司滞留台、港轮船。在此期间，接触在港中共代表张铁生。

11 月 30 日，重庆解放。

11 月至次年 6 月初，处理民生公司事务。周恩来通过黄炎培传达欢迎卢作孚回内地的指示，卢作孚表示愿意回国。

1950 年

6 月，离开香港回北京，15 日，出席全国政协第一届第二次会议。

8 月 10 日，签署《民生实业公司公私合营协议书》。

1951 年

10 月 23 日，参加中国人民政治协商会议第一届第三次会议。周恩来传达中央意见，希望卢作孚到交通部工作，且已安排好北京住所。

冬，商定民生公司公私合营方案。

1952 年

1 月 28 日赴京商谈要务。

2 月 8 日，在家中逝世。

参考文献

1. 凌耀伦主编：《民生公司史》，人民交通出版社，1990 年 10 月出版。

2. 胡凤亭著：《船王卢作孚》，解放军出版社，1995 年 12 月出版。

3. 田海蓝、周凝华著：《卢作孚和民生公司》，河南人民出版社，1998 年 8 月出版。

4. 周永林、凌耀伦主编：《卢作孚追思录》，重庆出版社，2001 年 10 月出版。

5. 张守广编：《卢作孚年谱》，江苏古籍出版社，2002 年 4 月出版。

6. 赵晓铃著：《卢作孚的梦想与实践》，四川人民出版社，2002 年 4 月出版。

7. 雨时、如月著：《紫雾——卢作孚评传》，作家出版社，2003 年 2 月出版。

8. 卢国纪著：《我的父亲卢作孚》，四川人民出版社，2003 年 3 月出版。

9. 张守广著：《卢作孚年谱》，重庆出版社，2005 年 8 月出版。

10. 赵晓铃著：《卢作孚的选择》，广东人民出版社，2010 年 7 月出版。

11. 张维华选编：《卢作孚箴言录》，青岛出版社，2011 年 10

月出版。

12. 王果编：《中国近代思想家文库——卢作孚卷》，中国人民大学出版社，2015 年 5 月出版。

13. 何志标、江天凤编著：武汉航运交易所组编，《长江航运史》，长江出版社，2019 年 9 月。

14. 清秋子著：《百年心事：卢作孚传》，新星出版社，2016 年 1 月。

15. 张守广、项锦熙：《卢作孚全集》，人民日报出版社，2016 年 6 月。

16. 张岩主编：《追忆卢作孚》，人民日报出版社，2014 年 9 月。

17. 卢晓蓉著：《逆水行舟》，上海三联书店，2020 年 7 月。